やさしく学べる
国際政治経済

孫根志華［著］

文眞堂

はしがき

　日進月歩の技術革新が人類社会を新しい時代へ導く。中央銀行デジタル通貨，空飛ぶ自動車，仮想知的労働者など，幅広い応用が期待できるデジタル技術は，人間の創造力よりも速いスピードで相次いで誕生している。デジタル化の推進は，グローバル化が前提である。冷戦終結後の地球規模の規制緩和や自由競争の推進，そして，通信情報技術の進歩に伴うヒト，モノ，カネ，情報の国境を越えた移動の加速化は，グローバル化を急速に推進させたが，やがて訪れるデジタル化という科学の恩恵も人類で共有すべきであろう。

　今後，デジタル技術の社会実装を含め，コロナ危機を契機とした技術革新がビジネスや社会のあり方を大きく変え，デジタル化に関する国際的なルール整備や標準作りが一層重要になってくる。また，グローバル化の重心がデジタル分野へと移っていく中で，コロナ危機は国境を越えた「交流」による「付加価値」の追求も一層重要になろう。

　一方，目覚ましい技術進歩で人間の視野が短期に陥りやすい。政治の世界では，自国の利益を優先したナショナリズムが目立っている。今後，グローバル的な時間軸を見据えて，国がかかわる分野と市場の自由競争に任せる分野を見極めた政策と，企業の長期事業戦略が成長の鍵となろう。そのため，地球村に生きる人間は時代の先を読み解く力が不可欠であろう。

　本書は，国際政治経済を基礎から勉強したい，勉強し直したい読者に分かりやすく，読みやすいことに重点を置いている。国際政治に関しては，国家主権と外交，政治体制，国連の役割などを概説し，また国際経済に関しては，国際経済の仕組み，国際貿易と金融危機，多国籍企業の役割などをまとめた。国際政治経済の変容に関しては，冷戦終結からグローバル化の進展に伴った国際秩序の変化，環境と開発，地域統合の潮流などを論じた。そして，応用に関しては，米国，欧州，日本，中国などのグローバル世界を牽引する主要国・地域の発展の軌跡と課題を取り上げ，解説した。

　本書は，最初から順序通りに読み進めておけば，国際政治経済に関する系統的

な知識とその応用を修得できるが，また，各章が単独の知識として理解し，活用することもできる。本書を通して，少しでも時代の先を読み解くための力を身に着けることができれば幸いと存じる。

　本書が執筆中，ちょうどコロナの発生に伴ったステイホーム，リモートワークの最中である。在宅中心の生活は作業の効率が良くなったが，家族に大きな負担をかけたことに違いない。ここで，まず支えてくれた家族に感謝を表したい。また，本書の刊行にあたって大変お世話になった文眞堂山崎勝徳氏，および編集等で協力いただいたスタッフの皆さんに謝意を表する。

　2021 年初春

著　　者

目　　次

はしがき ……………………………………………………………………… i

序章　国際政治経済を読むために …………………………………… 1

1．国際政治と国際経済 ……………………………………………… 1
2．政治原理と経済原理 ……………………………………………… 4
3．メディアと国際政治経済 ………………………………………… 6

第1章　国際政治の視点 ……………………………………………… 10

1．国家主権と外交…………………………………………………… 10
2．政治体制と自由民主主義 ………………………………………… 18
3．主要国の政治体制 ………………………………………………… 20
4．国連社会とその役割 ……………………………………………… 23
5．国際政治の理論体系 ……………………………………………… 32

第2章　国際経済の視点 ……………………………………………… 36

1．開放型マクロ経済 ………………………………………………… 36
2．国際経済の仕組み ………………………………………………… 40
3．国際貿易と国際収支 ……………………………………………… 44
4．国際金融と変動為替相場 ………………………………………… 51
5．海外直接投資と多国籍企業 ……………………………………… 56

第3章　国際政治経済の変容 ………………………………………… 66

1．冷戦時代…………………………………………………………… 66
2．南北問題と地域紛争 ……………………………………………… 69
3．環境と開発………………………………………………………… 73
4．無極化に進む世界 ………………………………………………… 79

　5．人類社会の安全保障 ……………………………………… 83

第4章　グローバル化と地域統合 …………………………… 86

　1．グローバル化の進展 ……………………………………… 86
　2．地域統合の潮流 …………………………………………… 90
　3．東アジアの地域統合 ……………………………………… 95
　4．地域統合の政治経済学 …………………………………… 100
　5．グローバル化の真の姿 …………………………………… 103

第5章　米国主導の国際秩序と経済の盛衰 ………………… 109

　1．米国主導の国際秩序 ……………………………………… 109
　2．黄金期から低迷期の国際経済秩序 ……………………… 113
　3．変革期から混乱期の国際経済秩序 ……………………… 118
　4．「アメリカファースト」と国際秩序の破壊 …………… 124
　5．米国型企業統治 …………………………………………… 126

第6章　欧州地域統合への道 ………………………………… 130

　1．EU の誕生と欧州機構 …………………………………… 130
　2．単一通貨とユーロ圏 ……………………………………… 136
　3．EU の危機 ………………………………………………… 139
　4．EU の安全保障 …………………………………………… 143
　5．EU の環境対策 …………………………………………… 147

第7章　景気低迷と日本の針路 ……………………………… 152

　1．「日本型社会主義」の誕生 ……………………………… 152
　2．輸出主導成長から海外投資主導成長へ ………………… 155
　3．観光立国と新たな輸出産業 ……………………………… 161
　4．日米同盟主導の外交 ……………………………………… 167
　5．日本型経営の再考 ………………………………………… 173

第8章　中国の台頭と国際新秩序 …………………………… 177

1．社会主義市場経済への移行 ……………………………………… 177
2．国営企業改革と外資主導の成長 ………………………………… 184
3．「世界の工場」から「世界の市場」へ ………………………… 188
4．新常態と新たな挑戦 ……………………………………………… 194
5．社会主義大国の行方 ……………………………………………… 199

終章　デジタル経済の時代………………………………………… 208
1．産業革命と社会の進歩 …………………………………………… 208
2．デジタル通貨の登場 ……………………………………………… 211
3．シェアリング・エコノミー ……………………………………… 213

参考文献 ………………………………………………………………… 216
索　　引 ………………………………………………………………… 219

序章

国際政治経済を読むために

1. 国際政治と国際経済

　21世紀はグローバル化の時代である。ヒト，モノ，カネ，情報が国境や言語，文化，宗教などいくつもの境界線を越えて地球上を移動している。便利なこと，楽しいことは増大したが，様々な問題も噴出している。今日の世界を誰が動かしているのか。誰が問題を引き起こし，誰が問題に取り組んでいるのか。地球村に生きる我々は何を考え，何をすべきなのか。これらの問いに対して，グローバルな視点から戦争と平和，開発と環境，貧困と格差，自由と規制，世界規模の金融・経済危機などを考える必要があろう。

政治の両義性

　政治は，国家や政府が正統性を用いて権力を行使し，統治や支配を行うこととされる。一方の国民が時々刻々生じる様々な問題に対応して意思決定を行い，行動に移していく営みも政治活動の一部とされる。人々が好むと好まざるとにかかわらず，日常生活のすみずみまで政治が浸透し，政治によって様々な物事が決められている。町内会の行事，学校の勉強，公共道路の利用，法律の制定，外交政策の決定など，いわゆる「ゴミ問題」から「外交問題」に至るまで，政治とは無関係にはいられない。

　その意味で，政治は社会で生きる一人ひとりの人生に様々な影響を及ぼす複雑な領域と言える。とりわけ，重要視されるのは政治が果たす「共通善の実現」という役割である。すなわち，政治が良い社会を作るために，社会の様々な問題を果断に解決し，自由や安全，公正，平和，福祉，繁栄など社会全体の利益や秩序

を実現するという考え方である。

　一方，政治が理想的社会を実現するために，社会に対して様々な働きかけを行う過程において，しばしば対立や争いが起きる。それは政治が人間社会を相手に様々な問題の解決をしようとする一方で，それらの問題の多くが偶発性，流動性を持っており，しかも人々の主観的な思い込みに左右されやすいものでもある。つまり，個々の人がそれぞれ自分の価値観や信条，イデオロギーなどに基づき判断し，行動した結果，利益の対立や争いが生じたのである。そのため，政治が時には権力や策略によって人を操り，抑えるようになる。これは正義や社会の共通利益よりも，権力をめぐる支配と被支配の対立といった政治世界が特有の権力争いや利益対立の一面がクローズアップされ，世間を賑わす理由でもある。

　このように，政治は，一方では正しい社会の実現を政治の理想や目的としながらも，他方では力で敵を排除して社会を統合して決定を行うところに政治の本質があるとされる。共通善の実現という「仏の顔」と，権力・支配と争いという「鬼の顔」の両者が一見正反対の2つの顔があるが，そのどちらかが絶対的に正しいと割り切ることができない点は，「政治の両義性」と指摘される。

国際政治

　国際政治とは，国民国家の概念を超えた国際社会における主権国家の政策決定，安全保障，戦争と平和などの分野を検討する学問である。その際，政治の概念を権力関係として狭く捉えるか，統制，指導，利害調整などを含む広い諸関係として捉えるかによって，国際政治の範囲についての見解にも様々な差異が現れる。国際的な通商関係や，文化と学術交流，通信，福祉事業などの一般的な諸関係そのものも国家間の対立や協調の要素となることがあり，その場合それらも国際政治の重要な構成要件になると言える。また，国内政治と国際政治との関係についても見解の相違がみられる。各国が自国の利益を最優先にするものと考え，国際政治をそれら国家的利益相互間の対立・協調関係とみなす立場，外交が単なる内政の延長となり，国際政治の独自性を否認する立場となる。

　高度情報化社会の到来は，地球上のあらゆる情報への自由かつ迅速なアクセスを可能とし，国民のグローバル社会の情勢変化に対する関心度も次第に高まっていく。これらは，時にはナショナリズムを助長するものとして，各国の指導者がより自国の利益を優先した政治的対応をとることがある。特に大国の場合，国際

政治を国内政治の延長とみなす場合，既存の秩序（利益）を守る目的，または自国内の難しい政策課題を他国のせいにしたり，他国との経済問題を政治問題にしたりすることがある。そこから他国の制度や価値観を否定するメッセージを発信したり，パワーで他国に圧力をかけるなどの行動に出たりする。それによって他国との間に生じた利益の対立や争いは，しばしば国際社会に不安定を引き起こす要因になり，国際政治の両義性と言われる現象が現れる。

経済と経済体制

　経済という言葉は，中国古典の「経世済民」（世を経め，民を済う）から由来する。経済活動は，物やサービスを提供する企業，物やサービスを消費する家計，公共サービスを提供する政府という3つの主体を中心に行われる。三者は人間の生活に必要な物・サービスを生産・分配・消費し，これらの活動を効果的に循環させるための媒体である貨幣が重要な役割を果たす。そして，これらの活動を通じて形成される社会関係は，経済の主な研究対象となる。

　経済が成長し続けることは重要である。そのため，社会は人々のニーズを満足させるように供給を組織化する。この組織化された供給の仕組みを経済体制という。代表的な経済体制は「市場経済」，「計画経済」，「混合経済」の3つがある。

　「市場経済」とは，企業や個人が自己利益を最優先して物やサービスを生産・供給し，市場の仕組みによって分配する形態の経済である。企業や個人の自由度が高く，市場の需給関係に応じて柔軟に反応できる長所があるが，自由な取引が行われる市場において，効率的な資源配分が行われる保証がなく，しばしば「市場の失敗」が生じる。

　「計画経済」とは，中央政府が集権的に経済活動を運営する形態の経済である。産業への必要物資，生産目標，生産割り当てなどが定められ，その計画に基づいて経済活動が遂行されるため，生産資源や労働力が計画的に運用され，特定の産業が集中的に発展できる長所があるが，計画通りに行かない時の「政府の失敗」や労働者のインセンティブの欠如などが問題である。

　「混合経済」とは，「計画経済」と「市場経済」を混合したシステムである。自由な市場に対し，政府が国有部門を参入させたり，経済政策を通して経済活動に影響力を行使したりすることが特徴である。今日の世界では，非効率な「計画経済」を掲げる国はほとんどなく，「市場経済」を掲げる国でも，政府の経済へ

の関与は少なからぬものがある。これは，完全に自由な市場経済が事実上存在していないことを意味する。関与の度合いに差があっても，政府が市場に関与する「混合経済」は，今日の世界各国の主要な経済体制になっていると言えよう。

国際経済

国際経済とは，国と国の間を取り持つ経済領域であり，モノ，サービス，資本，労働などが国境を超えての移動や交換を行うことが基本である。これらの取引は国内でも行われるが，国際経済取引には国家主権が存在するため，以下のような特殊性があげられる。

第1に，各国政府は自国内で税制，保健，工場組織，教育，社会保障，労働組合などを法律的に規制しているが，外国にある企業や個人に対する規制が及ばず，各国が異なる経済環境のもとでの経済活動を行うことになる。第2に，各国は国内では資本や労働の移動が自由であるのに対して，国際的な資本移動や，移民，対外送金，外国為替取引に対して様々な規制や奨励を行っている。第3に，各国が独自の通貨単位と通貨制度をもっていることから，国際取引には異なった通貨間の決済とそれに伴う為替相場変動の問題が付随する。

そのほかに，言語，生活習慣，取引慣行，その他の文化的，社会的諸条件が国によって異なることも国際経済取引に特殊性をもたらす要因となる。このような特殊性のもとで，例えば国際貿易を行う場合，貿易額の増大は所得と価格に依存する。また輸出入の商品別構成の変化は生産要素の変化や技術進歩，さらに政策のあり方にも左右される。特に国境を越えて特定の国へ製品を大量に輸出した場合，輸入国が国際収支の不均衡や，輸入増に伴った国産品の消費不振につながり，失業増に至るケースもある。このような貿易摩擦は，時には政治問題化され，さらにほかの国を巻き込み，貿易戦争と言われるような国際経済秩序の混乱を引き起こすことにもなりうる。

2．政治原理と経済原理

経済成長は「政治原理」と「経済原理」という2つの原理による交互作用の結果とされる。「政治原理」とは，国家権力に基づき，「規制・平等」運動を展開し，弱者救済を行う一方で，経済活動における非効率性が目立つ。それに対して

「経済原理」とは，市場メカニズムを支配理念にし，「自由・競争」という効率性を徹底的に追求するものであるが，同時に社会的弱者も作り出す。

　一般に経済の成長過程においては，主として2つのエネルギーが作用している。それは，「自由・競争」エネルギーと，「規制・平等」エネルギーである。両者は表裏の関係を成す。「規制・平等」を前面に経済活動が展開されるとき，「政治原理」がその時代の支配理念となり，社会は寛容的精神によって支配される。したがって，時代は非効率的に経済活動を展開していくことになる。ただし，こうした「政治原理」の背後には，常に「経済原理」が存在し，次の主役としての出番を待ちながら，エネルギーを蓄積していく。やがて「規制・平等」運動が所期の目的を達すると同時に，経済の非効率性も目立つようになってくると，「自由・競争」エネルギーが「規制・平等」エネルギーに変わって，時代の前面に躍り出てくる。そうすると，時代は効率性を追求する「経済原理」によってリードされるようになり，経済成長の勢いが増していく。

　こうして，世の中は常に「政治原理」と「経済原理」の主役交代を求めながら，成長を実現し歴史を形成していく。その時代の支配理念とは何かを知るには，まず時代のメイン・エネルギーはどこに向かって動き出しているかを見極めることが重要である。すなわち，時の政府の主要目標は，経済効率を徹底的に追求することにあるのか，それとも貧富格差の是正，社会福祉の充実を追求するのかを確かめることができれば，その時代の方向性である「本質的動向」を見極めることもできよう。

　戦後80年近くの国際社会の変容を振り返ると，それぞれの時期において，「政治原理」と「経済原理」が役割を分担しながら，時代のメイン・エネルギーを形成していく特徴が確認される。

　冷戦時代，米ソがそれぞれ異なった政治体制，経済体制の下，西側が資本主義の「市場経済」を前面に発展を優先してきたが，東側が社会主義の「計画経済」を基本理念に発展を目指していた。その結果，自由・競争を導入した西側が成長を加速させることができたのに対して，規制・平等を優先した東側が計画通りの発展ができず，西側より大幅な発展の格差が生じる結果となった。このような両陣営による対立と規制は，自由な国際経済活動だけでなく，平和な国際環境の構築を妨げる要因となり，鉄のカーテンと象徴されるような東西分断の世界を作り出した。

　一方，西側陣営の中でも規制強化の時期があった。自由・競争という発展環境のもと，モノづくり大国としての成長を遂げた日本は，80年代に輸出拡大に伴った欧米との貿易摩擦が発生した。これを機に，日本が米国型の「政治原理」を主導した厳しい輸出規制を受けるようになり，輸出立国の終焉に伴った長期低迷の時代に直面した。

　冷戦終結後，経済のグローバル化の急速な進展は，かつて西側がグローバル経済を支配する時代の終わりを告げ，アジアや BRICS などの新興国が次々と競争者として名乗りをあげ，グローバルな大競争に参入してきた。各国がグローバル市場における海外直接投資資金の獲得競争や輸出拡大競争などを通じて，国際政治経済に大きな変容をもたらし，地球村の住民はかつて経験したことのない豊かさを享受できるようになった。言うまでもなくこの時代を支配する理念は「経済原理」であった。

　一方，このグローバルな大競争の中，中国を代表とする新興国の台頭は，欧米諸国の既得利益を損なう事態が発生し，やがて規制の動きが前面に出るようになると，新興国と先進国との利益の対立も次第に表面化した。その象徴的な出来事は，「アメリカファースト」をキャッチフレーズに当選したトランプ大統領と言える。自由貿易よりも保護貿易を選んだトランプ政権は，米国型の「政治原理」が多くの国へ規制，対立の圧力をかけるようになり，国際社会は新たな変化のエネルギーを待つ時代に入ったと言えよう。

3．メディアと国際政治経済

　高度情報化社会は，従来の一方通行のメディアである新聞，雑誌，テレビ，ラジオのほかに，双方向でかつリアルタイムな情報の送受信が可能なインターネットも加わることにより，地球村に生きるすべての人々が瞬時的に大量の情報，イメージ，広告を提供するようになった。政治の世界では，メディアは立法権，行政権，司法権に対して第4の権力と称されるほど大きな影響力を持ち，各国の政府や指導者がメディアを活用せずにはいられない理由が分かる。

メディアと政治

　メディアは，①少数の発信者が不特定多数の受信者に一斉に情報を発信する。

②コミュニケーションはオープンで，誰でも受信者になりうる。③同一且つ同質的な情報やイメージを流し，人々は画一的な意見，イメージを持ちやすい。④瞬時的に全世界に情報やイメージを流し，大衆を動員する。⑤時々刻々変化する情報社会に新しい情報提供による過当競争が生じる，などの特質を持っている。

　これらの特質を活かして，メディアは様々なチャンネルを通じて，視聴者や読者に国内外の情報を伝達し，解説・論評等を通じて理解を深めることができる。また，知識や娯楽，広告等の提供により，国民教養の向上，娯楽生活の充実，商品情報の浸透などにも有効である。一方，メディアはある人物や集団にマイナス評価を下したり，世論作りを行ったりすることができる。人々の理性よりも感性にアピールして，人々を感情的，情緒的に反応させ，理性的に判断できなくする問題点が指摘される。特に外部環境に影響を受けやすい若い世代にとって，メディアは見えざる権威ともなりうる。

　政治の世界において，メディアは世論の形成，啓蒙機能，監視機能というプラス面がある半面，世論操作，メディア操作，政治無関心の増大というマイナス面も同時に持ち合わせている。その背景には，メディアは産業であり，営利企業である限り，情報商品の売買を通じて利潤を得なければならないからである。つまり，メディアによる各種情報の発信は国民の政治的関心を高めることに有効であるが，視聴率アップや発行部数増という競争が激しくなると，偏った情報や意図的に操作された情報を流すという危険性もある。

　例えば，現代社会の売れ筋商品は娯楽関連の情報であるならば，様々な政治情報が娯楽化された形となって，人々に届けられるケースが多くなってくる。政治情報の娯楽化は，人々が政治を身近に感じる効果があるが，政治家の権力闘争やスキャンダルなどの集中報道が，国民の政治不信を招くことになりかねない。また，政治家は自身の選挙投票や支持率のアップに有利に運ぶために，時にはメディアを利用して，複雑な政治的争点を単純化し，いたずらに民衆の人気取りに終始し，真の政治的解決を回避するというポピュリズム的な言動を行ったりすることが，結果的に国民の政治不信を一層増幅させることにつながる。

　また，各国政府にとって，メディアを駆使した情報管理と世論操作も重要な政治課題である。通常，政府による情報統制は，「消極的統制」，「積極的統制」，「イベント創出型統制」の3つがある。放送法や出版法の制定や改廃などを行ったり，政府による直接・間接の介入や干渉などを行ったりするのが「消極的統

制」にあたる。具体的には，放送免許権や事業税免除，自主規制の強要などである。それに対して，政府や政府関連組織による宣伝やPRなどが「積極的統制」にあたる。また，政府が政策的にイベントを作り出し，それらを各種メディアに増幅させて国民や国際社会に周知させるのが「イベント創出型統制」にあたる。

国際社会の信頼構築におけるメディアの責任

　情報伝達技術の革新的な進歩と経済のグローバル化によって，世界各地で発生する様々な出来事が，映像と共に瞬時にして地球の隅々まで送り届けられる時代になっている。それに伴って，多くの人々は外国や国際社会に対する認識をメディアが伝達する情報に依拠して形成する傾向も現れる。本来なら，全世界の人々が同時に公平な情報を共有できれば，メディアは国際社会や各国間の信頼醸成にも大きな役割を果たすはずであるが，実際には，各国メディアが伝達する情報は個々のメディアの価値判断による情報の取捨選択が行われ，また個々の国・グループの政治的な思惑，さらには経済的利害によって歪められていることも少なくない。

　なかでも，メディアが「受けの良さ」を追求するようになれば，国際社会の信頼構築におけるメディアの責任は果たし得ないであろう。具体的には以下の問題が指摘される。

①　センセーショナリズム。故意に聴衆・大衆の感情を煽り，掻き立てるようなやり方で，注目・関心を浴びたり，思い通りの方向に動かそうとする扇情主義である。具体的には，政治家や各メディアがある特定のニュースを煽るように一斉に取り上げ，ブームを作り上げてしまうことである。

②　ポピュリズム。世間受けのしそうなテーマばかりを取り上げ，視聴者や読者におもねるような大衆迎合主義である。例えば，個人的な人気を備えた政治家が単純化しすぎるスローガンを掲げて，政党組織などを経ずに直接大衆に訴えかける。複雑な政治的争点を単純化し，いたずらに民衆の人気取りに終始し，真の政治的解決を回避するものとなる。

③　ステレオタイプ。多くの人に浸透している固定観念や思い込み，例えば国籍・宗教・性別など特定の属性を持つ人に対して付与される単純化されたイメージがそれに該当する。政治の世界では，複雑で簡単に白黒はつけられない出来事がほとんどであるが，あえて白黒や善悪をはっきりさせて，その思

い込みの枠の中で，記事や番組を構築するステレオタイプがある。

④　排他的ナショナリズム。国民が自国に誇りや愛国心を持つことは当然のことであるが，先進国と途上国間の矛盾などの諸問題においても，往々にして個々のメディアは，自身が属する国の立場に偏った報道をすることで，かえって相互の不信感を助長するという負の役割を果たしている側面が否定できない。また，政治家が自国内の政策難題を他国のせいにしたりすることによって，国民の視線を意図的に外部へ誘導する。

　今日，様々な情報を頼りに生活する現代人にとって，様々な情報が飛び交うインターネットは不可欠なメディアになっている。今後もその重要性は国際社会においてますます高まってくる。なかでも，各国の政府や指導者が発信する様々な国際関係におけるソーシャルメディアの情報を無視することはできないであろう。その中で一人ひとりの視聴者や読者が客観的，立体的，歴史的発展といった視点を持ちながら，これらのメディアと付き合っていくことは不可欠であろう。

第1章

国際政治の視点

　今日の国際社会において，外交や地域紛争，国際貿易などの，それぞれの国家＝政府が取り仕切る公式の活動があれば，平和運動，環境保護，海外直接投資，地域統合などの国境を越えた国家間の主体や国家以外の国際組織，多国籍企業，民間団体などの主体による活動も盛んである。国内の場合，制度，文化の統一性があって，一元的な権力が存在するため，裁判などの平和的な手段で諸問題の解決が可能であるが，制度，文化，価値観などが大きく異なる多数のばらばらの国家が並立する国際社会では，特に国境を接する国家間には様々な利害の対立や主権にかかわるなどの問題もあり，これらを簡単に解決することができない。

　本章は上記問題を理解するために，国家のあり方，政治体制のあり方，国連の役割などを概観し，国際政治を分析するための理論体系を学ぶ。

1．国家主権と外交

　一般に国家が領域内においてもつ排他的支配権を有することは，「国家主権」という。すなわち国家が，国内的に最高の権力であるとともに，外部の力にも従属しないことを意味する。また，「国家主権」に基づき，外国との様々な交渉，国家相互の関係などを調整する役割を持つのは外交である。

国家成立の要件

　一般に「国家」として認められるための必要な条件は，「領域」，「国民」，「主権」の３要素を具備しなければならない。

　「領域」には，領土，領海，領空が含まれる。領土とは，その国の主権の及ぶ

土地のことである。領土内の湖や川などは「内水」と呼ばれる。現在，南極を除く地球上のほとんどの土地はいずれかの国の領土に属している。

　ただし，南極は 1959 年に採択された「南極条約」により，①各国が主張する領土権・領土についての請求権を条約の有効期間中に凍結する。②平和的利用だけを認め，軍事利用・核爆発・放射性廃棄物処分を禁止する。③科学的調査の自由を基礎とする国際協力を促進する。④条約規定の遵守を確保するため，相互査察を認めるなどが定められている。

　領海とは，領土に隣接した海の一定範囲を指す。1982 年に採択された「国連海洋法条約」では，領土から 12 カイリ（1 海里 = 1852 メートル）の範囲を領海と定められている。一般に他国の船舶は迷惑をかけない限り，許可なく領海を通ることができる。これは，領海における「無害通航権」と呼ばれる。また，同条約では領海とは別に領土から 200 海里を「排他的経済水域」（Exclusive Economic Zone：EEZ）という定めがある。設定した国はその海域で自由に魚を捕ったり，海底資源を開発したりすることが許可されている。

　領空とは，領土，内水，領海の上空を指す。領空は領海と違って，他国の航空機などが自由に通行することは認められていない。許可なく侵入すると，領空侵犯行為として国際法違反となる。ただし，宇宙空間については，1966 年の「宇宙条約」によって領空権の請求が禁止されている。

　また 12 海里に設定されている領海において，他国の飛行機が領海上空の領空を侵犯してから領土上空に到達するまで旅客機で 1 分強，超音速機であれば数十秒あれば可能となるため，領空の外周の空域に防空識別圏（Air Defense Identification Zone：ADIZ）を設定する場合がある。届けのない航空機が防空識別圏に進入した時点で，戦闘機を向かわせて警告を行うのが一般的である。しか

図表 1-1　国家の領域

出所：筆者作成

し，航空技術の進化や防空識別圏の間隔の狭さなどから，防空識別圏への進入以前に戦闘機の発進，いわゆるスクランブルを行うことがある。

　次に，国家は「国民」によって構成されている。十数億という大きい人口を擁する国もあれば，わずか数万人，数十万人の人口しかない国もある。また，これらの国々には人口の大半が一民族で構成される単一民族国家もあれば，数種類や数十種以上の民族や人種によって構成される多民族国家もある。当然として言語・宗教・風俗などに様々な差異があり，多民族国家がゆえに様々な問題を抱えている。

　そして，このような一定のまとまりを人々に保障しているのが，すべての国家にあるとされる「主権」である。それには，「国家権力の独立性」，「国内における最高権力」，「国家権力そのもの」という3つの意味が含まれている。「国家権力の独立性」とは，国家がどこにも隷属せず，対外的に独立している「主権国家」である。「国内における最高権力」とは，国民に国内における政治の最高決定権があるという「国民主権」である。そして，「国家権力そのもの」とは，国家には「司法権」，「立法権」，「行政権」という統治権，または国権を有することである。

図表 1-2　主権を表す3つの意味

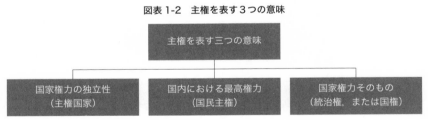

出所：筆者作成

　このように，国家には国内の平和と安全を保障するという重要な役割のほかに，もうひとつ外敵から国民を守るという役割がある。国家は，主権の独立性や不可侵の原則を高く掲げて他国からの干渉を排除し，そのために軍隊のような権力手段を持つことが認められている。いずれにせよ，「領土」，「国民」，「主権」の3要素のうちどれひとつを欠いても，国家と呼ぶことはできない。

三権分立

　現代国家では，権力の極端な一元化を避けるために権力の分散が行われている。法を制定する「立法権」，法を適用して判決を下す「司法権」，そしてそれを除いた国家作用の全てを包括する「行政権」の3つを分離させて，均衡させることを「三権分立」とよぶ。

図表 1-3　三権分立

三権	内容	権力所属
立法権	法律を作る権限	国会が持つ
行政権	法律に基づいて政治を行う権限	内閣が持つ
司法権	法律に基づいて裁判を行う権限	裁判所が持つ

出所：筆者作成

　三権が互いに抑制し合い，均衡を保つことによって，権力の濫用を防ぎ，国民の権利や自由を守ることは「三権分立」の目的である。

国家の種類

　今日の世界では，国家は 200 近くあるとされている。大きな国家から小さな国家まで様々あるが，国家統合への動きがあるかと思えば，民族意識の覚醒によって次々と新しい国家が生まれてくるのも事実である。例えば，旧ソ連の解体によって，国家を一挙に増加させたのがそれに当たる。国家の種類も図表 1-4 のように多種多様である。

図表 1-4　国家の種類

君主国家	君主制をとっている国家
民主国家	国民が主権者として国家の主体となっている
独裁国家	一人または少数の独裁者が国家権力を掌握し，国民を支配する
連邦国家	複数の州から構成される国家
民族国家	一民族が自ら国家を作って独立した国家
兵営国家	軍が国家権力を掌握し，国を支配する
福祉国家	国民福祉の充実を優先的に考え，国家を運営する

出所：名古忠行『政治学のすすめ』法律文化社，2003 年，pp. 144-145。

「法の支配」

　人々が社会で生きていくためには，社会規範と呼ばれるルールが必要である。社会規範とは，人間の行動を律する基準，守らないと制裁を受けるものである。

例えば，法律，道徳，宗教，慣習などである。社会規範はまずたいていが慣習として形成される。先例があり，それが慣習として守られていると，人々はそれが守られることを期待するようになるのである。ただし，単なる慣習では，それに反する行為が行われても，それで罰則を受けることがなければ，守られなくなる恐れがある。そこで，次第にルールに反する行為に制度化された制裁を加えるシステムができるようになり，つまり，法律として制定されるようになる。したがって，法の究極な目的はそれに反するような行為が行われないようにすることである。

「法の支配」とは客観的な基準である法律を制定し，法によって国民と権力者の双方の意思を拘束することである。国民主権を効果的に機能するためには，国民に強制できる権限，法律の執行権が必要であるし，法律によって，権力者の職権濫用をコントロールすることも不可欠である。すなわち，現代国家においては，法の支配が国家運営の前提となっており，一国の最高法規は憲法である。

図表 1-5　社会規範

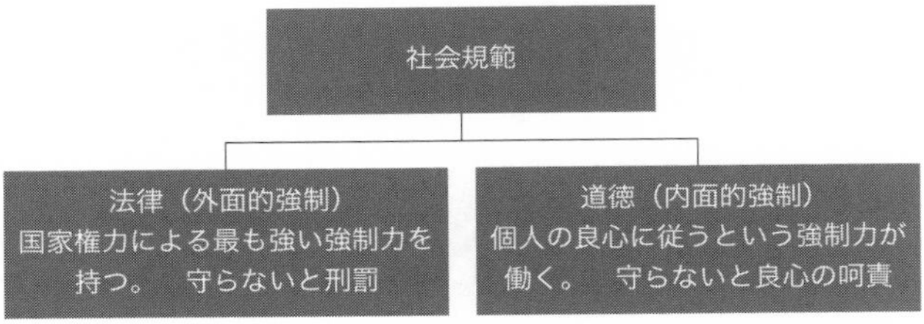

出所：筆者作成

国際社会における「法の支配」

国家間関係や，国際機構と国家，あるいは国際機構相互の関係を規律する法は国際法である。ただし，国際法の大部分は国家間の関係を規律する法である。国際法の成立形式は「法源」と呼ばれるが，国際法の法源は，通常「条約」と「国際慣習法」の2つに集約される。国家間の法的紛争を解決し，国連とその専門機関に勧告的意見を提供するのは，国連の常設司法機関である国際司法裁判所（International Court of Justice：ICJ）であるが，国際司法裁判所が裁判を行う際，裁判規範として「条約」と「国際慣習法」のほかに，「法の一般原則」を適用する場合がある。

　「条約」とは，国家間で「文章の形式により締結され，国際法によって規律される国際的な合意」であることが規定されている。条約は当事国の数によって二国間条約（例えば日米安保条約）と多国間条約（例えば国連海洋法条約）に区別される。また，その内容によって，政治的条約（例えば国際人権条約など）と非政治的条約（例えばワシントン条約など）に分類される。さらに第三国の加入を予定している開放条約（例えば国連憲章）と閉鎖条約（例えば日中平和友好条約）のように分類される。

　条約締結は，一般的には，全権委任状を持った国家代表が交渉し，条約案を起草し，署名する。その後，各当事国の国会の承認を受け，批准を行い，批准書を交換あるいは寄託するという手続きになっている。さらに，条約は国連憲章に基づき，国連事務局に登録されることが規定されている。ただし，条約は原則として条約の当事国のみを拘束する。

　「国際慣習法」とは，国の慣行を基礎として形成される法である。国際慣習法の存在が確認されるためには，①国家が繰り返し行った行動が「慣行」として認められること，②多数の国家がそれに従うことが義務であると意識する「法的信念」によって裏付けられること，の2つが要件とされ，必ずしも全ての国家の同意がなくとも成立するものである。例えば，公海自由の原則や，人工衛星などの超高空飛行が国家の主権侵害とはならない規則，外交官特権などがこれを基にしている。

　「法の一般原則」とは，国際裁判の判決などで裁判基準として用いられる国内法上の原則のことである。「条約」や「国際慣習法」が存在しないことによって生じる，裁判不能を防ぐためのものとされる。法の一般原則の具体的な内容については，特に条約上の規定はなく，裁判を通じて発見され通用されてきた。これ

図表 1-6　国際法の分類

国際法の分類	成立	実例
条約	文章の形式で締結される国家間の国際的合意	日米安保条約，国連海洋法条約，国連憲章など
国際慣習法	多くの国の慣行を基礎として形成される	公海自由の原則や，人工衛星などの超高空飛行が国家の主権侵害とはならない規則，外交官特権など
法の一般原則	各国の国内法に共通に見られる法原則のうち国際関係に適用可能なもの	信義誠実の原則，禁反言の原則など

出所：筆者作成

まで用いられた法の一般原則には，信義誠実の原則（国際関係において正直かつ公平に行動しなければならないという原則）や禁反言（前に行った言動と矛盾する後の言動を認めないという原則）などがある。また，法の一般原則は，文明国の国内法で認められている法原則とされてきた。文明国とは，かつては欧米先進国を意味していたが，現在では，法制度が確立されている近代国家と認識されている。

国際法の役割と限界

　国際法は，国際関係の産物としての国際法と，国際関係における手段としての国際法という2つの役割が考えられる。第1に，国際法は国際社会において，特定の目的の達成や紛争解決のために，主に国家によって作られる。国家間の合意によって作られた国際法は，通常，前文に条約の目的や原則について規定し，その条約の作成がなぜ必要であったのか，条約の目的は何かが示されている。第2に，国際法は主に国家間の関係を規律し，国際関係によって生じた問題を解決する「手段」として用いられ，各国は自国の利益を追及したり擁護したりする。つまり，国際関係において，国際法はどのように用いられたのか，国家間がどのような交渉が行われ，その結果がどうなったかを知ることができる。

　ただし，国際法と国内法は，同じ「法」と名がつくものの，大きな相違がある。まずは規律の対象が異なる。民主主義体制の国家では，国内法は国民によって選ばれた代表者によって作成され，国民を規律する。これに対して，国際法は国際社会の構成員である国家を規律する法であり，国家によって成立される。また，国家と言っても人口，領域，政治体制など多種多様であるが，各国家はそれぞれ主権を有し，独立している。また，国際社会には国際社会全体を規律する立法，行政，司法機関は存在しない。国連は世界のほとんどの国が加盟する国際機関であるが，世界政府ではないし，国家主権を侵害することもできないのである。

　次に，国内法は法に従わない人に対して，強制的に法を執行することができる。一方，国際社会には法に違反したとされる国家に対して，その違法性を客観的に判断し，強制的に法に従わせることができる中央機関は存在しないし，また，ある国が他国に対して強制的に国際法を執行することができないのも現実である。つまり，国際法は国内法とは別個の特徴を有する法体系であると考えるの

が妥当であり，国際社会における法の支配にも限界があると言わざるを得ない。

外交

　外交とは，国家が国益の最大化を図るために行う諸活動のことを指す。国際社会一般，あるいは国際法において正当な外交の主体とは「主権国家」であり，すなわちその国を代表する政府が担うことを基本としている。外交活動の内容は，①国際関係全体，②国家間の交渉，③対外政策などが含まれ，一国が外国の国々と交渉し自国の利益を確保することが主要目的である。

　対外政策は，国家を代表して行動する個人あるいは集団によって策定される。対外政策決定について，もっとも重要な役割を果たすのは政府の長であり，政府の長の下でもっぱら外交問題にあたるのが外務大臣である。現代世界においては，特に外交政策は高度に専門化されており，政府の長が外交政策について意見をもたない場合，あるいは政府が頻繁に交替する場合など，外務官僚が政策の策定にあたることがある。

　外交の目的として，交渉や情報収集のほかに，外交的儀礼，対外宣伝，在留自国民の保護などがある。現在の国際情勢においては，外交そのものがきわめて多面的になっており，外務省はほかの省庁との協力を仰がざるをえなくなっている。例えば，貿易摩擦問題のように，国際通商を担当する省庁との連携が不可欠になっている。それに，国連をはじめ諸種の国際会議が外交の主要な舞台となっており，2国間の協議というような従来の方式とは異なった発展がある。首脳会談が頻繁に行われることも近年の特徴であり，特にG7やG20などの各国首脳によるサミットが定期的に行われるに至っている。

　外交活動は，国家による国際社会の軍事・経済・政治など諸問題に関する交渉活動であるため，国内に外交を担当する組織を設けるほか，自国と関係の深い国に大使館や領事館などの在外公館を設置し外交官を常駐させて，様々な活動を担当している。

　また，今日の外交は国家間の政府外交のみならず，民間外交，議員外交，あるいはNGO外交など，多種多様な主体による国際交流または交渉が行われている。

2．政治体制と自由民主主義

　政治体制とは，社会において安定した政治秩序が存在する時，それを支える公式・非公式のルール，または制度の総体である。一方，社会において生じる政治行動が様々な制度によって規制され方向づけられるため，安定した政治秩序が形成されるのである。例えば，第2次世界大戦後，世界を二分する政治体制は米国を盟主とする西側の資本主義体制，旧ソ連を盟主とする東側の社会主義体制があった。前者は「自由，競争」という市場メカニズムを支配理念に，後者は「規制，平等」という国家権力による平等を図ることを支配理念とする国づくりを目指し，それぞれの政治体制が構築されていた。

　また，安定した政治秩序の下にあっても，支配する者と支配される者との間に，また利益を多く受ける者とそうでない者との間に，必然的に対立が存在することは認めざるを得ない。したがって，政治秩序は軍隊や警察といった物理的強制力によって支えられる必要がある。とはいえ，政治秩序は力による支配だけで成り立っているのではない。政治社会の構成員である国民からの同意が必要であり，そのためには公共の利益の実現を図っていくことも欠かせない。

　政治体制には，正統性原理を持つことも不可欠である。正統性原理とは政治体制を支える基本理念であり，大多数の国民が特定の政治体制を良い体制だと認められる根拠となるものである。例えば，戦後の自由民主主義体制，つまり，自由主義と民主主義の原理を統合させた体制のもとでは，自由主義の原理は立憲主義ないし法の支配，権力分立の制度として，また民主主義の原理は参政権，社会権として具体化されている。

図表1-7　政治体制の確立

安定した政治秩序の存在
政治秩序を支える物理的強制力を持つ
公共の利益の実現を図るための政治体制
正統性の原理によって支えられている

出所：筆者作成

政治変動

　政治は社会の様々な問題に対応して意思決定を行い，行動に移していくという

連続過程である以上，政治がつねに変動状態にあるのは言うまでもない。それゆえに，これまでの歴史のなかで，様々な変動要因を吸収し，制度化するための諸々の政治体制が作り出されてきた。例えば，今日の先進国で採用されている自由民主主義体制がそれに当たる。ただし，そうした政治体制はすべての新しく生じた変動を吸収したわけではなく，あるいはその可能性もないため，制度と変動とのギャップをつねに生み出しているのが現状である。このギャップは，時として制度の改善や政治そのものの活性化をもたらすが，逆に政治制度の徹底的な破壊につながることもある。つまり，変動を吸収する能力はその政治制度の存続能力および安定性に密接な関連を有しているからである。

　80 年代後半の東欧，旧ソ連の崩壊による社会主義体制から資本主義体制への変革や，発展途上国において政治的混乱や暴力的政権交代が多発するのは，ひとつには変動に対応しうる制度の未発達が原因として指摘されている。つまり，政治体制を支える正当性原理のレベルが危機状態に瀕したとき，そこから変動が生じたのである。また，今日の先進国の政治体制の下では頻繁に見られる政権交代や二党制から多党制へ，といった政党制の変容は，制度内の変動とみられる。

自由民主主義体制

　今日，先進国のほとんどは自由民主主義体制（liberal democracy）をとっている。自由民主主義体制は，自由主義（libertarianism）と民主主義（democracy）の 2 つの原理によって支えられている。両者の間には，政治権力の見方や一般民衆の政治的能力の見方において，多くの違いが見られる。自由主義は，政治権力の発動を抑えることに重きをおく。権力は悪であって，権力が小さければ小さいほど自由の領域が広がるという見方を取り，その考え方は，「権力からの自由」として表現されている。制度的には，権力の恣意的行使を防ぐための立憲主義ないし法の支配，権力の集中を防ぐための権力分立，そして個人の自由の領域を確保するための自由権などに具体化されている。

　これに対して，民主主義は政治権力の形成，執行への民主の参加を重視する。権力は必ずしも悪ではなく，民衆の平等を実現するためには，権力の積極的な行使も否定される。その考え方は「権力への自由」として表現されている。制度的には，民衆の政治参加を保障する参政権や，民衆の平等を実現するための社会権として具体化されている。

　また，民衆の政治的能力については，自由主義は懐疑的である。一般大衆の政治参加が理性的な少数派の意見の抹殺，つまり，「多数者の専制」につながることを恐れる。これに対して，民主主義は民衆の政治的能力について楽観的にみており，民衆は政治参加を通じて市民として成長していくものと考えている。そして，多数の意見のほうが少数者の意見よりも尊重されるべきだとして，多数決は当然の姿だと思っている。

図表 1-8　自由主義と民主主義

	自由主義	民主主義
意味	個人の自立の尊重	民衆の自己統治
権力観	権力からの自由 権力の集中の否定	権力への自由 権力の集中の肯定
民衆の政治的能力	多数者意思への懐疑	多数者意思の肯定
制度の具体化	立憲主義，権力分立，自由権	参政権，社会権
支持層	中・上層階級	下層階級

　　出所：加茂利男・大西仁・石田徹・伊藤恭彦，2003 年，pp. 40-41。

　このように本来は異質な2つの原理を両立させ，統合させたものが自由民主主義である。とはいえ，2つの原理を両立可能にするためには，それぞれの原理の修正が必要であり，あるいは，両者が統合されたことによって，それぞれの本来の意味が変化したとも言える。

　民主主義に関しては，直接民主主義でなく，間接民主主義，すなわち代議制を含むものとして意味が広げられるようになった。あるいは，間接民主主義こそが民主主義のノーマルな形態だとされるようになった。というのは，現代の先進国の政治体制を論ずる場合，基本的に国民国家を念頭においており，このような大規模な社会では，直接民主主義を通常の政治形態として制度化することに無理があるからである。そのため，現代の民主主義は，国民によって選出された政治家（国民代表）の権力を法の支配によって制限し，権利の保護と個人及び少数者の自由を強調して，多数者の専制を防ごうとする議会制民主主義，または立憲民主主義であると，意味が変化している。

3．主要国の政治体制

　自由民主主義体制は，立憲主義（法の支配），権力分立（自由主義の原理），参

政（民主主義の原理）という三原則を制度化した政治体制であるが，なかでも，権力分立はそのあり方によって政府機構の形態が決まるという点が重要視される。例えば，今日先進国で採用されている議院内閣制と大統領制は，それぞれが権力分立の在り方の違いから生まれた政府機構と言える。

　議院内閣制は内閣の形成と存立が議会の意思に依存する制度である。議会が内閣を信任・不信任することができるのに対して，内閣は議会を解散させることや，法案や予算案を提出することができる。このように行政府（内閣）と立法府（議会）との間に連携と緊張の関係が存在する点は，議院内閣制の特徴と言える。今日，主にイギリスや日本はこの制度を採用している。なお，国家元首としての大統領はいるが，行政府は議院内閣制で運営されている国はフランス，ドイツ，イタリアなどがある。

　それに対して，大統領制は厳格な権力分立制をとり，立法府，行政府，司法府の相互の独立性が強い制度である。このタイプの典型である米国の例をとれば，行政府の長である大統領は，立法府の議員の選挙とは別に国民が選んだ選挙人によって選出される。大統領には議会への法案提出権はないが，議会が可決した法案への拒否権を持っている。また議会の解散権がないが，議会も大統領を指名することができない。大統領に義務違反や非行などの重大問題が起きた時，議会は弾劾手続きをとることができるが，罷免することはできない。

図表1-9　議院内閣制と大統領制

	議院内閣制	大統領制
制度の違い	内閣の形成と存立が議会の意思による	立法府，行政府，司法府の相互独立性が強い
内閣の信任・不信任	議会が提出可	―
大統領罷免	―	議会が弾劾可，罷免不能
首相・大統領選出	議会が指名	選挙人によって選出される
議会解散権	内閣がある	大統領がない
法案提出権	内閣がある	大統領がない，拒否権を保持

出所：筆者作成

　一方，今日の国際社会の中，「最後の社会主義大国」と言われる中国においては，政治制度の基本は「民主集中制」である。「民主集中制」とは，全ての権力が人民に集まるという政治制度であり，自由民主主義体制の基本である三権分立とは大きく異なる。とはいえ，14億人の人口を抱える中国でほんとうに全人民

が直接国家の政治に参加することは限りなく不可能であるため，そこで，憲法では「全国人民代表大会」（以下は全人代）が人民を代表して権力を行使し，人民がそれを監督する，という制度がとられている。

　全人代は国家主席・副主席の選出，国務院総理（首相）などの閣僚の任命，中央軍事委員会主席・最高人民法院長（最高裁長官に相当）・最高人民検察院検察長（検事総長に相当）の選出，など重要ポストの任命を行うほか，立法権，憲法の改正権を持っている。ただし，全人代が最高機関とはいえ，憲法が前文で規定しているように，中国では中国共産党が「指導政党」の地位にいる。つまり，共産党が全人代も含めて，国家機関を指導することが最大の特徴である。

図表 1-10　世界の主な政治体制の比較

	自由民主主義国家の政治体制		社会主義国家の政治体制
	議院内閣制 （イギリスの場合）	大統領制 （米国の場合）	民主集中制 （中国の場合）
歴史的背景	1688年名誉革命により，事実上の主権を握った議会が行政権の長なる首相を選ぶようになった。	1787年独立戦争後制定されたアメリカ合衆国憲法が，厳格な三権分立の政治体制を規定した。	1949年共産党を中心とした民主諸党派が人民民主主義に基づき，中華人民共和国を建国した。
国家元首	国王（世襲制）	大統領（選挙制）	国家主席 （全人代で選出）
権力	内閣（行政権），議会（立法権）は融合関係，司法権は，議会（上院）が管轄。	大統領（行政権），議会（立法権），裁判所（司法権）が独立し，相互に規制。	全人代に全権力が集中するが，共産党が指導する体制。
立法権と行政権の関係	①内閣は議会（下院）に対して連帯責任を負う。 ②首相と国務大臣は国家議員の中から選ばれる。 ③下院において内閣不信任決議案が可決された場合，内閣は総辞職するか下院の解散を行う。 ④内閣には下院の解散権・法案の議会への提出権あり。	①大統領は議会に対して責任を負わず，直接国民に対して責任を負う。 ②大統領は国民の間接選挙によって選ばれ，議員との兼職はない。 ③大統領には議会解散権，法案提出権はなく，教書等により議会に立法の要請を行うのみ。 ④法律は議員立法のみ，大統領には法案拒否権あり。	①国務院（内閣）は，全人代に責任を負う。 ②国務院総理（首相）は国家主席の指名に基づき，全人大が任命。閣僚は国務院総理の指名に基づき全人代が任命。 ③国務院には全人代の解散権はない。

出所：筆者作成

4. 国連社会とその役割

　国連（United Nations）は，国際社会の平和と安全の維持を中心的任務として1945年に創立して以来，国際社会に公認された国際機構としてその存在感を高めてきた。2002年3月，永世中立国のスイスが正式に国連に加盟し，約200年にわたった「絶対中立政策」を見直したのも，他国と協調しながら世界の中でスイスの利益を主張していく必要性を感じたことと，紛争が戦争へと拡大するのを防ぎ，対立する当事者が武力行使に代えて交渉のテーブルにつくよう説得し，平和の回復に努めてきたという国連の役割に注目したことがある。紛争が絶えない今日の国際社会において，引き続き国連が果たす役割が重要視されるほか，人権問題や，難民救済，南北問題，地球環境などにおける国連の機能も注目される。

国際連盟の失敗

　国連の前身に当たるのは国際連盟（League of Nations）である。国際連盟は第1次世界大戦の講和条約であるヴェルサイユ条約（1919年パリ）によって設立が定められた。その目的は第1次世界大戦の再現を防止することにあった。連盟規約によれば，この組織は①軍備縮小の必要，②常設国際司法裁判所の設置，③領土保全の保護，④侵略国に対する制裁などの問題を扱う機関とされるが，実際に規約通りの役割を果たすことができず，第2次世界大戦を防ぐこともできなかった。

　その理由は，第1に米国などの有力国が国際連盟に加盟していなかったことである。提唱者は米国のウィルソン大統領であるが，米国議会では加盟を否決した。また，理事国の日本やイタリア，大国のドイツなどは侵略戦争を起こした後，連盟から脱退した。ソ連も侵略事件（フィンランド侵攻）を起こし除名された。結局，有力国がいなくなった国際連盟はもはや実行力を失ったと同然であった。

　第2に総会や理事会での議決が「全会一致制」である。これでは1国が強力に反対すると，議決すらできなくなってしまう事態が発生する。参加国の主権を重視する観点から必要かもしれないが，現実的な方法ではなかった。

　第3に違反国への制裁手段が経済的・外交的なものに限定されたことである。

国際連盟は平和を脅かす国が現れても軍事力を用いて対抗できないため，上記の有力国が侵略戦争を起こしても十分な制裁ができず，結果的に第2次世界大戦を防ぐことができなかった。

　このように国際連盟は各国が組織化された枠組みのなかで議論，交渉及び一般的な盟約を通じ永続する世界平和という，かつて存在したことのないものの実現を目指すという目的こそ達成できなかったが，人類社会に貴重な教訓を残し，次の平和を目指すべく時代の到来につなげることになった。

国連の誕生

　1942年1月1日ワシントンにおいて，フランクリン・D・ルーズベルト米大統領が，米国・イギリス・ソ連・中国の4カ国を発議国とし，世界26カ国による「連合国宣言（Declaration by the United Nations）」を発表した。宣言は第2次世界大戦が続く限り，枢軸国（日独伊）に対して共に戦い続けると誓った。

　翌1943年10月，米，英，ソ，中の4カ国の代表がモスクワに集まり，戦後の国際秩序の構築についての議論の中，第2次世界大戦の勃発を防止することができなかった国際連盟への反省から，戦後早期の新平和維持機構設立を提唱する「モスクワ宣言」を発表した。

　国連の具体的な構想が作られたのは，第2次世界大戦の帰趨がはっきりした1944年である。同年8月にワシントン郊外のダンバートン・オークス邸で米・英・ソ・中の4カ国が会談し，国連憲章の草案を作成した。しかし，いくつかの政治的課題も残された。特にソ連は連邦を構成する15の共和国のすべてが国連に加盟すべきと主張するのに対して，英米が難色を示した。

　こうした政治的決着をつけたのは1945年2月のヤルタ会談であった。会談には，米国のルーズベルト大統領，イギリスのチャーチル首相，ソ連のスターリン共産党書記の3巨頭が参加し，戦後の国際秩序，大国役割の重視などについて話し合った。ソ連問題については，ソ連として加盟するほかに，ウクライナ共和国，白ロシア共和国（現ベラルーシ）を別個に加盟させることで妥協が成立した。それによって，ソ連が崩壊まで国連総会に事実上3票を行使することになった。また，大国の利益重視に関しては，大国の利益を考慮しないと，大国が参加しない事態を招く国際連盟の二の舞にならないために，安全保障理事会における「拒否権制度」の導入を決めた。

　1945 年 6 月，完成した国連憲章がサンフランシスコ会議に集まった 50 カ国の
代表によって調印された。条約の批准作業などを経て，国連が正式に誕生したの
は同年 10 月 24 日（後に国連デー）であった。会議に代表を送っていなかった
ポーランドは，その後国連憲章に署名し，原加盟国が 51 カ国になった。

　国連は国連憲章の義務を受け入れ，その義務を履行する能力と意思があると
認められるすべての平和愛好国に開放されている。日本が国連に加盟したのは
1956 年 12 月 18 日である。2020 年現在，国連加盟国は 193 カ国である。

図表 1-11　国連成立までの歩み

1914.7 ～ 18.11	第 1 次世界大戦
1919.1 ～ 6	パリ講和条約
1920.1	国際連盟成立 軍縮・集団安全保障を基本理念に国際平和追及
1933	ドイツ，日本脱退
1937	イタリア脱退
1939.9 ～ 45.8	第 2 次世界大戦
1942.1	連合国共同宣言 米ルーズベルト大統領が初めて United Nations を使用
1943.10	モスクワ宣言 英・米・ソ・中が戦後新平和維持機構設立を提唱
1944.8 ～ 10	ダンバートン・オークス会談 英・米・ソ・中の代表が国連憲章原案作成
1945.2	ヤルタ会談 英・米・ソ首脳が 5 大国の拒否権など合意
1945.4 ～ 6	サンフランシスコ会議において国連憲章選択
1945.10.24	国連正式発足

出所：筆者作成

国連の全体像

　国連憲章は国連の主要機関として，総会，安全保障理事会，経済社会理事会，
信託統治理事会，国際司法裁判所，事務局という 6 つの機関を設けている。その
ほかに国連ファミリーと言われる各種の基金，委員会，関連機関や専門機関など
がある。

(1)　総会

　総会は国連の主たる審議機関である。全加盟国の代表から構成され，すべて
の国に 1 票が与えられるという「1 国 1 票制度」を採用している。平和と安全保

障，安全保障理事会の非常任理事国の選出，新加盟国の承認，加盟国の権利停止
や除名，予算事項などの重要問題の表決は，出席し投票した加盟国の3分の2の
多数決が必要である。他の問題については，単純多数決によって行われる。

　国連の予算をまかなうのは，各加盟国が供出する「分担金」である。この「分
担金」を決めるのは総会の重要な仕事のひとつである。具体的には，各国の経済
力（国民総所得（GNI）の世界計に対する各国の比率）を基礎としながら，合意
された一定の算出方法に従って，途上国に対して対外債務や1人当たり国民所得
に応じた割引措置，さらには分担率の上限（シーリング22％）や下限（フロア
0.001％）の調整等が加えられる。また，決めた分担率は3年に一度見直すこと
となっている。

　先進諸国の負担が相対的に重くなるため，もし総会での決議が途上国側に有利
なものばかりになってしまうと，先進国側が資金提供をばからしく思い，意図的
滞納が発生する。近年，このような分担金の支払いを滞らせ続けているため，国
連の財政状況は不安定になっている。

　国連がなんとか運営を続けられたのは，一部の国や，ユニセフのような個人の
自発的拠出金，および運転資本基金（加盟国の分担金に比例した前払い分）のお
かげである。因みに2020年現在の分担率は，米国は22.000％，日本はその次の
9.680％，中国は7.921％を割り当てられている。また，各加盟国の分担率を高い
順に足していくと，2％を超える13カ国が約8割に達し，国連予算の2割しか負

図表1-12　国連予算分担率2％以上の国

順位	国名	分担率（％）
1	米国	22.000
2	日本	9.680
3	中国	7.921
4	ドイツ	6.389
5	フランス	4.859
6	イギリス	4.463
7	ブラジル	3.823
8	イタリア	3.748
9	ロシア	3.088
10	カナダ	2.921
11	スペイン	2.443
12	オーストラリア	2.337
13	韓国	2.039

出所：国連文書 ST/ADM/SER.B/1008

担していない国々が総会の多数を制することは，しばしば上位分担国の不満をもたらしている。

⑵　安全保障理事会

　安全保障理事会は，国連憲章に基づき国際平和と安全を維持する上で主要な責任を持つ機関であり，全加盟国に代わって任務を遂行し，その決定は各加盟国に対し拘束力を持つ。その意味から，安全保障理事会は国連で最も重要な機関である。理事会は米国，イギリス，フランス，ロシア，中国の5カ国の常任理事国（任期，改選なし）と，10カ国の非常任理事国から構成される。非常任理事国は総会の投票で3分の2の多数を得た国が選出される。任期は2年，再選は認められない。

　理事国はそれぞれ1票の投票権を持つ。手続き事項の決定には，15理事国のうち，少なくとも9理事国の賛成を必要とする。手続き事項以外の問題に関する常任理事国の反対投票は「拒否権」と呼ばれ，9カ国の賛成投票があっても，決議案もしくは提議を否決できる。これは，「5大国一致主義」の原則として知られる。賛成ではないが，阻止する意図もない場合，常任理事国は表決を棄権することができる。棄権は拒否権の行使とはみなされない。

⑶　経済社会理事会

　経済社会理事会は，国連及びそのファミリーとして知られる専門機関の経済社会活動を調整するための機関である。理事会は3年の任期を持つ54カ国で構成される。毎年，任期の切れる3分の1の18カ国に代わって，新たに18カ国が3年の任期で選出される。理事会での表決は単純多数決で，各理事国は1票の投票権を持つ。

　また，経済社会理事会は開発，国際貿易，産業化，天然資源，人権，女性の地位，人口，社会福祉，教育，保健及びその関連分野，科学技術，犯罪防止，麻薬取締りなど，経済と社会におけるすべての問題を扱うため，その仕事は多種多様である。このため，日常活動をスムーズに進められるように，経済社会理事会には各種の委員会が設置されている。

⑷　信託統治理事会

　信託統治理事会は，植民地問題を扱うために1945年設置された機関である。信託統治は独立を求めているものの，国力が不足のため，独立ができない地域に適用される。信託統治理事会はこれらの地域の施政を国際的に監督し，かつ適切な措置を取って，これらの地域が自治もしくは独立に向けた準備ができるようにする。1994年まですべての信託統治地域は単独の国家として，または近隣の独立国家と合併するなどして，自治もしくは独立を達成した。したがって，この理事会は事実上機能を停止している。

⑸　国際司法裁判所

　国際司法裁判所（International Court of Justice：ICJ）は，国連の主要な司法機関で，オランダのハーグに置かれている。司法裁判所は当事国間の紛争を解決し，国連とその専門機関に勧告的意見を提供する。

　国際司法裁判所は，国連の全加盟国に開放される。裁判の当事者になれるのは国家だけで，原則としてすべての当事国が同意しないと裁判は開始されないことになっている。裁判官は国連総会と安全保障理事会の双方が認めた15名で，全員が違う国の出身者であることが条件付けられている。

⑹　事務局

　国連事務局は世界各地にある国連事務所で働くおよそ4万4,000人（2020年現在）の国際的な職員で構成され，多岐にわたる国連の日常業務を遂行する行政機関である。国連の政策を企画したり，実施したりするのが任務である。その長に当たる国連の「事務総長」は任期5年で，再選が可能である。本部はニューヨークにある。

国連の平和と安全活動

　国連の平和と安全活動は，主として，紛争防止，平和創造，平和維持，強制措置，平和建設という5つに分けられる。

⑴　紛争防止

　争いが紛争へと拡大するのを防ぎ，かつ紛争の再発を防ぐための主要な戦略

は，予防外交，予防展開，予防軍縮である。

　予防外交とは争いの発生を防ぐとともに，現に存在する争いが紛争へと発展する前にその解決を図り，もしくは紛争が発生した場合はその拡大を制限する行動である。それは仲介，調停もしくは交渉の形をとって行われる。早期警報は予防のために不可欠な要因で，国連は国際の平和と安全への脅威を探知するために世界の政治的発展やその他の発展を慎重に見守り，安全保障理事会と事務総長が共に予防行動をとれるようにしている。

　予防外交を補完するのが予防展開と予防軍縮である。予防展開は紛争の可能性のあるところに平和維持軍をあらかじめ展開させ，緊張地帯に信頼を醸成することによって紛争を封じ込める「細いブルーライン」を提供する意図のものである。予防軍縮は紛争の可能性のある地域で小型武器の数を削減することである。戦闘員の動員解除や武器回収と廃棄によって，昨日使われた武器は，明日の戦争でそれが使われるのを防ぐことである。

(2)　平和創造

　平和創造は外交手段を利用することによって紛争当事国の敵対行為を中止させ，紛争の平和的解決について交渉するように仕向けることである。国連は各種の手段を提供することによって，紛争の封じ込めや解決を図り，またその根本的な原因を解消させる。安全保障理事会は紛争解決の方法を勧告し，また事務総長に仲介を要請する。事務総長は外交的なイニシアチブをとって交渉の弾みを助長させ，維持する。

(3)　平和維持

　平和維持活動とその展開は，ホスト国政府および一般的にはその他の紛争当事国による同意のもとに，安全保障理事会が認可する。それには軍事・警察要員とともに文民スタッフも含まれる。活動には軍事監視団，平和維持軍，または両者の組み合わせなどがある。軍事監視団は非武装の将校で構成され，平和協定もしくは停戦を監視するのが典型的な任務である。平和維持軍の兵士は武器を携帯するが，ほとんどの場合はその使用は自衛の場合に限られる。

⑷　強制措置

　国連平和維持の基本理念は，「集団安全保障」である。加盟国の1国が戦争を
始めたら，ほかのすべての国がその国に対して，経済的，外交的な非軍事的制裁
にとどまらず，軍事的な制裁も可能とする。そうすれば，制裁を恐れて，どの国
も戦争を始められなくなるという考え方である。

　「非軍事的制裁」は，エネルギーや生活物資の輸入制限や断絶といった経済制
裁のほかに，外交関係の断絶のような制裁がある。「軍事的制裁」は，国連軍や
加盟国軍（多国籍軍）の派遣である。これは，平和破壊行為や侵略行為を行った
国に対して，直接武力による攻撃を行うものである。ある意味では矛盾かもしれ
ないが，平和のためなら，国連は武力行使も厭わないということになる。

図表 1-13　国連の制裁措置

安全保障理事会決定	非軍事的制裁	経済制裁
		外交関係の断絶
	軍事的制裁	国連軍の派遣
		多国籍軍の派遣

出所：筆者作成

⑸　平和建設

　平和建設は主に5つの活動から構成される。①軍事及び安全保障活動では，武
装解除，動員解除，戦闘員の再統合及び武器の廃棄である。②人道的活動では，
難民の帰還や紛争の影響を受けた子供達の世話である。③政治活動では，機構の
整備や良い統治，憲法の改革，選挙などである。④人権活動では，人権の監視，
司法及び警察の改革，権力乱用の調査などである。⑤経済社会活動では，紛争で
破壊されたインフラの整備，経済的社会的不正の解消，良い統治及び経済開発の
ための条件の創出などが含まれる。

国連ファミリーとその活動

　上記平和活動のほかに，国連は数多くの計画と基金，研究所，理事会，委員会
などを通じて，軍縮，人権，難民救済，南北問題，地球環境・人口問題など幅広
く活動を展開している。その国連ファミリーと言われる関連5機関と外郭団体で
ある15専門機関がある。

図表 1-14　国連の関連 5 機関

機関名	設立	設置目的
国際原子力機関（IAEA）	1957 年	世界の平和，繁栄に対する原子力貢献の促進，増大
国際移住機関（IOM）	1989 年	国際的な人の移住と開発，移住の促進，移住の管理行政，非自発的移住などを扱う
世界貿易機関（WTO）	1995 年	モノ・サービス貿易，知的所有権，投資などの 2 国間交渉で解決不可能な貿易紛争の処理
包括的核実験禁止条約機構準備委員会（CTBTO）	1996 年	あらゆる空間での核実験を禁止する
化学兵器禁止機構（OPCW）	1997 年	世界的な化学兵器の全面禁止及び不拡散

出所：国連広報センター

図表 1-15　国連の専門 15 機関

機関名	設置年	設置目的
国際労働機関（ILO）	1919 年	労働条件と生活水準を改善し，経済的且つ社会的な安定を促進する
国連食糧農業機関（FAO）	1945 年	開発途上国における飢えと貧困の根絶
国連教育科学文化機関（UNESCO）	1946 年	教育，科学，文化，通信を通じて諸国間の協力を促進する
世界保健機関（WHO）	1948 年	世界中の人々が最高水準の健康の維持
世界銀行グループ 　国際復興開発銀行（IBRD） 　国際金融公社（IFC） 　国際開発協会（IDA） 　国際投資紛争解決センター（ICSID） 　多国間投資保証機関（MIGA）	1945 年 1956 年 1960 年 1968 年 1988 年	持続可能な経済成長と開発を促進する
国際通貨基金（IMF）	1944 年	貿易の拡大，為替相場の安定
国際民間航空機関（ICAO）	1947 年	国際民間航空の安全と秩序ある発展
国際海事機関（IMO）	1958 年	船舶技術の政府間協力，情報交換
国際電気通信連合（ITU）	1865 年	電気通信技術の改善と合理的使用
万国郵便連合（UPU）	1874 年	郵便業務の国際協力
世界気象機関（WMO）	1950 年	各国の気象関連組織網の確立，情報交換
世界知的所有権機関（WIPO）	1967 年	知的所有権の尊重
国際農業開発基金（IFAD）	1977 年	開発途上国の食糧生産と栄養の改善をはかるための援助資金を集める
国連工業開発機関（UNIDO）	1966 年	開発途上国の工業化を促進し，国連機構内の工業開発諸活動間の調整
世界観光機関（WTO）	1970 年	世界規模の観光振興及び発展

出所：国連広報センター

5．国際政治の理論体系

　国際政治の主な役割は国家間の対立を調整し，相互の協力を図ることである。これらの問題を研究し，アプローチする理論体系は，主にマクロ国際政治理論とミクロ国際政治理論の2つがある。冷戦体制の崩壊，社会主義体制の崩壊，地域統合などの国際社会全体や地域主義的な領域の問題を分析するのは，マクロ分析であるが，それに対して，ある特定国の外交政策の特徴や，その外交政策がいかなる過程を経て生み出されたかを分析するのは，ミクロ分析である。また，マクロ分析とミクロ分析を結び付けて展開するリンケージ論がある。

マクロ国際政治理論

　マクロ国際政治理論は，国際体制に着目し，「現実主義」，「制度主義」，「構造主義」という3つの視点から分析を展開する。

図表1-16　マクロ国際政治理論の枠組み

現実主義	制度主義	構造主義
勢力均衡論 覇権安定論 覇権循環論	国際統合論 相互依存論 国際制度論（レジーム論）	従属論 世界体系論（世界システム論）

出所：筆者作成

(1)　現実主義

　現実主義は国際政治現象の中で軍事的または政治的な争点に着目し，論理を展開し，「勢力均衡論」，「覇権安定論」，「覇権循環論」などの代表的な理論がある。

・勢力均衡論

　同程度の国力を有する数カ国が軍事的・経済的なパワーのバランスを保つことを通じて，各国の安全保障と国際秩序が実現される理論である。「同盟型」，「共同分割型」，「バランサー型」という3つのタイプに分けられる。同盟型はある国が他の国と同盟することによって脅威を受ける第三国が，他の第四国と同盟することを通じて，両陣営の間に力の均衡状態が生ずる。共同分割型は国力が拮抗している2つの国の間で，隣接する第三国がいずれかの勢力下に入ると均衡が崩れてしまうので，その第三国を両国が共同で侵略・分割して均衡を

維持する。バランサー型は他国に優越する一国が他の諸国の同盟や対立の動向を見据えながら，常に弱い陣営をバックアップすることを通じて国際社会全体の均衡を実現する。

・覇権安定論

　　国際システムの安定は他のすべての諸国が合同で挑戦しても揺るぎないような強力な国力を持った覇権国が国際公共財の供給能力によって形成・維持される。その力が衰えるとシステム統制者の座をめぐって世界戦争が行われ，再び新しい覇権国によって新しい秩序が形成される理論である。これまでの歴史的経験から大体100－120年の周期で覇権国が交替する。

・覇権循環論

　　上記のように，世界大国の誕生によって，覇権体制が成立され，一定期間の世界安定が維持される一方で，その体制に対する挑戦国が常に存在し続ける。覇権国が隆盛から衰退へ向かう過程において，挑戦国が幾度の挑戦をし，戦争に勝った国が新たな覇権国として登場する。歴史的には，各時代に図表1-17のような世界大国と挑戦国が戦争を繰り広げてきた。

図表1-17　世界大国と挑戦国の循環

時期	16世紀	17世紀	18世紀	19世紀	20世紀
世界大国	ポルトガル	オランダ	イギリス	イギリス	米国
挑戦国	スペイン	フランス	フランス	ドイツ	ソ連
戦争	スペイン・オランダ戦争	蘭仏戦争	ナポレオン戦争	第1次，第2次世界大戦	冷戦

出所：筆者作成

(2)　制度主義

　　制度主義は国際政治現象の中で経済的または社会的な争点に着目し，論理を展開し，「国際統合論」，「相互依存論」，「国際制度論」などの代表的な理論がある。

・国際統合論

　　国際統合論は地域主義的な規模の国際関係における経済的，及び社会的な交流の増大とこれを統括する国際組織の機能的な活動によって，その統合が拡大・深化し，やがて国を超えた国際的な連邦政府の実現へと進むことを主張する。国際統合論の主役は，①経済的領域における国家間協力を促進する機能的な国際組織，②各国のエリート的専門家集団（ナショナル・テクノクラート）

が重要である。両者の緊密な関係により，機能的協力のネットワーク，各国のエリートの一体化が生まれる。そして，スピールオーバー（波及効果）を通じて，他の領域（軍事的，政治的レベルへの協調）へと拡大し，国際統合を実現する。

・相互依存論

　　相互依存論は福祉の増大とニーズの充足を目指した国境を越える国際交流，特に経済的，社会的な国際交流の増大によって生まれる国際協力の増大と，国際機構の強化を通じて秩序づけられる。その際，地域的な制約や国力の格差などの制限要因は特に重要視されない。相互依存論は，①特定の地域主義的な規模の議論ではなく，国際社会全体を考察の範囲と設定すること，②国境を排除した世界連邦の発想ではなく，あくまでも国家間関係という認識に立つことが特徴である。また，国際統合論から論理的に進化し，国際制度（レジーム）の創造につながるとされる。

・国際制度論

　　国際制度論は国家間関係を規定するそれぞれの問題領域に関する手続きやルールのセットとしてのレジームを整備することが，国際秩序を安定的に維持するために重要な意味を持つという理論である。GATT や WTO などの，各国の権利や守るべき規則，そして紛争が起きた時の解決方法などを定めるものが代表例である。

⑶　構造主義

　　構造主義は国際政治現象の中で国際システム全体の構造的な要素に着目し，論理を展開し，「従属論」，「世界システム論」などの代表的な理論がある。

・従属論

　　従属論は先進国が途上国を自己の経済システムに組み込み，途上国の経済余剰を搾取する理論であり，マルクス理論の原点でもある。

・世界システム論

　　世界システム論は，現在の国際システムが多数の主権国家から構成される理由は多数の国家が分立しているからと主張する。世界全体の資本蓄積にとって，国家が分業関係にあるほうが都合がよいとされる。中心国，準周辺国，周辺国説という３つの世界論で展開される。中心国は覇権的な力を有し，世界

に秩序提供者としての役割を果たし，膨大なコストを負担すると同時に，享受利益も最大である。準周辺国，先進国グループに属し，秩序の擁護者であるため，一部のコストを負担するが，利益の享受者でもある。周辺国はその他の途上国であり，現存の秩序に対抗する力を持たないが，無言の反対者であり，利益分配が受けられない立場にある。

ミクロ国際政治理論

　ミクロ国際政治理論は国家の外交政策に着目し，「国家間政治論」，「国家体系論」，「政策決定者論」が代表的なものである。

図表1-18　ミクロ国際政治理論の枠組み

国家間政治論	いかなる外部要因によって外交政策が出てきたのかを論ずる
国家体系論	いかなる内政要因によって外交政策が出てきたのかを論ずる
政策決定者論	外交政策決定者の内面的要素に着目し議論を展開する

　　出所：筆者作成

リンケージ論

　上記のマクロ分析とミクロ分析を結び付けて展開するリンケージ論がある。国際政治と国内政治が密接に結びつき，相互に影響しあう状態に注目するのが特徴である。国内産業政策が外交上の問題となったり，外交上の配慮から内政が変更されたりするなどの連携現象の分析に活用される。

第2章

国際経済の視点

　一国の経済活動は国際経済を抜きにして語ることができない。国際経済はヒト，モノ，カネ，情報などが国境を越えて行われる経済活動であり，これらの活動は時代の変化とともに規模が拡大され，多様化していく。それに合わせて，グローバル的な経済活動を支える各種システムやネットワークが整備されていく。

　本章は，国際経済活動を理解するための開放型マクロ経済モデル，国際経済を支えるシステム，国際貿易と比較優位，国際金融と変動為替相場，海外直接投資と多国籍企業などの国際経済の基本を学ぶ。

1. 開放型マクロ経済

　マクロ経済モデルは，閉鎖型モデルと開放型モデルに分けられる。閉鎖型モデルは外国との取引が発生しない前提で作られたものである。それに対して，開放型モデルは海外との貿易や投資などの要素を取り入れて，マクロ経済全体の動きの分析に活用される。そのため，国際マクロ経済，または，開放型マクロ経済とも呼ぶ。

国民経済の規模を示す指標

　一国の経済規模を示す指標として，通常，国民総生産（Gross National Product：GNP）または国内総生産（Gross Domestic Product：GDP）の概念が利用される。GNP は，一国の国民がある一定期間（通常1年間）に生産したモノ・サービスの付加価値の総額を表す。GDP は，一国内においてある一定期間（通常1年間）に生産されたモノ・サービスの付加価値の総額を表す。ただし，

付加価値とは，企業などの生産主体が生産活動によって，作り出す生産物の産出総額から，その生産活動を行うために購入した原材料，エネルギー，人件費などのすべての中間投入額を差し引いたものと定義される。

図表 2-1　付加価値の計算例

生産主体	生産総額	中間投入	エネルギー輸入	付加価値
製鉄所	20 兆円	5 兆円	5 兆円	10 兆円
部品メーカー	40 兆円	15 兆円	10 兆円	15 兆円
自動車メーカー	80 兆円	40 兆円	15 兆円	25 兆円
計	140 兆円	60 兆円	30 兆円	50 兆円

出所：筆者作成

したがって，GNP と GDP の区別は，日本国を例として考える場合，国内で働く日本人と海外で働く日本人が，一年間に生み出した付加価値の合計が前者である。それに対して，日本国内で働く日本人と外国人が，一年間生み出した付加価値の合計が後者である。両者の間には，

$$GNP = GDP + 海外からの（純）要素所得$$

という関係式が成立する。ただし，要素所得とは，労働，資本，土地などの生産要素を提供した見返りとして得られる所得のことであり，海外で稼いだ所得や投資に対する配当，金利の受け取りなどが要素所得に含まれる。

日本経済のように，グローバル化が進んでいる国においては，企業の海外進出による投資所得や金利の受け取りなどの金額も大きくなる傾向がある。そのため，国内の景気動向を判断する場合，GNP よりも GDP 統計が重要視される。一方，日本経済の総合実力をみる場合，GNP 統計のほうがより正確に把握することができる。

国民経済三面等価の原則

国民総生産 GNP は各生産主体で作り出した付加価値の総額から求め，「生産面から見た GNP」と呼ぶ。一方，これらの付加価値は賃金，地代，企業利潤などに分配されるため，「分配面から見た GNP」とも呼ぶ。すなわち，

$$\text{生産面から見た GNP(総生産)} = \text{賃金} + \text{地代} + \text{企業利潤}$$
$$= \text{分配面から見た GNP(総分配)}$$

という関係式が成立する。また，分配された資金は，家計の消費，企業の投資，政府の支出に使われるため，「支出面から見た GNP」と呼ぶ。よって，

$$\text{分配面から見た GNP} = \text{消費} + \text{投資} + \text{政府支出} = \text{支出面から見た GNP(総支出)}$$

という関係式が成立する。したがって，

$$\text{生産面から見た GNP} = \text{分配面から見た GNP} = \text{支出面から見た GNP}$$
$$\text{総生産} = \text{総分配} = \text{総支出}$$

という国民経済三面等価の関係式が成立する。

開放型マクロ経済モデル

　国内経済活動の主役は家計，企業，政府の三部門から成り立つ。グローバル化の進展によって，一国の経済活動における海外部門の重要性が次第に高まり，輸出，輸入を含めた開放型国民経済の枠組みでの分析が必要になる。この海外部分を加えたモデルは下記のようになる。

$$Y = C + I + G + X - M$$

　ただし，Y は国民所得，C は個人消費，I は企業投資，X は輸出，M は輸入をそれぞれ表す。このモデルから，一国のモノ・サービスの需要（支出）は，国内部門の消費・投資・政府部門への支出だけでなく，海外部門の輸出需要（支出）も発生するので，輸出を足すことになるが，同時に一国は海外からの輸入供給も受けるので，自国の GNP（総生産）から差し引くことになる。通常，国内の需要部門（消費＋投資＋政府支出）は内需，海外の需要部門（輸出－輸入）は外需という。

　また，一国の経済活動において，景気動向の良し悪しを判断する材料として，個人消費の伸びが最も重要な指標のひとつである。消費は以下の消費関数によって決められる。

$$C = C_0 + C_1 Y_d$$

　ただし，C_0 は人間社会で生きていくための最低限の消費であり，独立消費または基礎消費という。C_1 は所得の増加のうち，消費に回される比率を示し，限界消費性向という。Y_d は所得のうち，税金を納めた後の手取り額であり，可処分所得という。よって，

$$Y_d = Y - T$$

という方程式が得られる。ただし，Y は国民所得，T は税である。今日，ほとんどの国では，所得に応じて納税額を決めるという累進課税制を導入しているので，

$$T = tY$$

になる。ただし，t は所得に依存する税率である。
　上記を整理すると，以下の消費を決める方程式が得られる。

$$C = C_0 + C_1 Y (1-t)$$

　また，輸入は海外から財を購入することで，国民所得に依存して決めるため，

$$M = mY$$

が得られる。ただし，m は所得の増加のうち，消費に回される比率を示し，限界輸入性向という。
　上記の消費と輸入を開放型国民経済モデル $Y = C + I + G + X - M$ に代入すると，

$$Y = \frac{1}{1 - C_1(1-t) + m}(C_0 + I + G + X)$$

が得られる。ただし，

$$\frac{1}{1 - C_1(1-t) + m}$$

は乗数と呼ばれるもので，独立消費，企業投資，政府支出，輸出などの増大は，

乗数プロセスを通じて所得が誘発される効果を持つ。

2. 国際経済の仕組み

　経済活動のグローバル化の進展に伴って，従来の国際貿易を中心とする対外経済活動は，海外直接投資や，インターネットを駆使して地球規模の技術開発や情報財の共有といった経済活動も加えられ，特に後者の経済規模が次第に大きくなっている。しかも技術進歩と情報ネットワークの発達は，さらに国境の存在を希薄にし，人間は様々な「知」を武器にグローバル市場を勝ち取ることが可能となっている。

3つの国際経済

　国際経済活動が急速な変容を遂げる今日では，国際経済の全貌を理解するのに(1)国際経済，(2)世界経済，(3)グローバル・エコノミーという3つの概念に分けて説明する必要がある。

(1) 国際経済 (International Economy)

　国際経済とは，国と国との間の経済活動であり，国民国家を基盤として成り立つ。各国は自国に存在する生産要素（労働，資本，土地）を活用し，生産活動を行い，生産された製品は自国市場への供給のほかに，外国への輸出も行う。また，これらの製品の生産に必要な原材料やエネルギー，及び一部自国で生産できない部品を輸出で獲得した外貨を用いて輸入を行う，すなわち国際貿易が発生する。したがって，ここで言う国際経済は，主として国境を越えてのモノの交換であり，「モノの流れ」である。

(2) 世界経済 (World Economy)

　世界経済とは，国民国家の枠を越えての経済活動であり，企業による国際的な資本の自由移動が前提である。国際貿易では，国と国との貿易不均衡を引き起こし，貿易摩擦が生じる場合がある。これらの摩擦を解消するために，海外現地生産に伴う直接投資が行われるようになる。また，自国の生産要素の不足を補うための海外生産や，新しい市場を開拓するための海外投資も多く行われている。

これらの現象は，従来の国際貿易では捉えきれないものであり，新たに「世界経済」という分析の枠組みが必要となってくる。つまり，「世界経済」は，多国籍企業を中心とする海外での生産活動であり，進出の形態は主として資本の国際間の自由移動であり，「カネの流れ」である。

(3) グローバル・エコノミー (Global Economy)

　グローバル・エコノミーとは，グローバル市場を相手とする経済活動であり，ヒト，モノ，カネ，情報がボーダレスの地球社会に効率に活用されることが前提となる。これまで一部の国，地域にとどまった海外直接投資は，企業が規模のメリットを求めて，次第にほかの国への投資を拡大させ，国際分業体制が先進国と発展途上国との間に，また先進国同士，発展途上国同士の間に構築されていく。その過程において，地球規模の資本（カネ）の移動と労働力（ヒト）の活用という生産体制が構築され，生産された製品（モノ）はさらにインターネットを通じて必要な場所に，必要なモノという情報を迅速に伝達することが可能となる。したがって，「グローバル・エコノミー」は，地球上のヒト，モノ，カネ，情報を総動員した経済活動であり，知識がこの流れをリードする「知の流れ」である。

国際経済を支える4つのシステム

　第1次世界大戦後の国際協力による世界経済の均衡的拡大を目的に，1944年にブレトン・ウッズ体制が誕生した。同体制のもとでは，①差別的なブロック経済を排し，自由で無差別で多角的な世界貿易体制の確立，②平価切下げ競争を避け，為替相場の安定を図る，③雇用と生活水準の向上を図るための，経済開発の促進と高い成長の達成という3つの理念を掲げた。これらの理念を実現するために，国際通貨，国際貿易，国際投資，国際労働供給といったシステムが相次いで生まれ，国際経済の持続的な発展に貢献してきた。今日，地球上のほぼすべての地域と国家がこれらのシステムに組み込まれ，国際分業体制を構築している。

(1) 国際通貨システム

　1947年に設立された国際通貨基金（International Monetary Fund：IMF）は為替相場の安定，為替取引の自由化を目的に，国際通貨の安定化を取り組んできた。その中，米国は莫大な金準備をバックに，IMF体制を安定化させ，ドルに

国際通貨，基軸通貨としての役割を維持させながら，従来の金本位制から金・ドル本位制を確立させた。しかし，米国の軍事支出増や対外開発援助増による国際収支の悪化はドル不安をもたらし，1971 年 8 月 15 日ニクソンショックと言われる金・ドル自由交換を停止させた。その間，戦後から維持してきた固定為替相場は，同 12 月のスミソニアン体制のもとで，ドルが大幅な平価切下げを実施したにもかかわらず，国際不均衡がほとんど是正されず，為替相場が 1973 年から総フロート時代に突入し，今日までの変動為替相場を維持している。

図表 2-2　国際通貨システムの確立

年次	出来事	主な内容
44 年 7 月	ブレトン・ウッズ体制	自由貿易，為替相場の安定，経済成長
46 年 6 月	国際復興開発銀行（IBRD 通称：世界銀行）業務開始	戦災国の復興，発展途上国への長期融資
47 年 3 月	国際通貨基金発足	金・ドル本位制，固定為替相場制 （金 1 オンス＝ 35 ドル，1 ドル＝ 360 円） 国際収支困難国への一時融資
60 年代	ドル不安	軍事支出と対外援助による国際収支赤字，ドル信用低下による米国から金流出
71 年 8 月	ニクソンショック	金とドルの自由交換停止
同 12 月	スミソニアン体制へ	ドルの平価切下げ，固定相場制の維持 （49 年以来の 1 ドル＝ 360 円から 308 円へ）
73 年 2 月	総フロート時代	大規模な平価調整にもかかわらず， 国際不均衡が是正されず，変動相場制へ

出所：筆者作成

(2)　国際貿易システム

国際貿易システムは，1947 年に調印された関税・貿易に関する一般協定（General Agreement on Tariffs and Trade：GATT）から発足した。GATT の理念は，①自由貿易（関税の引き下げ，輸入制限の撤廃，但し一部の例外を認める），②無差別原則（加盟国同士が最恵国待遇や内国民待遇を与え合う），③多国間交渉（定期的なラウンド交渉による関税の引き下げ）の 3 つである。その後の世界貿易構造の急激な変化に対応して，86〜93 年のウルグアイ・ラウンドでは，①従来のモノの貿易から，サービス貿易，知的所有権，貿易関連投資といった分野のルール化，②農業分野の輸入制限を禁止し，例外なき関税化と関税引き下げのルール化，③多角的貿易紛争処理システムとしての世界貿易機関（World Trade Organization：WTO）の設置などの改革が行われ，国際貿易ルールの明

確化に大きく貢献した。そして，1995年から発足したWTOは，国際貿易を統括する機能を持つ世界機関として，GATTでは実現し得なかった国際貿易の更なる自由化を目指した本格的な国際組織となった。

図表 2-3　GATT と WTO の比較

	GATT	WTO
正式名称	関税及び貿易に関する一般協定	世界貿易機関
発足年	1947年	1995年
加盟国数	発足時23カ国 1994年末125カ国・地域	2020年末現在164カ国・地域
紛争処理方法	紛争処理委員会による裁定	貿易政策審査委員会・紛争処理機関による裁定
対象分野	モノの貿易	モノの貿易，サービス貿易，知的所有権，貿易関連投資
罰則規定	加盟国中1カ国でも反対があれば実施不可能（コンセンサス方式）	全加盟国の反対がなければ実施可能（逆コンセンサス方式）
強制力	きわめて弱い	強い
問題点	影響力が弱く貿易の重要問題の話し合いが少ない	主要加盟国の脱退が考えられるため，弱体化の可能性がある

出所：筆者作成

(3)　国際投資システム

　国際投資は，形態別に海外直接投資，証券投資，貸し付けに区分される。なかでも，海外直接投資による投資国と受入国における産業構造，貿易構造の高度化への貢献が大きい。世界中に生産や販売のネットワークを構築する多国籍企業は，経営資源（経営，技術，販売，組織に関するノウハウと能力）の国際的移動を通じて，投資受入国の産業を輸出産業へと高度化しつつ，投資国に新しい産業を育成し，貿易構造の高度化を図るという貿易補完型直接投資と，投資国が自国

図表 2-4　海外直接投資の主要目的

主要形態	目的
低賃金指向型の直接投資	国内生産コストの上昇に伴った労働集約型産業の海外進出
資源開発型の直接投資	安定的に低価格資源の確保
市場密着型の直接投資	現地市場の開拓，ニーズに合った製品の生産・販売
販売拠点への直接投資	海外販売拠点の強化による販路拡大
貿易摩擦回避型の直接投資	同質化された海外市場への進出
グローバルネットワーク構築型の直接投資	金融業などが全世界進出戦略に伴った海外進出
タックス・ヘイブン型の直接投資	税回避やタックス・パラダイス

出所：筆者作成

の比較優位産業を海外へ進出させ，自国の輸出を代替するという輸出代替型直接投資に分けられる。

　海外直接投資は，投資受入国に雇用創出と技術移転や投資国に新しい生産と販売市場の開拓と貿易摩擦の回避などに効果があることから，今日，国際貿易とともにグローバル経済の発展を支える重要な柱となっている。

(4)　国際労働供給システム

　国際労働供給は，古くは16世紀の植民地体制の下でのプランテーション経営のために，アフリカからの大量の奴隷労働力と，ヨーロッパからアメリカ大陸への移民があった。第2次世界大戦後，西ヨーロッパを中心に周辺地域から大量の労働力の移動，石油危機後，アラブ人やアジア人の出稼ぎ労働者が中東産油国への移動などもあった。

　このような国境を超えての労働力の移動は，基本的に自国での生産活動の拡大に伴う労働力の需要から発生する。しかし，80年代以降，先進国における労働コストの上昇に伴った海外直接投資の拡大は，労働需要は従来の労働者の越境移動から直接労働力がある国へ求めるように変わっていく。90年代以降，東アジアを中心に形成された労働集約型的な分業体制はまさにこの国際的な労働需要から生まれた。なかでも，この国際分業のプロセスの中で「世界の工場」と称される中国が世界向けの大量生産，大量輸出の方式を誕生させたことが注目される。

3.　国際貿易と国際収支

　国際貿易は，一国が他国とのモノやサービスの取引である。取引額の評価は，輸入については，売主が運賃保険料込を条件とする支払う価格CIF（Cost, Insurance and Freight）とするが，輸出については，買主が海上輸送と輸送保険を手配し，費用も負担する価格FOB（Free On Board）とするのが普通である。また，国際貿易は国際的代金決済の仕組みが必要であるため，一国の国際収支の動向も注目される。

国際貿易の発生

　国際貿易の発生は，一般に(1)国の適性，(2)生産要素賦存の差，(3)特化という3

つの要因があげられる。

(1) 国の適性

　そもそも何のために国同士で貿易をするかというと，自国にないモノ，作ることができないモノを交換するためである。例えば，天然資源に恵まれない日本は，資源国からエネルギーや原材料を輸入しないと生産活動が成り立たない。そして，輸入する資金を調達するために，得意な自動車やその他のハイテク部品を輸出している。つまり，分業化が進んだ今日の国際社会では，一国が自給自足の生活を目指すことはまず不可能である。

　人口も貿易を影響する要因である。人口の多い国では労働力を有効に活用して労働集約型産業を中心に工業化を推進することが可能である。そして，生産されたモノは，生産能力が低い国へ輸出することによって，生産能力が低い国でも不足するモノを使えるようになる。ただし，人口構造が緩やかな変化を見せる今日の国際社会では，特に先進国における少子高齢化について労働力の減少に合わせた対応が求められる。その際，人工知能を活用したロボットによる生産活動を行うか，またはほかの国からの輸入拡大に依存することになる。

　また，労働の量だけでなく労働の質も適性を決める要因である。国民の教育水準や技術レベルが高い国では，生産能力，および輸出能力も高い。もちろん，労働者に対する教育と技術訓練を通じて，熟練労働者や技術者を多く養成することによって，生産・輸出大国に転換させることも考えられる。

　そして，一国の産業構造の高度化は海外から多くの物資の輸入が不可欠で，そのための資本蓄積が求められる。工業化の初期段階，資本蓄積の不十分を補うために海外からの資本導入が多くの国で利用されるが，やがて生産能力の増大に伴った輸出力の増大は資本蓄積の増大につながり，蓄積された資本を活用して海外から技術レベルの高い部品や資本財，エネルギーなどの輸入に活用される。そして，生産能力の増大と技術進歩は，さらに高いレベルでの資本財や完成品の輸出を可能とする。

(2) 生産要素賦存の差

　生産活動は労働，資本，土地などの生産要素を用いて行われる。そして，生産するモノによって，それぞれの生産要素の利用度が異なる。農産物であれば土地

を多く使用するし，技術的に高度な工業製品であれば，資本の利用度が高い。ま
た一般的な製品の場合には，労働力を多く投入して生産される。

　生産要素の相対的な賦存量が，各国の比較優位を決定する。比較優位は，リ
カードが提唱した比較生産費説の中で自由貿易を唱えた最も基本的な概念であ
る。各国は外国に比べて国内で割安に生産できるモノがあるとき，そのモノに
比較優位をもち，逆に他国に比べて国内で割高につくモノに比較劣位をもつ。ま
た，その国に豊富に存在する投入物を必要とするモノは，その国に希少に存在す
る投入物を必要とするモノに比べて，生産することは安価であろう。

　例えば，資本と土地が豊富であるが，労働は希少な国は，資本と土地を多く必
要とするモノに比較優位を持つ。そうすると，資本と土地を活かして作られたモ
ノの価格は低いであろう。例えば，穀物の生産において資本と土地は主要な生産
要素であるので，穀物の価格もまた低いであろう。したがって，穀物の価格は国
内消費と輸出の双方に魅力的である。他方，労働は希少でその価格は高いので，
労働集約財の生産は高くなる。そのため，その国は労働集約財を輸入した方がよ
いであろう。

　一方のヘクシャー・オリーンモデルでは，各国の輸出と輸入の構造を決定する
のは，各国に存在する資本や労働などの生産要素の賦存比率（物量同士の比率）
であると主張し，国際分業パターンの形成に貢献する定理として知られる。例と
して考えられるのは，日本と中国を比べると，中国の人口が多く，労働力が豊富
にある。対照的に日本の方が1人当たりの資本蓄積が大きい。この場合，日本は
資本集約的に生産されるハイテク製品を作ることに得意で，中国は労働集約的に
生産されるローテク製品を作るのが得意であろうと考えられる。ヘクシャー・オ
リーンモデルでは，生産要素の豊富さとモノによって生産する際の生産要素集約
性が異なるという関係から，国際分業と国際貿易を行ったほうが効果的と主張す
る。

⑶　特化

　特化（Specialization）とは，各国がそれぞれの適性にかなったモノの生産に
専念し，自国で生産しないモノは貿易を通じてその交換を行うことである。すな
わち，一国がすべてのモノの生産を行うよりは，各国が生産上の適性に応じて生
産分野を分担しあい，もう少し限られたモノの生産に特化したほうが生産効率は

高くなるという考えである。そして，限られたモノの生産に特化すれば，それ以外のモノについては輸入せざるを得なくなるから，そこに貿易が発生する。

図表 2-5　日中間の比較優位仮想例

1 単位生産	日本	中国	産出高
農業品	9 人	10 人	2 単位
工業品	8 人	12 人	2 単位

出所：筆者作成

　図表 2-5 で示すように，日本と中国はそれぞれ工業品 2 単位と農産品 2 単位，計 4 単位の生産を仮定する。日本は農産品の生産に必要な労働者 9 人，工業品同 8 人，中国は同じ農産品生産に必要な労働者 10 人，工業品同 12 人とするなら，その場合，日本は農産品と工業品の生産に絶対優位を持つ。一方の比較優位で見たとき，工業品は日本，農産品は中国がそれぞれ比較優位を持つ。その際，日本と中国はそれぞれ得意とする工業品と農産品の生産に特化すれば，産出高は 4.3 単位（図表 2-6）に増えることが可能になり，特化の利益が生まれる。

図表 2-6　日中間の特化の利益

1 単位生産	日本	中国	産出高
農業品	0 単位	(22 人) 2.2 単位	2.2 単位
工業品	(17 人) 2.1 単位	0 単位	2.1 単位

出所：筆者作成

　このように，国際分業による特化の利益は，総産出高の増加か，労働の節約かのいずれかであって，生産性の上昇と同じ効果になる。これは，一般に生産性上昇は機械化や新しい技術の採用など，生産過程における創意工夫によってもたらされるのに対して，外国貿易では商品交換という流通過程で可能となるところに違いがある。いわば間接的に生産性を上昇させるのが国際貿易の利益である。

自由貿易と保護貿易

　自由貿易とは，国際間のモノ・サービスの取引に際して，各国が原則的に貿易政策や為替政策による政府介入を行わず，市場の価格調整機能に任せることをいう。最初の体系的自由貿易論はアダム・スミスによって重商主義批判として展開され，リカードの比較生産費説によって根拠づけられた。第 2 次世界大戦後は国際協力のもとで各国経済の進展をはかろうという機運が高まり，自由貿易の理念

が再評価された。そして各国協力のもとに IMF の創設や GATT の締結など制度的にも具体化され，貿易の自由化は戦後の国際経済活動の主流となっている。

　一方の保護貿易は，自由貿易と対置される概念で，諸国間の貿易に国家が介入してこれに制限を加えることをさす。保護貿易の政策手段としては，関税，為替管理，輸入数量制限，国産品優先措置，輸入課徴金，輸出補助金，輸出自主規制などがある。これらの政策手段のうち，いかなる政策手段が優先されたかは時代により相違している。

　保護貿易主義の根拠は多様であり，自由貿易論のように体系化されたものではない。それは保護貿易を必要とする要請が各国の経済発展状況の相違から発生してくるためである。しかし，主たる根拠は次の3点にまとめられる。

① 　幼稚産業の保護・育成　幼稚産業は，自由貿易では先進国との競争に勝てないので，関税その他の手段によって輸入品との競争から保護する必要がある。

② 　雇用増大のための保護　雇用水準を維持し，増大するためには，輸入関税などによって需要を輸入品から国産品に転換させる必要がある。

③ 　国際収支改善のための保護　国際収支を改善するために関税などによる輸入抑制，補助金などによる輸出促進をする必要がある。

国際収支

　国際経済活動の中，国境を越えての資金移動を占める割合が次第に大きくなっている。これにはモノの貿易のような非金融的取引に基づくものと，純粋の資本取引のような金融取引に基づくものが含まれる。これらの資本の国際移動は，最終的に各国の国際収支という形で集計され，反映される。したがって，国際収支とは一国の国際取引から生じた外国への支払と，外国からの受取との貨幣勘定を，一定期間（通常1年）にわたって集計したものである。通常，①経常収支，②資本収支，③外貨準備増減という3つの部門からなる。

　経常収支には，貿易収支，サービス収支，所得収支，経常移転などの国際的な所得移転を含む。貿易収支とは，財の輸出から財の輸入を差し引いたものである。サービス収支とは，輸送，旅行，通信，建設，保険，金融，情報，特許権使用料，その他営利業務，文化・興行，公的その他サービスなどの国境を越えたサービスの取引である。所得収支とは，国境を越えた雇用者報酬（外国への出稼

図表 2-7　国際収支表

①経常収支	貿易・サービス収支	貿易収支
		（輸出）
		（輸入）
		サービス収支
		貿易・サービス収支計
	所得収支	
	経常移転	
	経常収支計	
②資本収支	投資収支	
	その他資本	
	資本収支計	
③外貨準備増減		
④誤差脱漏		

出所：筆者作成

ぎによる報酬の受取等）および投資収益（海外投資による利子・配当金収入等）
の支払いである。経常移転収支とは，政府間の無償資金援助，国際機関への拠出
金，出稼ぎ外国人の母国への送金，海外留学生への仕送り等を含むものである。
　資本収支とは，居住者と非居住者の間で行われた資産・負債の受取を指し，投
資収支とその他資本収支からなる。投資収支とは，国境を越えた直接投資，証券
投資，金融派生商品，その他投資等を指す。その他資本収支とは，資本移転（固
定資産の取得・処分にかかる資金の移転等），その他の資産の動きを計上する。
　外貨準備増減とは，政府通貨当局の管理下にある対外資産の増減を示す。ま
た，誤差脱漏も国際収支表に計上される。

マクロバランスから見た経常収支

　国際収支のうち，特に経常収支は一国の対外経済活動の実態を示す指標とし
て，その動向が注目される。実際，国民経済と経常収支の関係性を以下に見る。
　国民経済三面等価の原則から，「総生産＝総所得＝総支出」である。すると，
下記方程式

「総生産(Y)＝消費支出(C)＋投資支出(I)＋政府支出(G)＋輸出(X)－輸入(M)」

が得られる。この方程式に基づき以下のように分析できる。

(1)　総生産と経常収支

　「総支出＝総生産」から，（供給側）Y＋M＝C＋I＋G＋X（需要側）が得られる。但し，すべての項目は財だけでなく，サービスも入っていることを仮定する。すると，経常収支（B）は「輸出（X）－輸入（M)」となり，「X－M＝Y－(C＋I＋G)」が得られる。つまり，

$$経常収支 (B) = Y-(C+I+G)$$

　これは，一国が生産する以上にモノ・サービスを需要しようとしたら，経常収支は赤字になるが，逆に生産水準以下の需要しかなければ，経常収支は黒字になる。

(2)　貯蓄・投資と経常収支

　Y＝C＋I＋G＋X－M で，X－M は経常収支である。

　ここで，租税を T として上記の式を変形すると，

$$X-M = (Y-T-C) + (T-G)$$

となる。（Y－T－C）は民間貯蓄であり，（T－G）は政府貯蓄であることから，貯蓄を S（＝民間貯蓄＋政府貯蓄）とすると，

$$S-I=X-M$$

となる。つまり，経常収支（B）の大きさは貯蓄と投資の差に等しい。これは，政府，企業，家計といった部門別の貯蓄投資バランスは，黒字であれば当該部門が資金余剰となり，赤字であれば資金不足で借入を行ったことを意味する。国内の各部門の貯蓄投資バランスの合計は，経済全体の貯蓄投資バランスであり，これは経常収支に一致する。

経済成長と国際収支の変化

　一国経済の各発展段階に応じて，国際収支には①未成熟な債務国，②成熟した債務国，③債務返済国，④未成熟な債権国，⑤成熟した債権国，⑥債権取崩国という六段階の変化がみられる。GDP と貿易収支との関係を見た場合，輸出から輸入を差し引いた「純輸出」の動向が成長率を左右する。純輸出が増加すれば成

長率を押し上げるが，反対に純輸出が減少すれば成長率を押し下げる要因になる。

　日本経済の例を見ると，バブル崩壊後の景気低迷は，ついに 2011 年に貿易収支が赤字に転落し，その後も純輸出の勢いが回復されていない。一方，成長率の低下に伴った国民所得の減少が，個人所得の減少につながることは現実になりつつある。今後，経常収支が赤字に転落する事態が発生すれば，中長期的に国民の生活水準を一定のレベルに保つために，海外資産を取り崩さなければならない可能性がある。

図表 2-8　経済成長と国際収支の変化

発展段階	産業レベル	国際収支の変化
未成熟な債務国	産業未発達	貿易収支が赤字，海外資本を導入するため，資本収支が黒字
成熟した債務国	輸出産業発達	貿易収支が黒字，過去の債務が残っているため，所得収支が赤字，経常収支が赤字
債務返済国	輸出産業高度化	貿易収支黒字が拡大，経常収支が黒字，対外債務を返済するため，資本収支が赤字
未成熟な債権国	海外直接投資開始	対外債務の返済が進み，対外直接投資が始まるため，債権国へ，所得収支が黒字
成熟した債権国	海外直接投資拡大	貿易収支が赤字に転落するが，所得収支が黒字のため，経常収支が黒字
債権取崩国	輸出産業衰退	貿易収支の赤字が拡大し，経常収支が赤字に転落する。対外債権が徐々に減少する。

出所：Crowther, G.（1957）の国際収支の発展段階説を基に筆者作成

4．国際金融と変動為替相場

　国際金融は国境を越えての資金移動である。これには商品貿易のような非金融的取引に基づくものと，純粋に資本取引のような金融取引に基づくものとが含まれる。その特色は，①外国為替取引を伴う。ある国の企業と別の国の企業が国境を超えて取引する場合には，それぞれの企業は自国の通貨と他国の通貨を交換する必要がある。②中央銀行が存在しない。たとえ資金が足りなくなっても，世界全体をコントロールするような中央銀行が存在しないため，それぞれの国や地域で対応するしかない。③海外の情勢に影響を受けやすい。資本は有利な投資先や，原材料費などの安い国や地域を求めて動きまわるので，海外の情報には非常に敏感に反応する。これらの特色を持つ資本の国際移動は，最終的に各国の国際

収支という形で反映される。

国際金融市場

　国際間の金融取引が一定の規模で行われている市場をさす。金融期間の長短によって，短期国際金融市場と長期国際金融市場に分けられる。前者を狭義の国際金融市場，後者を国際資本市場とよぶ場合がある。ある国の金融市場が国際金融市場であるためには，非居住者が自由に取引に参加できること，当該国の通貨が国際取引通貨，準備通貨として広く使われていること，そのためには通貨の金への交換性あるいは政治・経済力を背景として通貨の信認が得られていなければならない，といった条件を満たす必要がある。

　日本の例を見ると，早くから国際金融市場を整備し，伝統的な国際金融市場のひとつとして機能する金融市場がある。細かく見れば，日本の金融市場は，満期1年未満のCP市場やCD市場，コール市場，債券現先市場などの短期金融市

図表 2-9　主な金融市場の特徴

預金市場		資金量は最大，金利に差があれば高いほうへ資金が流れる。
貸出市場		代表的な相対市場。借り手の信用度や，担保，期間等によって金利が異なる。
債券市場		国債，地方債，社債などを発行・流通する市場。債券価格，表面利率，残存期間の3つから利回りが計算される。
株式市場		配当と株価上昇で利益が得られる。配当は一般金利より低いので，株価上昇による利得が重視される。
短期金融市場		期間1年未満の金融取引が行われる市場。取引参加者が金融機関に限定されるインターバンク市場と，一般の事業法人が自由に参加できるオープン市場がある。金利の自由化が特徴。
	コール市場	金融機関相互間の短期資金貸借が行われる市場。無担保コールレート（オーバーナイト物）は公定歩合にかわって，誘導目標金利の役割を果たす。
	手形市場	インターバンク市場のひとつで，手形を媒介に金融機関が中長期の相互貸し付け，借り入れを行う。
	現先市場	一定期間後に一定価格で買い戻す（あるいは売り戻す）ことをあらかじめ約定し債券を売買する市場。
	CD市場	譲渡性預金証書を取引する市場。短期金融市場の代表的商品。
	CP市場	信用力のある優良企業が割引方式で発行する無担保の約束手形を取引する市場。企業は信用力を反映した金利で短期間に資金調達を行える。
	FB市場	政府が一時的な資金不足を補うために発行した証券を取引する市場。償還までの期間は短く，額面より割り引いて発行されるため，発行価格と額面価格との差が利子に相当する。
	TB市場	割引短期国債を取引する市場。国債償還が大量にあるとき，償還のための資金を調達したり，借換え債の発行を平準化するために発行される。期間が1年以内の割引国債

出所：筆者作成

場と，満期 1 年超或いは償還起源の無い金融商品が取引される預金市場，貸出市場，株式市場と債券市場などの長期金融市場に分類される。

　それぞれに対応して預金金利，貸出金利，債券利回り，株式利回り，短期金融市場金利がある。これらの金融市場および金利はある程度の独立性を持っているが，相互に密接な関係がある。金融機関は預金として調達した資金を貸し出しや債券に向けているが，金融機関の経営が成り立つためには，一般的に預金金利は貸出金利，債券利回りより低く設定している。また，金融機関は貸し出しと債券投資との間で選択を行うので，貸出金利と債券利回りとは接近する傾向がある。さらに資金に余裕のある金融機関は，その資金を短期金融市場で運用するか，債券に向けるか，という選択を行うので，債券利回りと短期金融市場金利との間にも緊密な関係が生まれる。

国際金融危機

　世界規模の情報ネットワークが構築される今日では，とりわけ，金融分野において，他国との金融・資本市場の統合が加速し，各国市場の相互依存関係が深まっていく。このような関係の強化は，本来なら世界金融市場の拡大，資本の有効活用に寄与するが，金融市場の発達がゆえに，様々な金融派生商品が生まれ，取引ルールの多様化と複雑化，投機資金の短期間での流入・流出などによって，一国の為替市場や株式市場に起きた混乱は，その影響が一国内にとどまらず，時には世界中に金融不安が波及する事態にもなりうる。

　なかでも，金融市場の整備が遅れた発展途上国では，短期的に大量の投機資本の流出入は国内金融市場に大きな混乱を生じさせ，時には破壊的なダメージを受ける場合がある。また国際金融市場との一体化により，先進国発の金融危機がたちまち途上国にも広がり，被害が拡大する恐れがある。こうした金融不安に対して，従来の一国による対策はもはや限界である。そのためにグローバル規模の政策協議，統一的な対応が求められる。

変動為替相場

　1971 年のニクソンショックを機に，固定為替相場から変動為替相場へ移行されるようになり，今日に至っている。為替レートとは異なる通貨間の交換比率である。通常，新聞やニュース等で発表される 2 通貨間の交換レート，例えば，円

ドルレートは名目為替レートである。一方，日米間の物価水準の変動を調整し
たのは実質実効円ドルレートである。いうまでもなく，円ドルレートのほかに円
ユーロ，円ポンド，円元などの各国の通貨との交換レートがある。この場合，対
象となる全ての通貨と日本円との間の2通貨間為替レートを，貿易額等で計った
相対的な重要度でウエイト付けして集計・算出したのは名目為替レートである。
また，日本円の対外競争力が日本や世界各国の物価動向によって変化するので，
名目為替レートに物価変動要因を取り除いたのは実質実効為替レートである。

為替相場の変動要因

　為替相場はその時々の外国為替市場における需給関係によって決められる。通
常，その変動要因の分析は，「短期」，「中期」，「長期」に分けて見ることが多い。
　短期的な変動は，市場の思惑や，為替投機，金利動向，為替リスクヘッジ，先
物市場の動向など，様々な要因が複雑に絡んでいるので，正確に予測することは
極めて難しい。そのため，急激な為替変動が起きた時，またある金融政策目的を
達成するために，金融当局による外国為替市場への介入もしばしば行われる。
　中期的な決定要因は，その国の経済実力によって反映される。ある一定期間
（通常1年）におけるその国の経済成長率，経常収支，貿易収支，外貨準備残
高，海外直接投資の実績などの指標に連動する。これらの指標が良いパフォーマ
ンスを示すなら，その国の通貨が評価され，価値が上昇する。反対に，通貨の価
値が下落する。
　また，長期的な決定要因は購買力平価（Purchasing Power Parity：PPP）説
がもっとも一般的に利用される。両国で売っている様々な商品をあるバスケット
に入れて，それらを購入するのに必要な金額を比較すると，両国の物価水準を考
慮した交換比率が計算される。この両国の購買力を一致させるための通貨の交換
比率は購買力平価と呼ばれる。例えば，円・ドルレートの購買力平価説による計
算は，日・米のある時点の代表的なモノ・サービスを選び，下記の方程式に基づ
いて算出される。

$$均衡為替相場 \ = \ \frac{米国の貨幣の購買力}{日本の貨幣の購買力} \ = \ \frac{米国の物価水準}{日本の物価水準}$$

円高・円安と輸出・輸入

　円高とは，円通貨の対外的価値の上昇であり，反対に円安とは円価値の下落である。円高と円安の輸出，輸入への影響プロセス，及び景気との関係は，一般的に下記のように説明できる。

①　輸出のケース

　円安→外貨建て日本製品の輸出価格が低下→国際競争力上昇→輸出量増加→輸出企業の業績好転→貿易黒字拡大→好景気

②　輸入のケース

　円高→海外の原材料・製品輸入増→日本の物価を押し下げる→消費者に円高利益

　このように，輸出拡大による経済成長を目指す場合，円安が望ましい半面，エネルギー，原材料などの海外輸入依存度が高い日本経済にとって，円安は輸入コストの上昇を意味し，それが企業の製品価格に転嫁された時，消費者の生活コストの上昇などの問題が発生する。したがって，日本経済にとっては，急激な円高や円安を避け，安定的な為替相場への推移が望ましい。

Ｊカーブ効果

　輸出による景気拡大を目指す日本経済にとっては，緩やかな円安のほうが相対的に景気にプラス効果とされるが，反対に円高は輸出企業の業績悪化の原因とみなされ，景気の停滞，不況が進行する可能性がある。ただし，85年9月の先進5カ国による「プラザ合意」以降，日本経済が急激な円高に見舞われ，本来なら大幅な貿易赤字に陥ると思われていたが，実際は一時的に黒字が拡大した。

　この現象に対して，Ｊカーブ効果と説明されている。つまり，為替レートの調整には時間がかかるので，急激な円高の場合，既契約分の輸出が実施され，貿易黒字が一時的に拡大する方向に動くが，一方，黒字の拡大はさらに円高を誘発し，1〜2年の間に黒字が拡大しつづける現象が現れたのである。この現象をグラフで示すと，アルファベットのＪを逆さまにしたように見えることから，Ｊカーブ効果と名付けられた。

　また，円安によるＪカーブ効果も考えられる。それは，円安が発生した当初の段階では，輸入価格が上昇し，貿易収支は赤字方向に動くが，ある程度時間が経過して，相対価格要因が作用し始めると，輸出数量が増え，輸出金額も増えてく

図表2-10　Jカーブ効果

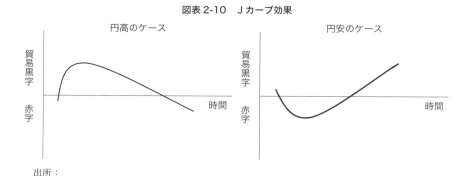

出所：

るので，やがて貿易収支は黒字化に向かう。

外国為替市場における不胎化介入

　中央銀行が外国為替市場における外貨の売買を行う際，買いオペレーションを行うと，外貨購入に伴った自国通貨の放出は，市場に通貨量を増やすことになる。反対に売りオペレーションは自国通貨量を減らす効果がある。ただし，このような自国通貨量の急激な増減は，景気過熱や景気収縮を招く心配がある。そこで，実体経済への影響を避け，自国通貨の増減を相殺するような金融調節の実施が必要になる。為替市場への介入後も自国通貨の流通量が変化しないようにするのは，外国為替市場における不胎化介入である。

　例えば，日本の金融当局が円高を阻止するために，外国為替市場でドル買いの介入を行う。すると，国内金融市場にドルを買った分の円供給増につながり，金融緩和と同じ効果が生じる。しかし，いま国内金融市場では，金融引き締めの方向へ向かっているので，ドル買いによる金融緩和を回避する策として，介入額と同額の国債売りを実施し，その分の円を吸収し，相殺することができる。

5．海外直接投資と多国籍企業

　海外直接投資（Foreign Direct Investment：FDI）は国際貿易と並ぶ国際経済活動の重要な部分である。これは単なる企業活動の一環としてだけでなく，投資をする企業の本国と，投資を受け入れる国双方の経済に何らかのインパクトを与

えるからである。特に海外直接投資の受入国にとって，直接投資は国内経済にプラスの効果があると考えられているため，国の経済政策の一環として直接投資の受け入れ態勢の整備など直接投資誘致に力を入れている国も多い。このような海外直接投資の拡大を牽引するのは言うまでもなく多国籍企業である。1992年の国連世界投資報告において，「成長のエンジンとしての多国籍企業」と称賛し，多国籍企業の活動を語らずして，各国の経済発展（貿易，投資，雇用など）を語ることができないと指摘していた。

海外直接投資の形態

　海外直接投資とは，投資家が自ら居住する国以外で事業活動を行う企業に対して，継続的に関与していく権利を獲得するために行われる投資，とIMFが定義している。これに対し，国外の株式や債券など金融資産に投資し，利子，配当収

図表 2-11　海外直接投資の形態

形態	主な内容と特徴
単独出資方式	海外に100％出資子会社を設立。経営の自由度が高く，自社の経営方針を徹底しやすい
合弁会社設立方式	過半数，半数，少数などの形態がある。現地パートナーとのシナジー効果が得られる
生産物分与方式	資金，設備，技術，労務などを提供する代わりに生産物を受け取る。投下資金の回収と利益を得られ，資源保有国は開発資金を分担することなく資源開発ができる。
ターン・キー方式	工場を稼働できる状態にまで建設する。発注側は高度な知識やノウハウが無くても受領した日から稼動を開始できる。受注側は付加価値を付けて売ることができる。
長期購買契約方式	長期にわたる大量の購買を保証する。投資側が安定した価格で生産物を調達できる。投資受入側が安心して生産物を供給できる
技術供与契約方式	ライセンシング，フランチャイズ契約，マネジメント・サービスなど，生産技術だけでなく，経営，マーケティング，労働者技能訓練などのノウハウも供与する。投資側がライセンス使用料，ロイヤリティーを受け取り，現地事情に合った創意工夫が可能，投資受入側が技術や，経営ノウハウの吸収できる
政府開発援助と民間直接投資の結合方式	政府が資金を供与し，民間企業が事業に取り組む。発展途上国のインフラ整備に使われることが多い。被援助国の経済発展に寄与し，企業が安心して海外プロジェクトに取り組むメリットがある
受託生産方式（OEM：Original Equipment Manufacturing）	相手先のブランド名をつけて部品や製品を受託生産。委託側は生産コスト削減，生産量のコントロール，新製品開発に専念できるが，受託側は技術力向上，生産量アップによる利益などがある

出所：筆者作成

入，キャピタル・ゲインの獲得を目的とする投資は海外間接投資と呼ぶ。

　海外直接投資を決定するにあたって，投資受入国の政治・経済の安定，インフラの整備，産業集積の度合い，政府のガバナンス能力，国民の教育水準や労働者の質などが重視される。今日，世界で注目され続けている海外直接投資は，主として図表 2-11 で示す形態がある。

海外直接投資の役割

　海外直接投資は多国籍企業（Multinational Enterprises：MNEs）を中心に行われるのがほとんどである。通常，多国籍企業が行うのは，国内工場を代替する目的で海外に国内既存工場と同じ役割の工場を設立する，いわゆる水平的海外直接投資と，国内工場を補完する目的で，海外に国内既存工場と異なる役割の工場を設立する，いわゆる垂直的海外直接投資の 2 つに分けられる。これらの投資は，海外子会社を通じて投資受入国の地場企業への資本，技術，経営ノウハウの伝達や，現地労働者への技術訓練等を通じて，生産技術の習得や生産能力の向上などに貢献する。また，投資受入国は，直接的効果（投資や貿易の増加）や間接的効果（民営化企業を含む地場企業や現地労働者への技術スピルオーバー）など

図表 2-12　海外直接投資の役割

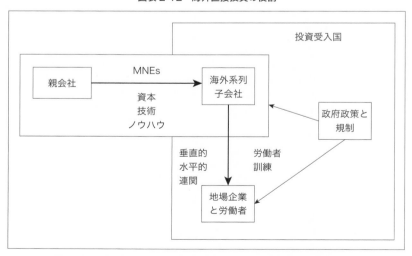

出所：「直接投資が投資受入国の開発に及ぼす効果」JBICI Research Paper No. 15，2002 年
　　　6 月，p. 6

を通じて，長期成長に貢献することが考えられる。そして，投資受入国の政策や規制もまた海外直接投資の誘致拡大や，海外直接投資からの利益増大が考えられる。

　図表 2-13 のように，海外直接投資が投資受入国に与えたプラス効果のほかに，国際収支の悪化，税収の減少，所得格差，環境破壊などマイナス効果も無視できない。

図表 2-13　投資受入国の効果

プラス効果	マイナス効果
不足しがちな投資資金の原資となる	地場企業がクラウディングアウトされる
雇用機会を増やす	本国からの中間財輸入増や利益の本国送還により国際収支の悪化
輸出により外貨の獲得	移転価格，優遇税制，金融インセンティブなど受入国での税収低下
技術力の主要伝播チャンネルとなる	一次産品の輸出拡大による受入国の交易条件を累進的に悪化させる
経営資源の総合的なパッケージ	雇用対象の賃金上昇により，ホスト国の所得格差拡大
地元企業の経営効率化	環境破壊と生活習慣の破壊

出所：筆者作成

　したがって，プラス効果の最大化とマイナス効果の最小化を図るために，投資受入国は直接投資に対する規制を行うこともある。具体的には，①国家の安全保障と文化的価値の保持に関わる産業への投資制限，②外国企業の参入により生じる不公平な競争や，規模の経済を作用する産業への投資制限，③外国企業は独自の行動様式の下，現地企業に不利益をもたらすことを回避するための投資制限，④乗っ取りを回避するための投資制限，銀行業などに対する規制が行われる。

　一方，投資国（企業）側で考えた時，海外直接投資のメリットは，まず新規市場の開拓があげられる。すなわち，新しい市場での投資を通じて，新たな生産資源と低コストを獲得し，生産効率を高めることである。また，投資資産拡大も重要である。新規投資を通じて創造された資産効果という利益がある。そして，部品や半製品輸出拡大による貿易黒字増の効果も考えられる。ただし，海外生産拡大による母国製品の輸出減と逆輸入増のケースもあり，投資国が貿易赤字に転落する可能性が生じる。そして何よりも海外直接投資増による国内雇用への影響が注目される。例えば，90 年代以降の海外直接投資の急増は日本国内に産業空洞化が発生し，失業による社会不安が表面化した時期もあった。

多国籍企業の成長

　多国籍企業とは，多数の国々に生産・販売拠点を持ち，グローバルな経営視野に立って企業グループ全体の利益の最大化を図る企業集団の総称である。海外各地にその国の国籍を持つ現地法人を子会社として持ち，生産・販売などの企業活動のすべてを世界的視野から意思決定し，世界的規模で活動する企業として，世界企業，超国家企業と称される場合もある。

　また，企業の海外拠点数，海外資産比率，海外販売比率，海外従業員比率などの定量的基準，あるいは経営者の本国志向，現地志向，地域志向，世界志向といった経営視野のような定性的基準によって，多国籍企業は様々な形で定義，類型化がなされている。

　戦後，米国を中心に世界の対外直接投資をリードしていたが，やがて成長を遂げた西欧諸国や日本も加わり，先進国同士や一部の域外地域にも投資のネットワークが広げられた。この時期における主要国の多国籍企業化の特徴は，先進諸国が海外直接投資を行うと同時に，海外直接投資の受入国でもあった。

　多国籍企業の急成長を遂げたのは90年代に入ってからである。その背景には，冷戦の終結に伴ったグローバル化の進展があった。89年のベルリンの壁崩壊により，これまで「鉄のカーテン」で分断されたヨーロッパはひとつになり，域内におけるヒト，モノ，カネの自由化はやがて欧州統合につながった。また，これまで社会主義制度を導入していた諸国や発展が遅れていた後発国も，市場経済の効率を求めて自国の市場を相次いで先進国企業に開放し，グローバル資本の争奪戦が繰り返された。これらは利益の最大化を目指す多国籍企業にとってまさに千載一遇のチャンスであり，適材適所の投資は世界各国で展開されるようになった。その中，多国籍企業の投資を受け工業化に成功した新興工業国も多く誕生し，中国を含むBRICSなどがその代表格であった。これらの国は蓄積された資本を活かして，その他の後発国，または先進国への投資が始まり，新興工業国からも多数の多国籍企業が誕生された。

　一方の先進国においては，高齢化という労働力不足問題が表面化し，発展途上国の豊富な低コスト労働力の獲得は至上の命題である。中でも地球人口の約半分とされるBOP（Base of the Pyramid：低所得者国）諸国に存在する余剰労働力は，多国籍企業の主要獲得の目標となり，競争を激化させていた。このような先進国市場，新興国市場，BOP市場における海外直接投資の一体化は，多国籍企

業の海外進出をさらに加速させていた。

　また，製品アーキテクチャと産業立地も重要な要因である。製品アーキテクチャ（基本設計思想）とは，製品の機能と構造の構成，そして機能と構造の相互関係に関する基本設計を意味し，「モジュラー型」（組み合わせ型）と「インテグラル型」（擦り合わせ型）に分けられる。モジュラー型アーキテクチャでは，構成間の相互関係をできるだけ単純化・標準化し，容易に様々な組合せができるようになる。そのため，「モジュラー型」製品は海外への移転が簡単になり，海外の低賃金労働者の有効活用も可能になる。そこから，委託加工，EMS（電子機器の受託加工），ODM（設計・生産受託），ASP（製造小売）などのビジネスモデルを生み出した。それによって，先進国は研究開発，製品設計，モジュール生産，マーケティング，途上国は加工組み立て，デリバリなどの役割分担が生まれ，産業立地に基づく国際分業を効果的に機能させた。また，コンピュータ制御製造設備を入手した新興国がモジュール生産の軌道に乗れば，先進国が研究開発，設計部門も新興国市場へ移転し，従来の「高品質→高価格」から「満足品質→低価格」への転換も可能となる。そして，製造技術のモジュール化は低賃金の労働資源を競争優位に押し上げ，新興国市場への生産委託やアウトソーシングを一層加速させた。

　リバース・イノベーションも無視できない要因である。リバース・イノベーションとは，先進国企業が新興国や途上国に開発拠点を設け，現地のニーズを基にゼロから開発した製品や商品を先進国市場に流通・展開させる戦略を指す。先進国や富裕国で開発された製品や商品を新興国市場に流通させる従来のグローバリゼーションとは逆の流れを汲むのが特徴である。その背景には，多くの新興国の特定場所に群生する零細中小企業の分業システムがある。これらの零細中小企業は産業集積を利用し細かな工程間分業を行い，低コストを背景に他の零細業者から多様な注文を受け，様々な部品の作成や加工の一部を引き受けている。しかもこれらの企業の部品やチップをどのメーカーにも使え，多品種少量，超低価格の生産という優勢を活かせるため，ネットワーク型生産に基づくリバース・イノベーションは，多国籍企業にとって新たな価値創造の場になろう。

多国籍企業と技術移転

　技術とは，財を生産するための手段であり，生産技術を指すのが一般的であ

る。技術の種類に応じて，①製品技術，②生産技術，③製造技術という3つのタイプに分けられる。①製品技術は，製品の性能（容量，熱消費量，効率など），機能（構造，強度など）を作り出す設計，研究開発などを指す。②生産技術は設計図や製造指示書に従い，製品を作り出す加工・組立技術，またはオペレーション技術などを指す。③製造技術は製品を作り出すための生産設備，原材料，部品，労働者，情報などの組み合わせ技術，及び職場での生産管理技術などを指す。

　多国籍企業による海外直接投資は，技術の海外への移転過程でもある。一般に技術移転は，企業内技術移転と企業間技術移転に分けられる。企業内技術移転は，海外直接投資によって海外子会社に移転し，技術の秘匿が可能であるため，成熟技術にかかわらず，先端的な技術の移転も促進される。企業間技術移転は，ライセンス契約によって実現され，技術の優位性，支配力の維持が前提のため，先端技術はあまり供与されず，成熟した技術や陳腐化した技術の移転が多い。

　効果的な技術移転は以下の条件が必要とされる。①地場企業の能力に合ったもの。つまり，現地の吸収能力に応じて活用可能な技術である。②進出企業が内部完結した飛び地でないこと。飛び地になってしまうと，せっかくの技術にその波及効果が働かず，地元の産業構造の高度化に機能しなくなる。③受入国の人的資本が一般の水準に達する。導入した技術は現地従業員が活用可能な知的水準も重要である。④産業集積が有効。産業集積が有効に機能すれば，生産，流通の効率も高められ，投資企業と投資先と共通に利益の恩恵が受けられる。⑤政策の有効性・効率性。有効な政府ガバナンスは企業が安心して長期的な投資戦略が可能となる。⑥長期的見通しが可能な投資環境などがあげられる。

多国籍企業をめぐる主な理論体系

　多国籍企業のグローバルな展開は，企業の経営構造，地域経済，国民経済のそれぞれに計り知れない影響力を及ぼす。これに対応して，多国籍企業の製品市場，要素市場における製品差別化や特許技術などにより独占的な優位性を持つ「企業優位性理論」，取引費用の削減による市場取引の内部化を直接投資の決定要因となる「費用内部化理論」，立地条件に制約された要素賦存，企業の持つ優位性，市場の内部化による取引費用の軽減という異なった経済的要因を折衷して企業の海外展開を説明する「折衷理論」，及び「プロダクト・サイクル論」，「雁行

形態論」など多くの分析モデルが展開され，多国籍企業をめぐる理論体系が構築
されている。以下は「プロダクト・サイクル論」と「雁行形態論」を中心に見て
みる。

(1) プロダクト・サイクル論

　米国の経済学者 R・バーノンを中心に 1960 年代に開発されたモデルである。
新製品が先進国で開発・生産されたあと，製品のサイクルが新製品，成熟製品，
標準製品へと進むに従って，当該製品の生産技術が模倣され，生産コストが低下
する。そのため，競争優位を保つために，生産コストの低い途上国に工場を立地
していくと唱えた。

図表 2-14　製品の各段階と輸出入の変化

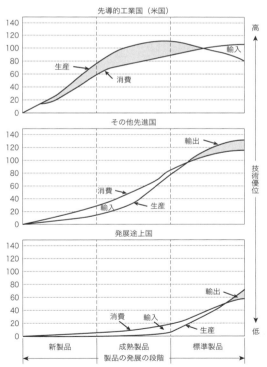

出所：Raymond Vernon, "International Investment and
International Trade in the Product Cycle," *Quarterly
Journal of Ecomomics*, Vol. 80, 1966.

　製品の導入から海外への生産移転のプロセスは主に4段階に分けられる。各段階の特徴として，第1段階（導入期）は，先進国で新製品が導入され，生産と消費が起こる。生産は需要を見込める段階で拡大し，消費を上回る段階で輸出に向けられる。発展途上国で需要が喚起され，輸入が始まる。第2段階（輸入代替期）は，発展途上国は消費の拡大を受けて生産が拡大する。第3段階（輸出期）は，発展途上国は生産が消費を上回り，生産超過分が輸出に向けられる。一方，先進国では生産と消費がピークに達する。第4段階（逆輸入期）は，先進国では成熟期を過ぎると，当該製品の生産は減少し始め，消費が生産を上回る分を発展途上国からの輸入に依存する。

　プロダクト・サイクル論は国際経済の発展を考える面において有用であるが，一方，先進国からの投資がしばしば技術的に成熟し，陳腐化した量産工程ばかりが発展途上国に輸出され，しかも量産に必要な資本財設備や重要な中間部品は先進国からの輸入に頼ると主張されるので，発展途上国の技術的自立には結びつけないと指摘される。

(2)　雁行形態論

　1930年代赤松要によって提唱された雁行形態論（flying geese pattern）は，日本の産業構造の高度化を分析対象として，後進国のある工業品において，「輸入→国内生産→輸出」が継起するという形は雁の群が飛ぶように現れることから，名づけられた。この「輸入→国内生産→輸出」を雁行的発展の基本形と呼び，消費財から資本財へ，粗製品から精製品への継起を雁行的発展の副次形とする。また，基本形と副次形のいずれを実現するにも，より多くの資本，知識の蓄積を必要とする。そこで，資本蓄積を原動力とし，その進展に応じて，産業構造の多様化，高度化，能率化を順次継起的に推進する必要があると唱えたのが，雁行型国民経済発展のモデルである。

　赤松の後発国の日本をやがてアジアの頂点へと発展させるアジア諸国の発展系列と，30年後にバーノンが米国を頂点にした世界各国の発展系列を強調している点は類似している。ただし，赤松の後発国の「輸入→国内生産→輸出」というモデルには対外直接投資の要因はないが，バーノンは「米国の輸出→海外生産→逆輸入」という形で，米国の技術独占を前提とした直接投資による多国籍企業の行動をモデル化した。

図表 2-15　雁行形態論イメージ図

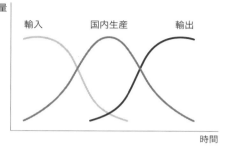

出所：筆者作成

(3)　雁行形態論修正版

　小島清は雁行形態論に海外直接投資（FDI）を加え，先発国から後発国への成長波及プロセス，そして地域統合を論じた。

　赤松オリジナルの目的は後発工業国が先進国に追いつく（キャッチアップモデル）プロセスを明らかにすることに置かれていたのに対して，小島バージョンの目的は雁行型発展が先発国から後発国へ伝播するメカニズムを解明することにあった。つまり，小島は，雁行型産業発展が東アジア経済に次々と国際的な伝播を遂げ，地域統合を促進し，後発国の急成長をもたらすことを示そうとしたのである。その際，小島は先発国から後発国への外国直接投資を媒介として比較劣位産業が移転することを重視した。これを順貿易志向的直接投資と名づけた。80年代日本を先頭に，NIEs，ASEAN，そして中国が続くという東アジアの雁行的発展はこのモデルに当たる。また，小島は，雁行形態型経済成長のダイナミズムが地域全体へと波及していくにつれて，地域内では競争が激化し，様々な摩擦が生じる。これを避けるためには，協調的国際分業によって，域内での実質的な統合と地域全体の成長を遂げることで可能となると主張した。

第3章

国際政治経済の変容

　第2次世界大戦後の国際社会は，東西関係を中心軸に，その東西関係の内部に生まれた多極化，先進国と発展途上国の経済的格差から生じた南北関係，そして発展途上国の中で資源国や工業化で成果を上げた国と発展が遅れた国との間に生じた南南関係，という3つの視点から捉えられる。そして，冷戦終結後の国際社会において，米国をはじめとする先進諸国は，既存の国際秩序を守るために，時に軍事行動に走り，発展途上国において紛争や摩擦が絶えない状態が続いている。一方，新興国の台頭に伴って，従来の国際秩序に対する不満が高まりつつあるが，新しい秩序を見出せずにいる。

　本章は，冷戦と冷戦後の国際政治経済の変容，南北問題と南南問題，開発と環境，地域紛争と安全保障などを学ぶ。

1．冷戦時代

　冷戦とは，第2次世界大戦後の米国とソ連との激しい対立をいう。1945年から1989年までの44年間に，両陣営が対峙する主戦場であるヨーロッパにおいて，ソ連を盟主とする共産主義（社会主義）陣営が東ヨーロッパに集まっていたことから「東側」，対する米国を盟主とした資本主義陣営が西ヨーロッパに集まっていたことから「西側」と呼ぶ。両者が直接に戦う戦争は起こらなかったが，政治，経済，軍事などに世界的対立構造を作り出し，そして，アジア，中東，南アメリカなどの地域でも，それぞれの支援する機構や同盟が生まれ，発展途上地域における戦争や摩擦が絶えなかった。つまり，冷戦は北半球のヨーロッパでは戦争が熱くならないが，南半球の発展途上地域では冷戦が熱戦に転じ，米

ソの代理戦争と化す。イギリスのチャーチル首相は，この東西両陣営の緊張を
「鉄のカーテン」と表現した。

冷戦確立期（1945〜1955年まで）

　米国とソ連がヨーロッパを中心にそれぞれの勢力圏を設定する時期であった。
戦争のために疲弊したヨーロッパ諸国は，この時期，次第に米ソのどちらかの陣
営に組み込まれていく。その中で1948年に米英仏の占領地域である西ベルリンで
は，通貨改革と称して新マルクの発行を行った。これを機に，ソ連側が西ベル
リンへ繋がる鉄道と道路を封鎖するという対応措置をとった。これに対抗するた
めに，西側による物資の空輸を行うという「ベルリン危機」が起きた。この危機
はやがて克服され，翌年に西ドイツ（ドイツ連邦共和国）と東ドイツ（ドイツ民
主共和国）がそれぞれ誕生した。また，ヨーロッパには西側陣営と東側陣営がそ
れぞれ政治，経済，軍事における対立構図を完成し，国際社会は一応の安定を見
せた。

図表 3-1　東西両陣営の対立構図

	西側	東側
政治	資本主義体制	社会主義体制
経済	米国が西側諸国に復興援助を実施する マーシャル・プラン制定（1948年）	ソ連が東側諸国に経済協力機構として コメコン結成（1949年）
軍事	北大西洋条約機構（NATO）発足（1949年）	ワルシャワ条約機構（WTO）発足（1955年）

出所：筆者作成

デタント期（1955年〜70年代半ば）

　米ソは政治対話が行われるようになり，深刻な対立関係から緊張緩和へと移行
する時期であった。その背景には，米国はベトナム戦争（1965〜75年）で膨大
な軍事支出にソ連との軍拡競争も加えて，財政事情を悪化させてしまったことが
ある。一方のソ連は，東側諸国の農業政策の失敗による食糧事情が悪化し，東側
諸国を救済するための財政支出が次第に重荷になっていた。このような米ソ両国
の逼迫した内政と外政の諸事情により，核軍縮をはじめ，敵対関係を少しずつ緩
めていく路線に転換するようになった。

　この時期，米ソの核戦争が最も危ぶまれたのは1962年の「キューバ危機」で
あった。反米的立場をとってきたキューバがソ連のミサイル基地の建設を容認し

たことを機に，米国はキューバを軍艦で包囲し，ミサイルを運んでくるソ連船を近づけさせないという「海上封鎖」の作戦をとった。この米ソの核戦争は間一髪のところで回避されたが，その後の米ソ間核戦争の防止に共通の利益を見出し，ヨーロッパにおける相互の勢力圏を尊重することにつながった。

　それと同時に，東西両陣営の内部においても多極化の動きが見られ，冷戦初期の対立とは異なる状況が生まれた。西側では，EC諸国や日本の目覚ましい経済成長の結果，米国の経済的優位が少しずつ崩れ始めるようになった。外交面では，フランスは米国とは一線を画した独自外交を展開し，西ドイツでは，東ドイツを含めた東欧諸国との関係正常化という東方外交政策をとるようになった。また，東側では，1960年代に入ってソ連と中国の対立が表面化し，1969年には国境紛争を引き起こすまでに至った。こうした多極化の動きは，東西関係を軸とした戦後の国際政治の流れに変化をもたらし，冷戦構造が揺らぎ始めるきっかけとなった。なかでも，米国のニクソン大統領が1972年2月に電撃北京を訪問し，米中接近による国際政治構造の多極化を一層深化させる事態が起きた。

冷戦終結期（70年代半ば～1989年）

　資源ナショナリズムの時代を迎えて，米ソとも開発途上国を味方につけようとし，自由主義か共産主義かという政治的イデオロギー闘争が再び世界で見られるようになった。1979年に親ソ政権を支えるために，ソ連がアフガニスタンに侵攻した。これを機に，「新冷戦」と呼ばれる米ソの敵対意識の高まりがあった。その後，1985年にソ連でゴルバチョフ政権の誕生とともに，西側との協力という新思考外交が展開され，「新デタント期」と呼ばれた。

　冷戦の終結は，ソ連の「裏庭」と見なされる東ヨーロッパ諸国が，1989年にポーランドやハンガリー，チェコスロバキアなどが相次いでソ連式の共産党体制を放棄したことから始まった。なかでも，同年11月のベルリンの壁崩壊が冷戦終結の象徴とも言うべきものであった。その結果，12月に地中海のマルタで行われた米ソ首脳会談では，44年間続いた「東西冷戦の終結」が公式に宣言された。1991年にソ連自身も解体し，世界は新たな時代を迎えることとなった。

　冷戦は，上記のような複雑に絡み合う国際政治の動きの中で終結を迎えた。東側陣営の崩壊と西側陣営の勝利とみられる図式の裏には，政治，経済，軍事という3つの側面から米国を中心に結束する求心力が働いていた。多様性を許容する

米国の政治スタイルは，米国政府の国際的な指導力を効果的に機能させ，基軸通貨ドルと世界最大の市場をもとに，米国経済が牽引力を発揮し西側陣営の繁栄を支えていた。そして，ソ連を凌ぐ米国の軍事力は，西側陣営諸国にとって頼れる存在となっていた。

2. 南北問題と地域紛争

　冷戦が終結へ向かう過程で，東西の政治的対立から次第に南北の経済的対立へとその中心軸を移していた。つまり，地球上の北側に位置する先進工業国と南側に位置する発展途上国における南北の経済格差問題である。これまで資源供給地として，先進工業国に資源供給の代わりに経済援助をしてもらった発展途上国が，世界全体の経済秩序が先進国に有利になっていると考え，先進工業国と対等の地位に立つことをめざして，経済関係の調整に乗り出した。

　また，冷戦時代は資本主義対共産主義というイデオロギーの対立を中心に，またいつ世界戦争が起きるかもしれないという恐怖も加えて，地域的紛争を抑える力が働いていたが，冷戦の終結により，世界大戦に発展する恐れがなくなってから，その抑えが利かなくなり，各地で紛争が続出するという皮肉な時代を招くことになった。

南側諸国の形成

　1950年代から60年代にかけて，欧米列強の植民地として従属していたアジア・アフリカ諸国が次々と政治的独立を果たした。これらの国々は東西冷戦に巻き込まれながらも，一方で積極的に非同盟主義の独自な立場を表明し，「領土・主権の尊重」，「対外不侵略」，「内政不干渉」，「平等互恵」，「平和的共存」という平和五原則を主張し，西側の「第一世界」にも，東側の「第二世界」にも属さない「第三世界」を形成した。これらの国の団結が進んだ結果，1960年代には南北問題の存在がはっきりと浮かび上がった。

　団結した発展途上国が要求したものは先進国有利な経済構造の是正である。その思想的基盤となったのは，資源ナショナリズムである。それは，70年代初頭の第1次石油危機の経験から，資源は先進国に対抗する有力な武器となりうることが分かったからである。そこで，途上国は先進国の多国籍企業などが国内で採

掘している天然資源を自らの手に取り戻し，それを武器に経済発展を図ろうとした。

新国際経済秩序

　先進国と発展途上国の南北問題の中心的な議論の場となっているのは，「国連貿易開発会議（UNCTAD）である。同組織は 1964 年の国連総会で途上国の要望を受け入れて設置した。主な目的は，途上国の産業を育成するには，そこで生産される産物を先進国が積極的に買ってもらい，「援助よりも貿易」という立場で南北問題の解決にあたることである。初回の会議には，途上国の 77 カ国（G77）グループを結成し，共同行動をとるという強い団結を示した。具体的には，1 次産品の価格や生産量をその消費国である先進国に協力してもらい，あらかじめ大まかに決めることや，先進国に途上国の製品に対する特恵関税の実施，そして，先進国はその GNP の 1％を途上国に援助するなどの成果が確認された。

　資源ナショナリズムに立った新しい国際経済秩序の誕生は，その後の国連総会でも確認された。第 1 次石油危機後の 1974 年，国連は「資源特別総会」を開き，そこで「新国際経済秩序（New International Economic Order：NIEO）の樹立宣言を採択した。NIEO は途上国が望んでいた天然資源に対する恒久主権を認め，さらに多国籍企業の規制や貿易条件の改善などを定めた。

南南問題

　1970 年代は南側諸国の団結が揺らぎ始めた時期でもあった。その背景には，途上国の中から経済的な豊かさを享受する国が現れ始めたことがある。1960 年石油輸出国機構（OPEC）が成立し，1962 年には国連において天然資源に対する恒久主権の権利が宣言されたため，南北問題に対する一応の対策とその成果があったと言える。その後，OPEC による原油価格のコントロールは次第に有効化し，特に 1973 年に第 4 次中東戦争を機とした第 1 次オイルショックが発生したことにより，OPEC 諸国の国際収支黒字が急増し，原油価格が世界経済へ大きな影響力を与えることが証明された。これにより，産油国の国際的地位は急上昇し，こうした国際情勢の中で多くの資源保有国は連携し，各種資源の囲い込みを始めた。石油以外にも銅，鉄，天然ゴムなどの輸出国機構が林立した。一方で資源に恵まれない国，技術的に資源採掘が難しい国では，こうした恩恵にあずかれ

ない事態に陥った。

　もうひとつは，工業化を成功させた国や地域が出現したことがある。アジアでは，新興工業国・地域（Newly Industrializing Economies：NIES）と呼ばれ，韓国，台湾，香港，シンガポールなどが代表である。反対に資源もなく，また工業化もうまくいかなかった途上国，特にサハラ砂漠より南のアフリカ地方，東南アジアの一部においては政情不安も手伝い，経済的な自立がままならない国がある。またオセアニアや西インド諸島の小さな島国においてはそもそも人的資源にも乏しく，工業発展用のインフラすら未整備という実情がある。ラテンアメリカ諸国には経済発展はとげたものの，後の国内政治が不安定で経済的に足踏み状態の国もあり，貧しいまま取り残されていた。同じ南側の国の中でも，はっきりとした経済格差が生じてしまったことから，南南問題が急浮上した。

絶えない地域紛争

　南北問題や南南問題が領土問題や経済格差を引き起こし，発展途上国を中心に地域紛争が頻発している。紛争の原因は宗教上の争い，土地や資源の奪い合い，

図表 3-2　世界の主な地域紛争

	紛争原因
カシミール紛争（1947 年～）	インド・パキスタンがカシミール地方の帰属争い
パレスチナ問題（1948 年～）	パレスチナへのイスラエル建国をめぐってユダヤ人とアラブ人が対立
北アイルランド紛争（1969～98 年）	北アイルランド（イギリス）がアイルランドと一緒になるかどうかを住民同士が争う
東ティモール独立運動（1975～99 年）	インドネシアが武力で奪った東ティモールで，独立運動が激化
アフガニスタン紛争（1978～2001 年）	旧ソ連による軍事介入およびアメリカ合衆国と有志連合によるタリバン攻撃
ルワンダ内戦（1990～94 年）	ツチ族とフツ族の対立
ユーゴスラヴィア紛争（1991～2000 年）	多民族国家における分離を目指す勢力と阻止しようとする勢力とが衝突
ソマリア内戦（1991 年～）	反政府ゲリラ組織による内戦
チェチェン独立運動（1994 年～）	ロシアからの独立をめぐる運動
イラク戦争（2003 年～）	イラク武装解除問題をめぐって，アメリカ合衆国などがイラクへ侵攻
シリア内線（2011 年～）	アラブの春を機に反体制派が過激派に変わり，周辺国も巻き込んだ対立が激化し，いわゆる「イスラム国」まで誕生した

出所：筆者作成

権力者の利害関係，文化・民族性・政治的信条の差異，差別など多種多様である。単一なものではなく，様々な要因が複雑に絡み合い，特に多民族が混在する地域において，民族意識が強いほど対立が激しいこと，同じ国・地域で繰り返し紛争が発生し長期間続くこと，国際機関や主要国が介入すればするほど，かえってこじれることといった特徴がみられる。

難民問題

　地域紛争は様々な問題を引き起こす。軍事争いに大量の民間人が巻き込まれることや，民族や部族の間で大量の虐殺や迫害が行われるなどである。宗教や民族，国籍，政治的な考え方の違いなどによって，迫害される不安や，内戦を逃れるために，大量の人々が居住地を離れざるを得なくなり，すなわち難民問題が発生した。

　1951年の「難民の地位に関する条約」では，「人種，宗教，国籍，政治的意見やまたは特定の社会集団に属するなどの理由で，自国にいると迫害を受けるかあるいは迫害を受けるおそれがあるために他国に逃れた」人々と定義されている。今日，難民とは，政治的な迫害のほか，武力紛争や人権侵害などを逃れるために国境を越えて他国に庇護を求めた人々を指す。

　また，紛争などによって住み慣れた家を追われたが，国内にとどまっているかあるいは国境を越えずに避難生活を送っている「国内避難民」も近年増加している。このような人々も，難民と同様に外部からの援助なしには生活できない。しかし，国家主権の壁によって国際機関からの直接の保護・支援が届きにくい状況にある。適切な援助が実施できなかった場合，これらの人々は国境を越えて難民となり，結局，受け入れ国の政府や国際社会は，より重い負担を強いられることになる。

国際テロ

　地域紛争は，国際テロという新たな国際問題を引き起こす。テロとは「テロリズム」を略した言葉で，政治的な目的を達成するために，暗殺・暴行・破壊活動などの手段を行使すること，またそれを是とする傾向や主張と定義される。国際テロは複数の国の市民や領土を巻き込むため，テロが発生する地域の人々が恐怖に陥ったり，国際社会の秩序を混乱させたりするなどの悪影響が広がる。その

目的や方法により，民族解放テロ（抑圧されている民族や集団が行う），国家テロ（国家がテロ組織を支援し，敵対する相手に行う），思想グループによるテロ（左翼，カルト組織が行う），国際テロ（国境を越えて市民や地域を巻き込んで行う）などと呼ばれる。

　なかでも，2001年9月11日「米国における同時多発テロ事件」は世界に大きな衝撃を与えた。それ以降，世界各国で国際テロ対策が強化されているが，実行組織のアルカイダは，依然としてテロの象徴的存在として影響力を保持しており，テロを扇動する活動等を行っている。また，当初はアルカイダの一分派として，イラクとシリアにまたがる地域で活動するイスラム過激派組織が勢力を増すうちに，イスラム国（Islamic State）と自称し始めている。そのほか，アルカイダに同調する中東，南アジア，北アフリカのイスラム過激派組織も活発な活動をしている。

　米国では，イスラム過激派の活動をすべて「アルカイダ」という言葉で説明しようとする傾向がある。しかし，イスラム過激派の活動は，米国のイスラム世界への軍事介入やパレスチナ問題の混迷など国際的な要因で台頭していると同時に，それぞれが個々の国や地域の事情によって勢力を伸長させているという背景に対する理解も不可欠であり，大国による介入を行えば行うほど，時には事態を逆方向へ向かわせる事実も無視できない。

3. 環境と開発

　南北，南南の対立が表面化すると同時に，開発（発展）途上国における環境破壊問題も付随して発生する。開発と環境は不可分の関係にあり，開発は環境や資源という土台の上に成り立つものであって，持続的な発展のためには環境の保全が不可欠である。一方，多くの開発途上国では工業化を推進するための輸入品の購入や新規事業の資金などは，資源などの一次産品の輸出で得た外貨で入手する方法しかない。その結果，工業化を推進しようとすればするほど，開発途上国の資源開発に頼る度合いが強くなり，環境破壊を加速させてしまう。

　開発途上国における環境悪化問題は早くから国際社会の関心事であったが，環境と開発に関する世界的な取り組みは，1992年6月国連環境開発会議で採択されたリオ宣言が注目される。同宣言には，人間の環境保護義務や各国の責務，先

進国に対する格差是正と途上国に対する開発の優先順位を念頭に置いた取り組みなどが盛り込まれ，その後の地球環境問題に大きな影響を与えるものとなった。しかし，宣言は条約ではないため，宣言で掲げた事項に対する国の権利や義務は規定されておらず，加えて，環境と開発に対する先進国と開発途上国と間に大きな認識の隔たりが存在している事実もある。

持続的でない開発

　一般に開発途上国において，農業，林業，エネルギー及び鉱業などの一次産業の比率が高く，自然資源に依存した発展せざるを得ない傾向がある。また，生計と雇用の面において，これらの産業はもっと大きな割合を占めている。その背景には，開発途上国は輸入の支払いや，新規事業融資及び対外債務返済のために外貨を生み出さざるを得ないという事情がある。そのため，多くの場合，持続的なレベルを越えての一次産品の生産を強いられ，木材，鉱物，農産物などはほとんどの開発途上国，特に後発国にとって主要な輸出品になっている。

　また，多くの開発途上国においては，貧困の故に人々は牧草地を過剰利用し，また広大な地域の森林を燃料材または非効率的な農業のために伐採せざるをえなくなり，そのために清浄な水と十分な衛生状態が維持できず，伝染病が蔓延する事態が発生する。森林の減少，土壌の浸食，河川流域での洪水の増加，過剰放牧と砂漠化の拡大，都市の過密化などの問題が付随的に発生する。さらに工業汚染対策技術や，エネルギーの有効利用の技術を持っておらず，教育訓練の資金も不足しているため，環境悪化をさらに加速させている。

　国際市場でも不利な立場に立たされ，有利な貿易条件を獲得することもできずに，開発途上国は輸出用の生産を増加させなければならない状態に置かれている。その過程で，これらの国々は代替のきかない基本的な資源を使い切ってしまうことになる。つまり，開発途上国における過剰な一次産品の生産はその地域の環境破壊をもたらすだけでなく，国際市場，貿易形態及び資金の流れの中にも不利な立場に立たされている。

　一方，先進国における環境問題は生産と消費に反映される。先進工業国における豊かさは極めて多様な製品を提供するが，しかしその生産過程において，エネルギーへの過大需要を作り出すと同時に，大気と水を汚染物質で汚し，有害廃棄物を生み出し続けている。また，無駄の多い使い捨てという消費形態は，資源の

浪費，焼却時の大気汚染を作り出している。さらには「ゴミのリサイクル」と称して，先進国で出されるプラスチックや古紙などのゴミを開発途上国に引き取ってもらうことも途上国の環境悪化につながる。輸出されたプラスチックの一部は川や海に不法投棄されるほか，燃やされて有毒ガスを放出するなど，環境汚染を引き起こしているのが現状である。言い換えれば，豊かさは先進国から途上国への環境問題の輸出という副産物を作り出している。

　酸性雨は森林と農作物の生産性を低下させ，乱獲状態の漁業は世界の魚資源の再生能力を越えている。オゾン層の減少は農作物にとって有害であり，漁獲量を減少させる。地球温暖化は世界の主要生産地の穀物生育条件を悪化させつづけている。これらはいずれも先進国をはじめ，地球に生きる人間が工業化を推進する過程で作り出した環境問題である。

　開発途上国における貧困の存在とその開発が持続的でないことは，人的資源及び自然資源を悪化させており，環境的資産を食いつぶしている。また，先進国が豊かさを追求するあまりに生じた環境への加重負荷は地球環境の悪化を一層加速させている。一方，環境を守るための技術情報を共有されず，また人間の活動による影響に対する教育も行われず，開発を続けている現状において地球環境の悪化は必至である。

　したがって，これらの問題は，ただ単に先進国による開発途上国の援助を増やすだけで解決できない。開発途上国の交易条件の改善，先進国による環境技術の支援，健全な経済運営のために必要とされる資源の有効利用ができるような地球経済を構造的に変革することは不可欠であろう。

国際的な取り組み

　環境破壊は地球全体に蔓延している。その解決は1カ国，または数カ国のみが取り組んで対応できる問題ではない。先進諸国がすでに到達したレベルを維持しながら地球環境保護の必要性を強調し，開発途上国にも同様の厳しい環境規制を求めることは，開発途上国の経済発展の機会を奪うものとする批判がある。しかし，開発途上国はかつて先進国が体験した環境破壊を繰り返すならば，その悪影響は甚大である。「地球はひとつであるが，世界はひとつではない」。各国の利害が対立し，合意形成は容易ではない。

　こうした中で，環境保護と経済開発を両立させるためには，持続可能な開発が

不可欠である。持続可能な開発とは，将来の世代のニーズを損なうことなく，現代の世代のニーズを満たすような節度のある発展と定義される。この考えを現実にどう実現していくかが，多くの地球環境をめぐる政治の場で議論され続けている。

(1) 国連主導の環境取り組み

　今日，国連を中心にいろいろな会議を開き，条約を作るなどして，地球環境問題に取り組んでいる。これらの行動計画や条約に署名した国は，自分の国の法律や政策もこれに合わせなければならないため，時には自国の都合を優先したり，条約を離脱したりするケースもあり，各国が歩調を合わせた地球環境保護行動の

図表 3-3　国連の環境保護取り組み

時期	名称	主な内容
1972 年	国連人間環境会議	初めての世界規模の環境問題会議。「人間環境宣言」を採択し，環境問題を人類に対する脅威と捉え，国際的に取り組むべきだと決めた
1987 年	環境と開発に関する世界委員会	初めて「持続可能な開発」を提唱。人間活動が環境に与える影響を考慮し，地球に対して過剰な負担をかけない体系つくりを目指す
1992 年	国連環境開発会議（地球サミット，リオデジャネイロ）	「気候変動枠組条約」と「生物多様性条約」の署名が始まったほか，「環境と開発に関するリオ宣言」と，その行動計画である「アジェンダ 21」，「森林原則声明」が合意
1997 年	国連環境開発特別総会	地球サミットでの合意事項を着実に実施していくための「アジェンダ 21 のさらなる実施のためのプログラム」が採択
1995 年～	気候変動枠組条約締約国会議	温室効果ガス排出削減等の国際的枠組みを協議する最高意思決定機関。1995 年 COP1 開催後，毎年開催される。2015 年のパリ協定は第 21 回目の COP21
1994 年～	生物多様性条約締約国会議	地球上の生物の多様性を包括的に保全し，「持続可能な利用」を目指す会議。毎年開催
2002 年	持続可能な開発に関する世界首脳会議（リオ + 10）	地球サミットから 10 年後。「アジェンダ 21」の実施状況を点検，今後の各国の地球環境問題に対する取組を強化する目的の「持続可能な開発に関するヨハネスブルグ宣言」が採択
2012 年	国連持続可能な開発会議（リオ + 20）	地球サミットから 20 年後。エネルギーや資源の有限性など「地球の限界」が明確化し，環境保全と経済成長の両立を目指す「グリーン経済」への移行に合意
2015 年	持続可能な開発目標（SDGs）	国連加盟 193 カ国が 2016 から 2030 年の間に 17 の目標，それらを達成するための 169 のターゲットを明記，全世界の「誰ひとり取り残されない」を目標
2019 年	国連環境総会	2030 年までに使い捨てプラスチック製品を大幅に削減，プラスチック製品の持続不可能な使用と処分によって引き起こされる生態系への被害防止，環境に優しい代替品を開発するための民間協働が合意

出所：筆者作成

難しさがうかがえる。それでも1972年の国連人間環境会議をはじめ，定期的に各種宣言，行動指針，協定に取り組んでいる。そして，全世界の「誰ひとり取り残されない」という目標のもと，少しずつではあるが，地球環境の改善に向けて着実に前進している。

⑵　3つのレジーム
　今日，国際社会において，地球環境保護に関する取り組みは大きくオゾン層保護レジーム，生物多様性保護レジーム，地球温暖化対策レジームという3つが存在する。

オゾン層保護レジーム
　地球を取り巻くオゾン層は，生物に有害な影響を与える紫外線の大部分を吸収している。他方で，本来自然界には存在しない人工物質であるクロロフルオロカーボン（CFC：Chlorofluorocarbon）などは，冷蔵庫の冷媒，電子部品の洗浄剤，消火剤のハロン等を通じて大気中に放出される。これらの物質は成層圏に達すると，紫外線による光分解によって塩素原子等を放出し，これが分解触媒となってオゾン層を破壊している。
　オゾン層の破壊に伴い，地上に達する有害な紫外線の量が増加し，人体への被害（視覚障害・皮膚癌の発生率の増加等）及び自然生態系に対する悪影響（穀物の収穫の減少，プランクトンの減少による魚介類の減少等）がもたらされている。このようなオゾン層破壊のメカニズム及びその悪影響は，1970年代中頃から指摘され始め，その後，様々な国際的な議論が行われ，1985年3月22日にオゾン層の保護を目的とする国際協力のための基本的枠組を設定する「オゾン層の保護のためのウィーン条約」，1987年9月16日に同条約の下で，オゾン層を破壊するおそれのある物質を特定し，当該物質の生産，消費及び貿易を規制して人の健康及び環境を保護するための「オゾン層を破壊する物質に関するモントリオール議定書」が，それぞれ採択されるに至った。

生物多様性保護レジーム
　生物多様性とは，地球上の生物がバラエティに富んでおり，複雑で多様な生態系そのものを示す言葉である。しかし，自然環境の悪化に伴い，この生物の多様

性がこれまでにない早さで失われつつある。これは，人類を含めた多くの生命にとって欠かすことの出来ない命の土台である生物多様性を自ら壊していることに他ならない。

　生物の多様性に関する条約（生物多様性条約）は，個別の野生生物種や，特定地域の生態系に限らず，地球規模の広がりで生物多様性を考え，その保全を目指す唯一の国際条約である。1992年6月ブラジルで開催された国連環境開発会議（地球サミット）で，条約に加盟するための署名が開始され，1993年12月29日に発効した。この条約は，生物多様性の保全だけでなく，様々な自然資源の持続可能な利用を明記した条約でもあり，生物多様性を守るための最重要な取り組みと言える。

地球温暖化対策レジーム

　石炭，石油などの化石燃料の消費に伴う二酸化炭素（CO_2）の排出は，地球温暖化の主な要因である。地球温暖化は，地域や国によって程度の差はあれ，地球上の人類ほぼすべてが普段の生活や経済活動を通じて，CO_2を始めとする温室効果ガスを排出している。実際に温暖化による人間生活への影響は以下のものがあげられる。

① 農作物は気温や降水量，日照時間に影響され，栽培や収穫できる量が変わる
② 気温の上昇や二酸化炭素濃度の上昇は，海産物の漁獲量に深刻な影響を与える
③ 豪雨の増加や台風の大型化による被害が目立つ
④ 真夏日日数の増加による人間の健康被害
⑤ 気温が高い地域で感染症が発生しやすい

　つまり，地球温暖化は国境に関係なく広がり，被害を及ぼしている。このような問題に対して，各国がそれぞれの事情に合わせて対策をするだけでは不十分で，地球規模の問題であるからこそ，地球規模で取り組まなければならない。現在，温暖化問題に関する国際条約はパリ協定をはじめ3つある。ひとつは，世界のほぼ全ての国が参加していて，今の国際的な取り組みの礎となっている1994年発効の「国連気候変動枠組条約」（UNFCCC）がある。もうひとつは，先進国に温室効果ガスの排出削減を義務付けた1997年に採択された「京都議定書」で

ある。そして，2015 年末には，先進国・途上国問わず世界のすべての国が温暖化対策に取り組む国際協定である「パリ協定」が成立した。

図表 3-4　温暖化対策に関する主な取り組み

名称	採択・発効時期	主な内容
国連気候変動枠組条約 （UNFCCC）	1994 年 3 月 21 日 発効	1990 年代末までに温室効果ガスの排出量を 1990 年の水準に戻す。開発途上国に気候変動に関する資金援助や技術移転を実施
京都議定書 （Kyoto Protocol）	1997 年 12 月 11 日 採択	2008 年から 2012 年まで先進国全体の温室効果ガスの合計排出量を 1990 年に比べて少なくとも 5％削減。罰則規定を明記
パリ協定 （Paris Agreement）	2015 年 11 月 4 日 発効	気候変動枠組条約に加盟する全 196 カ国が参加。各国が削減目標を作成・提出・維持する義務と当該削減目標の目的を達成するための国内対策をとる義務を負う ※ 2017 年 6 月 1 日アメリカ協定離脱宣言

出所：筆者作成

4．無極化に進む世界

戦後の発展過程に現れた東西問題，南北問題，南南問題，環境問題，テロとの戦いなどの問題は，国際社会の秩序に様々な変化要因をもたらしている。

戦後の米ソ二極化の時代を経て，1990 年代にソ連が崩壊し，しばらくは米国一国による世界秩序の支配という一極支配の時代が到来した。しかし，冷戦終結後に加速したグローバル化の流れや，国境を越えた様々な動きが国家の外側で大きな力を形成し，これまでの米国をはじめとする超大国による世界秩序の支配は，もはやそれをコントロールする力を持たなくなってきている。特に民主主義の価値観を共有する西側諸国のパワーの低下，代わりに中国やインドなどの新興国の台頭，多国籍企業といった非国家主体のパワーの興隆は，国際社会が次第に多極化へ向かうようになってきている。

したがって，無極化とは，国際社会のパワーバランスに起きた変化を指し，米国の国力低下と，その対極にある中国，インドなど新興国の存在感の急激な高まりによって，世界のパワーバランスが分散化・多極化していく現象であり，パワーシフトとも言う。

先進国から新興国へのパワーシフト

　G7と言われる先進国グループがある。その始まりは，1975年11月に当時の
フランス大統領は他の主要工業5カ国（米国，英国，西ドイツ，イタリア，日
本）の首脳を招き，主要国首脳会議（サミット）の開催が最初であった。世界経
済や金融問題を討議する公式な国際会議は，具体的な議論を各国の財務相・中央
銀行総裁会議の場で行うことが多い。例えば，1985年9月にG5（米国，英国，
西ドイツ，フランス，日本）財務相・中央銀行総裁会議にドル高是正に向けた各
国の政策協調である「プラザ合意」は，その後の急激な円高をもたらしたこと
が知られている。1986年からカナダ，イタリアが参加し，正式にG7（グループ
セブン）となった。また，1998年からロシアが主要国首脳会議に招かれて，「G8
サミット」という呼称が用いられる時期もあった。G7後の共同声明は，これま
で世界経済や為替市場に大きな影響を与えてきた。

　しかし，90年代以降G7の世界経済における影響力の低下が現れ，その代わ
りに工業化で経済規模を拡大し続けてきた新興国の存在感が次第に高まるよう
になった。そのため，1999年12月からG7に新興国12カ国とEUを加えたG20
の財務相・中央銀行総裁会議が開かれ，08年からG20サミットも行われるよう
になり，世界経済の中心軸は次第にG7からG20へ移動しだした。

　G20の中でもBRICSの存在が注目される。BRICSとは，新興国の代表として
ブラジル（Brazil），ロシア（Russia），インド（India），中国（China）の頭文字
を合わせた4カ国が始まりであった。米国の証券会社ゴールドマン・サックス
が2003年に発表されたレポートに初めてBRICsを使用した以降，広く使われる
ようになった。その後，南アフリカ共和国（South Africa）を加えることによっ

図表3-5　G7からG20へ

名称	時期	出来事・参加国
G6	1975年	主要国首脳会議（サミット） 米国，英国，西ドイツ，フランス，イタリア，日本 ※東西ドイツが統一した1990年以前，西ドイツが参加国
G7	1986年	G6＋カナダ
G8	1998年	G7＋ロシア ※2014年以降，ロシアは参加資格停止
G20	2008年	G7＋ロシア，中国，韓国，インドネシア，サウジアラビア，インド，オーストラリア，トルコ，メキシコ，アルゼンチン，ブラジル，南アフリカ，EU

　出所：筆者作成

て，BRICS と総称されるようになった。

　BRICS は広大な国土，豊富な労働力と資源を有することで知られている。国土面積は世界の約3割，人口では約45％を占め，また，石炭・鉄鉱石・天然ガス，石油などの天然資源が豊富である。ここ数十年，自国の優位性を活かした様々な改革により，持続的な高度成長を実現し，購買力平価で換算すると，近年世界経済の3割を超える経済規模となっている。

　一方，先進国全体の実質成長率は1980年代，90年代の年平均3％から，2010～20年は同1％に低下した。低温経済が世界に広がり，格差への不満をテコに大衆迎合主義的な各種政策が多くの民主主義国家に導入され，長期的な発展の方向性を見失ってしまう。反対に国家主導による経済開発を講じたアジア新興国は持続的な高成長のもと，国内総生産（GDP）を物価水準でならした購買力平価ベースでは，中国を中心とするアジア新興国の経済力は2020年に米国を中心とする先進国を追い抜いた。

　このような先進国のパワーの低下は，必然的に世界的なパワーバランスに変化を引き起こし，G7からG20へ，先進国から新興国への中心軸の移動はその一環に過ぎず，今後も世界のパワーバランスは静かに，しかし，確実に変化が起き続けていくことになろう。

図表 3-6　先進国とアジア新興国の GDP（2020 年）

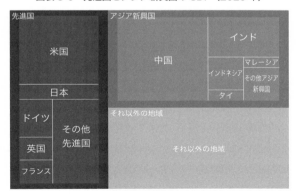

出所：Made with flourish studio

低下する米国の地位

　1990年代のソ連の崩壊は安全保障上の各国連携の必要性を低下させ，特にヨーロッパ諸国に米国なしの防衛を志向する傾向が現れた。また，経済活動のグローバル化の進展による世界経済成長の中心が米国からヨーロッパ，そしてアジアに移り，基軸通貨であるドルに対抗するユーロまで誕生した。そして，米国国内の保守勢力の台頭により，従来の国際協調的な米国の外交姿勢が後退した。そのなかで，特に21世紀に入ってからの3つの出来事は米国の地位低下を一層加速させることとなった。

　2001年9月11日の同時多発テロ事件は，米国の単独行動への傾斜を加速させ，国際政治の求心力の低下に拍車をかけた。その結果，EU諸国による安全保障上の連携強化の動きや，ASEAN諸国の連携の動きなど，地域機構や地域各国の連携といった地域統合への傾斜が強まる傾向が生まれている。

　また，2008年の米国発の世界金融危機は，国際社会における米国の信用と地位の低下を引き起こす出来事となった。代わりにBRICSを代表とする新興工業国が急浮上し，同年初めて開催されたG20サミットでは，BRICS諸国をはじめ，発展途上国の代表が参加するようになった。これは，従来のG7と言われる先進国グループによる世界のコントロールが効かなくなることを意味する。このように進む世界的分解と強まる遠心力により，世界が確実に無極化の時代に突入していく。

　そして，2020年の新型コロナウイルスの世界規模の大流行は，米国の大国としての存在感を一層低下させる出来事となった。本来なら，国際社会との協調による感染拡大防止は大国が果たすべき責任であるが，米国は世界保健機関（WHO）の感染対策を厳しく批判するだけでなく，やがてWHO脱退まで宣言した。一方，国内では感染者数が増え続け，有効な対策が取れないまま時間が過ぎている。これらは国際社会における米国のイメージダウンにつながるだけでなく，大国の存在感が次第に薄れていくことにもなろう。

低下する国家の壁

　今日，国際社会の変化に大きな力を発揮するのは，政府間の取り決めに基づく国際組織（IGO：intergovernmental organization）の活動がある。また，非政府組織（NGO：non-governmental organization）や多国籍企業のような主権国

家以外の行動主体による活動も注目される。その背景には，国境を超えるモノ，カネ，ヒト，さらに情報量の増大は，各国の政治，経済，文化の成立に不可欠の要素となっており，グローバル化は主権国家間の相互依存関係を一層深化させていくことがある。

　こうした流れのなか，これまで主権国家の象徴とされる国境の壁は次第に低下していく。その代わり，NGO の活動などを通して形成された国際世論が，主権国家の行動を左右するような場面も増え続けている。これは，国際社会における主権国家の地位や力が，以前に比較すると確実に低下していると言って良い。第2次世界大戦以降，長い年月をかけて進められてきた EU 地域統合も，こうした傾向を受けた主権国家の枠組みの再編の動きとみることができる。

5．人類社会の安全保障

　無極化に進む今日の国際社会では，安全保障に対する考え方も多様化していく。冷戦時代の安全保障の主体は国家であり，その手段は主として軍事力であるが，冷戦終結後数十年が経つ国際社会において，安全保障は自国の安定的な発展に重きを置き，経済的安全保障，エネルギー安全保障，食糧安全保障，技術的安

図表 3-7　国家主体の非軍事的安全保障

	概要
経済的 安全保障	グローバル化の進展は，貿易や投資による対外経済の相互依存の度合いを深めつつあるが，国家はある程度の自給率を維持したり，輸入先を複数に分散したりするなどの対策を講じておくことによって，国外で政治的・経済的な混乱が生じても国内の経済活動が不安定にならないように準備しておく考え方。
エネルギー 安全保障	エネルギー輸入依存度の高い国では，海外情勢の変化によっては，石油危機といった国家の経済的存続が危うくなる心配がある。そのため，代替エネルギーの開発に努めるとともに，石油輸入先を他の国，地域まで拡大したり，産油国との安定的な外交関係の維持を図ったりなどして，自国の安定的な発展を目指す考え方。
食糧 安全保障	食料自給率が低ければ，自国の食糧輸入相手国との貿易関係が何らかの原因で遮断された場合，国家の存続が危うくなる。そこで，国家は一定の食糧自給率，特に主要穀物の自給率を維持するとともに，輸入相手国を拡大する必要がある考え方。
技術的 安全保障	技術は軍事力および経済力の源泉であるという発想のもと，自国の技術，特にハイテク技術を保護し，他国への輸出を抑制する考え方。
総合 安全保障	国家が安全保障政策を策定する場合，目標と手段について，軍事的側面と非軍事的側面の双方から考慮し，国外からの脅威のみならず，国内及び自然による脅威も考慮するという，国家の安全保障を包括的にとらえる考え方。

出所：筆者作成

全保障，総合安全保障といった国家主体による非軍事的安全保障が改めて注目される。また，地球環境問題，国際テロ，難民問題，資源枯渇などの地球市民の存続にかかわる諸問題に対して，非国家主体による地球全体を視野に入れた安全保障，人類社会の安全保障といった概念の広がりも見せつつある。

　このような国家を主体とする安全保障の考え方は，特に経済面に関しては，保護貿易や自国利益優先の発展に走りやすく，その方向性は必ずしもグローバル化の時代に合致せず，強調しすぎると，かえって国際社会や地域全体の発展から取り残されてしまう心配がある。

　一方，近年では，確保されるべき安全の範囲は軍事，経済，エネルギー，食糧，環境，医療などを拡大しようとする動きとともに，安全保障の主体と対象を国家から個人，社会，国際社会，人間にまで拡大しようとする動きがみられる。こうした試みは，地球的安全保障，人類社会の安全保障につながる。

図表 3-8　非国家主体の地球・人類社会の安全保障

	概要
地球的安全保障	地球環境問題を契機に登場した言葉。地球上の市民は，国籍，人種を問わず，国境を越える環境問題やテロリズム，麻薬問題，難民問題に対して協力して取り組まなければならない。これらの問題に対処する主体は個別の国というよりも，国家の集合体である国際社会＝人類社会である。
人類社会の安全保障	国連で初めて「人類社会の安全保障」が提唱された。国民国家の枠組みだけでは対処できない人間そのものに対する様々な脅威を解消することである。国内での暴力や政情不安，飢餓，国外での武力攻撃や国際テロ，地球規模の核兵器の脅威や環境破壊といった人間の生存そのものに対する危険，病気や公害などによる健康に対する危険，経済封鎖，難民流入，資源枯渇などの経済的危険，クーデター，弾圧，拷問などの政治的危険，宗教，文化，生活習慣などのアイデンティティへの侵害などに対する安全保障。

出所：筆者作成

　特に，今回の新型コロナウイルスの世界規模の感染拡大によって，人類社会の安全保障に対する見方も変わるはずである。新型コロナウイルスの危機は格差の拡大や民主主義の動揺といった世界の矛盾をあぶり出した。経済の停滞や人口減，大国の対立など，将来のことと高をくくっていた課題は前倒しで現実となってきている。ウイルスは人の交わりを阻み，経済のデジタル化はさらに加速する。身動きできない人々の生活と命を守るために，政府の役割が重みを増した。

　一方，米国や中国などの大国は危機に連携するどころか，対立を深めた。大国の対立が世界を再び二分するのか。現在の世界はそれほど単純ではない。デジ

タル空間と供給網で複雑に結ばれ，各国の相互依存は深い。政治体制にかかわら
ず，データや技術を使いこなす「ミドルパワー」も存在感を高めている。多くの
国家がいままでと全く違った次元の人類社会の安全保障を求めていくことであろ
う。そして，無極化時代への突入には，もはや政治的な北極も南極もないのであ
ろう。

第4章

グローバル化と地域統合

　通信・輸送技術の進歩に伴った時間的・空間的距離の短縮は，ヒト，モノ，カネの移動を効率化し，世界をあたかもひとつの市場のように統合していく。この統合の流れに沿って，90年代以降，体制改革を遂げた旧東側諸国やアジア，アフリカの発展途上国，かつて累積債務で苦しんだ中南米諸国などが相次いで統合された巨大な市場に参入し，先進諸国との資本獲得競争や輸出競争を通じて，新興国として急成長を実現していく。一方，グローバル化の急進展は金融危機をはじめ，様々な危機に巻き込まれる懸念も急速に世界規模で広がり，リスクを回避するための地域単位の経済交流の強化という動きも活発化していく。

　本章は，グローバル化の進展とともに加速した地域統合の流れ，地域統合の政治経済学などを学び，新常態時代のグローバルの姿を展望する。

1．グローバル化の進展

　経済のグローバル化は，主として企業がグローバル市場を相手とする経済活動である。これまで一部の国，地域にとどまった海外直接投資は，企業が経済の効率と規模のメリットを求めて，最適な国・地域で投資を拡大し，国際分業体制を先進国と発展途上国との間，また先進国同士，発展途上国同士の間に構築していく。その過程において，地球規模の資本（カネ）の自由移動と労働力（ヒト）の活用，そして様々な製品（モノ）が生産され，グローバル社会に供給する体制が出来上がっていく。さらに，情報ネットワークの構築は国境を無意味にし，地球上の頭脳が組織的に活用され，そこから生み出された様々な「知」を武器にグローバル市場を勝ち取っていく。このようなグローバル化の急進展は，国家や企

業の経済活動に様々な衝撃を与えている。

先進国への衝撃

　経済のグローバル化は，地球社会全体における資源の最適配分，新規雇用の創出，技術の移転などを推進していく。特に先進国においては，自国経済の成熟に伴った海外進出は，発展途上国という新しい市場の開拓や資源，労働力の有効利用，それらを通じて新たな発展の道を切り開くことになる。一方，企業の海外進出は国内産業空洞化や失業といった不安が生じる。それらに対して，積極的に国際競争力のある新しい分野での創業に取り組み，一層の規制緩和や産業構造の転換に成功した国は，グローバル化の恩恵を受けられるが，反対に対応が遅れた場合，自国経済の停滞，長期不況を招く要因になりかねない。

　また，世界規模の情報ネットワークの構築は，地理的距離や領土上の国境の意義を失う。とりわけ金融分野において他国の金融・資本市場との統合の加速は，本来世界金融市場の拡大，資本の有効活用に寄与するが，金融市場の発達がゆえに，様々な金融派生商品が生まれ，取引ルールの多様化と複雑化，そして投機資金の短期間での流入・流出などによって，時には一国の為替市場や株式市場に大きな混乱を起こしてしまう。また，その影響は一国にとどまらず，時には世界中に金融不安が波及する事態にもなりうる。こうした金融不安に対して，従来の一国による対策はもはや限界であり，グローバル規模の政策協議，統一的な対応システムが求められる。

　さらに発展途上国における低コスト生産の拡大は，先進国に安い逆輸入品の増加をもたらし，先進国の消費者の利益になるが，一方，もともと国内で同じ製品を生産していた企業は，安い海外輸入品に対して，自社製品の販売不振につながり，業績悪化による企業の衰退や賃金低下及び失業が発生し，時には深刻なデフ

図表4-1　先進国とグローバル化

	メリット	デメリット
海外進出の加速	新規市場開拓や資源，労働力の有効利用，新たな発展の道	産業空洞化に伴った経済停滞，不況を招く
金融市場の統合	海外資本の有効利用	投機資金の流出入に伴った金融不安の波及
安い輸入品増	消費者の利益	失業やデフレを招く

出所：筆者作成

レスパイラルに陥ることがある。また，他国への進出や海外投資家による国内企業のM&A（企業の合併と買収）等によって，国内で得られた利益が国外へ流出し，自国市場の縮小を招くことにもなる。

発展途上国への衝撃

　海外直接投資利用の拡大は，発展途上国における技術，経営ノウハウの吸収や雇用の創出に寄与する。一部の発展途上国はこのような後発国の利益を受けて持続的な成長を実現し，なかには先進国と互角に競争する新興工業国も多数出現した。一方，資源や発展の環境に恵まれず，成長の軌道に乗せることができない国もある。

　また，先進国による投資の拡大は，時には自国産業発展の阻害要因となり，特に幼稚産業が育たない弊害として現れる。そして，グローバルスタンダードの推進は各国の制度や規格を統一させ，生産拡大によるグローバル市場への輸出増，収益増につながるが，この波にうまく乗れない国は，反対に自国市場が外国勢に飲み込まれてしまう。

　資本の自由化の波は発展途上国にも広がり，発展が著しい途上国は国際金融市場との連動により統合が進展していく。これはもともと資本が不足しがちの途上国にとって，発展資本の調達にメリットがあるが，金融市場の整備が遅れた国では，短期間に大量の投機資本の流出入は国内金融市場に大きな混乱をもたらし，時には破壊的なダメージを受ける場合がある。特に国際金融市場との一体化により，先進国発の金融危機がたちまち途上国にも広がり，被害を拡大する恐れがある。

　また，国際分業の進展は，最適な国・地域において生産活動が行われるため，途上国の低コストが大きな魅力となって，先進国からの投資が集中する傾向があ

図表4-2　途上国とグローバル化

	メリット	デメリット
海外直接投資導入	技術，経営ノウハウの導入，雇用の創出，新興国としての成長	幼稚産業が育たない，自国市場が外国勢に飲み込まれる恐れがある
資本の自由化	発展資本の調達	投機資本の流出入は国内金融市場の混乱，危機に巻き込まれる
国際分業の進展	国民所得増，消費拡大	工業化に伴った環境破壊

出所：筆者作成

る。より効率的な低コスト生産の拡大は途上国における国民所得増，消費の拡大に貢献し，国民が豊かになっていくが，工業化の進展は同時に様々な副作用を伴う。森林伐採，大気汚染，水質汚染といった環境破壊は国民の健康を害し，工業化の代価を払うことになる。

企業活動への衝撃

　企業活動のグローバル化は，企業が輸出拡大や，海外生産・販売ネットワークの構築等の海外直接投資増を通じて，多国籍化していく。この過程において，ヒト，モノ，カネの国境を越えた移動が活発化し，国境の制約が薄れていく。そして，グループ企業同士の相互依存関係を深化させ，他社との競争を勝ち取りながら，海外市場での成長を遂げていく。一方，国内部門においては，コア部門を国内に残しつつ，新たな技術革新に取り組むといった長期的な経営戦略を持たなければ，海外進出後の国内生産の縮小や，雇用の減少，技術・知的財産の流出等が現れ，国内市場の規模縮小を余儀なくされる。

　また，グローバル化された企業活動は，企業同士の競争を激化させ，提携や買収などの競争力の強化を目的とした世界規模の企業再編が進む。国境を越えたM&Aの急増と大型化により，世界全体の直接投資額は年々増えていく。この過程で部品供給と完成品組み立てを複数の国で分業する企業内国際分業から生まれる企業内国際貿易の割合も益々大きくなっていく。この流れに適応した企業は次第に企業規模が拡大され，時と場合によっては，一企業が世界市場を支配するという「一人勝ち」の現象が現れる。一方，競争に勝てない企業はグローバル化の進展とともに淘汰されてしまう。

　情報ネットワークの発達は新しい市場を生み出す。インターネットは買い手が

図表4-3　企業活動とグローバル化

	メリット	デメリット
企業海外進出の拡大	輸出拡大や，海外生産・販売ネットワークの構築による成長	技術・知的財産の流出，国内市場の規模縮小
世界規模の企業再編	一企業が世界市場を支配する	グローバル化の進展とともに淘汰される
情報ネットワークの発達	新しい市場の誕生に伴った新たな収益拡大の機会	対応の遅れにより企業減収。無断複製に不利益を招く

出所：筆者作成

売り手にアプローチしてモノの売買を可能にし，買い手が世界のどこに居ても商品を買える時代になる。このような取引は従来の中間業者経由の煩雑さをなくすという「中抜き方式」が確立される。取引コストの激減により，企業利益の拡大につながるが，反対に情報化の波に乗り遅れた企業は成長が止まり，時代に淘汰されてしまう。また，音楽や映画，キャラクターなどの無形財が，ネットワークを通じて消費者の自宅（パソコン）に商品を届くということは，消費者の利便性から企業収益の拡大につながる。一方，これらの商品は，コストゼロでオリジナルとまったく同じものを生産（複製）できる性格を有し，ネットワークを通じて無断複製される危険性が存在する。制作側が発売や公開前に世界で流通される事態になった場合，企業に不利益を招く。

2．地域統合の潮流

　グローバル化はメリットとデメリットが共存しながら進んでおり，世界経済もグローバル化の潮流に従って変わっていく。かつて世界経済をリードしていた欧米諸国が，90年代以降の「東アジアの奇跡」によって，その地位が奪われたかと思えば，急成長の反動で東アジアが一時通貨危機に陥り，成長の勢いが鈍化する事態に直面した。また，リーマン・ショックに端を発した金融危機はその影響が米国にとどまらず，先進国から発展途上国まで広がり，世界経済全体に暗い影を落とす結果となった。

　経済活動のグローバル化は貿易，資本の自由化を促進する反面，大規模な混乱や危機に巻き込まれやすい。これらのリスクを回避するために，リージョナルな経済関係の強化を目的とする地域統合の動きが推進され，多種多様な自由貿易協定（FTA：Free Trade Agreement）に現れている。今日，世界貿易総額の半数以上はこれらの地域貿易協定国間で行われていると推計される。いまや地球上のどこの国・地域とも協定を結んでおらず，または地域協定に属さない国はむしろ少数派である。

　リージョナルな経済関係の強化を主要目的とする地域統合は，主として地理的に近い国々がグループを作って「自由経済圏」を設定することから始まる。具体的には，加盟国が経済政策を協調させたり，関税等の貿易制限を撤廃したりして，貿易振興を図り，地域経済の発展を促進しようとするものである。その態様

は欧州連合（EU）が目指す域内の完全自由化・域外通商政策の一元化から，北米自由貿易地域（NAFTA）のような域内の貿易自由化だけを目指すものと，東南アジア諸国連合（ASEAN）のような域内貿易自由化のほか，投資，労働力移動の自由化を加えたものまで，様々である。経済的協力関係の強化は，近隣諸国間の協力関係を深め，地域の結びつきを高めることによって，地域の安全保障や政治的連帯を推進する効果も期待されるため，今後，地域統合の動きが一層活発化になっていくと考えられる。

地域統合の３つの波

　これまでの地域統合の動きには大きく３つの波があった。第１の波は1950年代末から1960年代の欧州地域統合であり，欧州経済共同体（EEC）が創設され，1968年には関税同盟が完成した。この時期の地域統合は，共産主義への対抗等の政治的必要性と，経済力の強化という経済的側面を有していた。

　第２の波は1980年代後半から1990年代前半にかけてである。この時期には欧州が共同市場を完成させ，アジアでは1993年にASEAN自由貿易地域（AFTA）を設立し，米国が米加自由貿易協定に加え，1994年に北米自由貿易協定（NAFTA）を創設するなど，ヨーロッパ，米国，アジアがそれぞれにより経済的・政治的な結合の深化と，それによる域内産業の国際競争力の強化を目指していた。

　第３の波に位置づけるのは，2000年以降のEUとアジアの地域統合である。地域統合の先駆けであるEUは，2002年に単一通貨の導入を実現し，早々と地域統合が新たな段階に突入した。一方の東アジアでは，1997年の通貨危機後，通貨危機の再発防止と今後の安定成長を目指すために，域内経済協力の強化が最重要課題と認識が一致した。そのため，2010年以降，地域統合の土台となる東アジア地域包括的経済連携（RCEP）の合意を目指して関係国間で協議を重ねるようになった。また，安全保障上の理由から，RCEP協議参加国の一部が重なる形で米国主導による環太平洋経済連携協定（TPP）も同時進行的に推進された。ただし，2017年にトランプ政権によるTPP離脱の表明を機に，TPPは日本主導によるTPP11に再構築されることとなった。一方のアジアでは，RCEPの合意が進まない中，2015年に東南アジア諸国連合加盟10カ国が地域自由貿易協定から一歩前進したASEAN経済共同体（AEC）が発足した。

図表 4-4　地域統合の3つの波

	時期	特徴
第1の波	1950年代末〜1960年代	欧州経済共同体の創設，関税同盟が完成
第2の波	1980年代後半〜1990年代前半	ヨーロッパ，米国，アジアがより経済的・政治的な結合の深化を目指して，地域統合が広がる
第3の波	2000年代〜	東アジアと環太平洋諸国が同時進行的にFTAを協議。EUは経済通貨同盟へ，ASEANは経済共同体が発足

出所：筆者作成

世界の主な地域統合

　地域統合と言えば，まずヨーロッパがその代表格として挙げられる。それに触発される形で，アジア，米国，アフリカにおいて多種多様な自由貿易協定を中心とする地域統合が推進・協議されているからである。

図表 4-5　世界の主な地域統合（2019年）

名称	種類（設立年）	加盟国	人口	GDP	一人当たりGDP
欧州連合（EU）	経済通貨同盟（1993年）	27	4.5億	15.6兆ドル	34,843ドル
東南アジア諸国連合（ASEAN）	自由貿易協定（1993年）	10	6.6億	3.2兆ドル	4,803ドル
北米自由貿易協定（NAFTA）	自由貿易協定（1994年）	3	4.9億	24.4兆ドル	49,467ドル
南米南部共同市場（MERCOSUR）	関税同盟（1991年）	6	3.7億	2.5兆ドル	8,151ドル
アフリカ連合（AU）	EUをモデル（2002年）	55	12.0億	2.5兆ドル	N/A

注：アフリカ連合は2018年JETRO資料。
出所：アジア大洋州局地域政策参事官室『目で見るASEAN—ASEAN経済統計基礎資料—』2020年8月より

⑴　欧州連合（EU）

　欧州連合（EU）は，1993年に発効したマーストリヒト条約（欧州連合条約）によって設立されたヨーロッパの政治や経済における国家連合体である。その起源は，1952年創設の欧州石炭鉄鋼共同体（ECSC）に遡る。その後，五次にわたる拡大によって，加盟国数は当初の6カ国から28カ国に，人口4.5億人の地域となり，関税同盟，経済分野での共通政策，市場統合，共通通貨導入等の面での

統合が実現している。特に 1999 年の共通通貨ユーロの導入は，EU の地域統合を新たな局面へ導くことになり，国家連合体から将来的には国家統合の可能性さえ期待される中，2016 年 6 月の国民投票において EU 離脱派が勝利したイギリスが 2020 年 1 月 31 日に EU を離脱し，加盟国は 27 カ国となった。

(2)　東南アジア諸国連合（ASEAN）

　東南アジア諸国連合（ASEAN）は，アジア地域ではもっとも積極的に活動している地域協力機構である。1967 年インドネシア，マレーシア，タイ，フィリピン，シンガポールによって創設された。設立の背景にはベトナム戦争の影響で，社会主義国である北ベトナムの積極的攻勢を前にして，東南アジアの資本主義国は結束する必要があったからである。そのため，1976 年以降，政治分野も協議の対象に含められるようになった。加盟国は，その後，1984 年にブルネイ，1995 年にベトナム，1997 年にラオス，ミャンマー，1999 年にカンボジアと，ASEAN が 10 カ国体制に拡大した。それによって，当初の政治的要素が強く反映するものから，今日の地域経済発展を優先するものへと変貌し，ASEAN は名実ともに東南アジア全体の発展をリードする地域機構として発展している。

　ASEAN 諸国の経済発展にとって，周辺諸国との協調は不可欠である。そのため，定例の ASEAN 外相会議とともに，日本，中国，韓国といった近隣の東アジア諸国や，隣接するオーストラリア，ニュージーランド，世界経済に強い影響をもつ米国，EU などが参加する「拡大外相会議」が定期的に開催されている。

　2015 年 12 月に ASEAN 経済共同体（AEC：ASEAN Economic Community）を発足した。域内の物品関税が 9 割超の品目数がゼロになるという高水準のモノの自由化を達成し，今後 ASEAN を核としたアジアにおける活発な経済交流が期待される。ただし，AEC は通貨統合や域外に共通関税を課す関税同盟などは想定していないため，AEC は FTA に投資の自由化や熟練労働者に限定した人の移動の自由化を加えた「FTA プラス」と称される。

(3)　北米自由貿易協定（NAFTA）

　北米自由貿易協定は，1989 年に結ばれた米国，カナダ自由貿易協定にメキシコが加わる形で 1994 年に発効した。NAFTA 参加によって，メキシコは直接投資と輸出の拡大，カナダは米加自由貿易協定の既得権益とメキシコという新しい

市場への進出のメリットがある。また，米国は東南アジアにおける日本の海外生産ネットワーク，EU の地域統合に対抗する上で，足元の北米に経済協力関係の強化が必要だったからである。

　ただし，NAFTA は参加3国の間で対外障壁が共通化されていないため，他国の企業が障壁の低い国を通して，他の加盟国へ輸出することができるので，労働コストの低いメキシコで現地生産し，それを米国やカナダの市場へ有利な条件で販売することが可能である。そこで，域外企業がこの種の利点を過度に享受することを防ぐために，生産部品の現地調達比率による原産地規制を導入している。また，外国企業や米国に進出している域外企業にとっては，米国・メキシコ国境地帯に設けられた輸出保税加工地区へ部品を運び，そこで加工した製品を再度無関税で米国市場へ持ち込むという利点があるため，この地域に日本を含むアジア企業や米国企業の加工・組立工場が密集している。

　2017 年に誕生したトランプ政権は，米国の貿易赤字を膨らませて国内の雇用を奪ったと批判し，NAFTA の再交渉を求めた。交渉内容は米国への乗用車輸入台数に数量規制を導入するなど，管理貿易の色彩が強まったため，冷戦終結後に米国自らが推し進めたグローバル化の転機を示す象徴のひとつとなった。そして，NAFTA に代わる貿易協定「米・メキシコ・カナダ協定（USMCA）」が2020 年7月に発効した。

⑷　南米共同市場（MERCOSUR）

　南アメリカの経済統合は，1991 年にブラジル，アルゼンチン，ウルグアイ，パラグアイの4カ国が創設した南米共同市場（MERCOSUR）である。具体的には域内での関税撤廃と貿易自由化を目的とする。

　MERCOSUR は，1995 年から早くも「関税同盟」の段階に入っている。まだ一部の品目について例外はあるが，すでに原則として域内の関税はゼロで，域外に対する共通関税も導入済みである。2006 年にベネズエラ，2012 年にボリビアが加盟し，加盟国6カ国，準加盟国6カ国（チリ，コロンビア，エクアドル，ガイアナ，ペルー，スリナム）の体制になっている。それによって，アメリカ大陸では，北の NAFTA から，南の MERCOSUR まで自由貿易圏が広がり，米州自由貿易圏への前進が期待される。

⑸　アフリカ連合（AU）

　アフリカ連合（AU）は，1963年設立されたアフリカ統一機構（OAU）から改組し，2002年7月に発足した。アフリカの55の国・地域と12億の人々が，欧州連合のように統合を目指す国家連合であるが，加盟国の多くは貧困と低開発，巨額の開発資金の返済に苦しむ「重債務貧困国」であり，国際紛争や内戦が続き，自然災害や政治の混乱で飢えに苦しんでいる地域でもある。こうした問題の解決には，国際社会が協力して取り組んでいくことが不可欠である。近年，先進国の間では，新規開発援助の拡大や貧困国の輸出品への関税をなくすといった取り組みが行われ，中国をはじめとする新興国が同地域での経済開発に乗り出している。

3. 東アジアの地域統合

　東アジアという地域的概念は，地域経済の発展とともに，規模を拡大してきた。60年代〜70年代末，日本を筆頭にNIEs（韓国，台湾，香港，シンガポール），ASEAN原加盟5カ国（タイ，フィリピン，マレーシア，シンガポール，インドネシア）がキャッチアップを目指していた時期は，これらの国・地域を東アジアと指すことが多かったが，80年代以降，中国が台頭するようになると，中国も含まれるようになった。そして，1997年アジア金融危機発生後，その対応を巡って，1999年11月にASEAN 10カ国＋3（日中韓）首脳会議において採択された「東アジアにおける協力に関する共同声明」を機に，ASEAN+3という枠組みが初めて実体化された。その後，2000年3月に合意された通貨スワップ協定，チェンマイ・イニシアティブ（CMI）が同枠組みが事実上制度化され，東アジア地域統合に向けての方向性を定めたものとなる。また，2005年からはインド，オーストラリア，ニュージーランドを加えた16カ国による東アジア首脳会議（EAS）が開かれ，規模の大きい東アジア地域統合，RCEP（東アジア地域包括的経済連携）を模索し始めた。

東アジアの経済発展

　東アジア経済は，これまで地域における主役の交代をしながら成長してきた。日本，NIEs，ASEANという東アジア特有の雁行的発展を遂げながら，各国が

構造調整を促し，発展段階に応じた分業体制を形成してきた。80年代以降，中国経済の台頭により，この雁行的発展の構図が崩され，各国が新たな協調的分業体制を構築し，自国の発展段階に適した地位を獲得し，それらを通じて所得のキャッチアップと社会問題の克服を実現してきた。1997年東アジア通貨危機が起きるまでの各成長段階を時間軸でたどっていくと，「輸入代替型」，「輸出志向型」，「直接投資型」という3つの特徴が確認される。

(1)　「輸入代替型」から「輸出志向型」へ

　60年代から70年代にかけて，日本は高度成長の実現に伴い，産業構造が労働集約型産業から資本技術集約型へ高度化し，その結果，当時急速に日本をキャッチアップしていたNIEsへの労働集約型産業の移転が始まった。その背景には，戦後，発展途上国の多くが遂行してきた国内産業を保護・育成するための輸入品を国産品に置き替えるという，輸入代替型の工業化と関係があった。輸入代替型の工業化は，資本財を中心に輸入拡大による貿易赤字が発生しやすい。これは資源が少なく，市場規模も小さいNIEsにとって，貿易赤字の吸収に限界があり，より高い成長を目指すには国際分業に積極的に取り込まれる輸出志向型工業化へ構造を転換し，先進国資本を取り入れて輸出生産を行う必要があったからである。

　一方，タイ，インドネシア，マレーシア，フィリピンなどのASEAN諸国は，70年代後半まで主に輸入代替型工業化を推進しており，資本財の輸入増による貿易赤字の増大が目立った。本来なら地域の主要外貨獲得の一次産品の輸出増による貿易均衡を図るものであったが，それもオイルショックの影響で，主要輸出先の先進国で需要の低迷が発生し，ASEAN諸国が軒並みに貿易の不均衡，対外債務の累増に見舞われた。その結果，80年代以降，ASEAN諸国も輸出志向型工業化への構造転換を迫られた。

(2)　「輸出志向型」から「直接投資型」へ

　80年代後半に入ると，東アジアでは新たな構造転換を迫られるようになった。先進国へのキャッチアップが進むにつれて，NIEsをはじめ，各国の工業製品の輸出が急増した。その結果，地域の比較優位は一次産品から労働集約製品，そして資本・技術集約型製品へシフトし，貿易構造も次第に高度化していった。ただ

し，NIEs と ASEAN における輸出生産のきっかけを作ったのは，主として先進国からの直接投資であり，その製品も先進国を主要輸出市場としたため，常に先進国の景気に左右されやすい側面を持ち合わせていた。とりわけ，85年の「プラザ合意」による為替レートの大幅な調整は，世界経済に不況をもたらし，その影響で東アジア諸国が軒並みに成長率の低下やマイナス成長に陥り，先進国依存の輸出志向型工業化の脆弱性が浮き彫りにされた。その限界をいち早く認識したNIEs は国内投資と域内投資の拡大，域内貿易比率の拡大等の政策転換を図るようになった。

　域内投資の拡大過程において，NIEs が果たした「二重機能」の役割が大きかった。NIEs は労働集約的ないし低付加価値産業・企業を直接投資の形で同地域の ASEAN 諸国や市場経済へ移行中の中国にシフトさせるのと並行して，技術集約型産業や高付加価値産業を先進国から導入するという，「国内誘致型の直接投資」と「国外分散型の直接投資」を同時に展開しながら，産業構造の高度化を図っていく機能である。これによって，ASEAN 諸国が次第に成長の実力を増し，中には，力をつけた企業が中国や域内の他の国への進出も展開するようになった。また，東アジア域内貿易比率の増大，投資資金も域内諸国からの供給によって満たされるほどの域内成長循環が現れ，「東アジアの奇跡」と称されるほど目覚ましい成長を実現していた。

通貨危機とその対応

　順調に成長し続ける東アジア諸国が思わぬ危機に見舞われた。1997年7月，タイバーツへの投機売りの圧力に屈したタイ金融当局がドル固定相場制を放棄した。これを機に韓国，インドネシアなどの周辺国へ危機が飛び火し，急激な資本流出と通貨暴落が起きた。危機の要因は，良好な経済パフォーマンスによる海外資本流入を招いたが，海外投機資本の流入を防げなかった。そして，事実上のドルペッグ制を導入するアジア諸国が，1995年以降のドル高に伴ったアジア通貨の実効レートが割高となったため，多くの国では経常収支が赤字に転落していた。これが，投機資本がタイバーツへの売り攻勢を機に，タイのドルペッグ制の放棄に伴った切り下げが急速に周辺諸国に広がり，東アジア通貨危機が発生したのである。

　通貨危機以降，その再発防止という観点から，域内では国際的な金融協力体制

に関して様々な議論がなされた。通貨に関する取り決めについては，2000年に締結されたチェンマイ・イニシアティブ（CMI）がその代表的なものであった。ただし，CMIはそもそも通貨危機発生時，加盟国同士が通貨を供給し合うというセーフティネットとしての効果が期待されるが，危機発生防止や為替相場安定自体に寄与するものではない。こうした観点から，2006年のASEAN+3財相会議では，東アジア域内の貿易・投資の促進，マクロ経済の安定，経済危機防止といった観点から，将来的には各国が独自の為替制度を用いるのではなく，共通の為替制度採用に向けたルールの協調や，アジア通貨単位（ACU）という地域通貨の導入などの議論が行われた。

東アジア地域統合の実現に向けて

　東アジアは，通貨危機後，概ね順調な回復を遂げており，国によって勢いの程度に差はあるものの，高い成長が持続していた。2012年にRCEP交渉立ち上げを正式に宣言してから，物品貿易や，サービス貿易，投資の自由化などのより一層の拡大により，東アジアに新たな発展の勢いがつく効果が期待されるようになった。それは，RCEPをひとつの地域として捉えると，地域統合を実現すれば，人口約34億人（世界の約半分），GDP約20兆ドル（世界全体の約3割），貿易総額10兆ドル（世界全体の約3割）を占める広域経済圏が出現するからである。

　東アジア地域統合に向けて，関係国の間で多くの議論と協力が行われてきた。地域統合の先決条件は域内FTAの実現であるが，これに対して，これまでASEANを中心に進んできており，2010年にASEANをハブとする「ASEAN+1」のFTA網が既に完成している。今後，このASEANを取り巻く諸国間をFTAでつなぎ，ひとつの広域FTAを形成することが課題である。特にRCEPの実現はまず地域経済をリードする日中韓3カ国の協力が不可欠である。そのため，日中・日韓において，真剣に関係の改善に取り組むこと，その過程では3国とも国内世論と相手国の双方への配慮，互いに真のパートナーとしての東アジアを認め，もう一歩踏み出して共同体の必要性や方向性，解決すべき課題などを見定め，長期的・戦略的視点からの対応が不可欠である。

　また，RCEPと同時進行的に交渉中の環太平洋パートナーシップ協定（TPP：Trans-Pacific Partnership Agreement）については，2010年3月にP4協定（シ

ンガポール，ニュージーランド，チリ，ブルネイ）に加えて，米国，豪州，ペルー，ベトナムの8カ国で交渉が開始された。その後，マレーシア，メキシコ，カナダ及び日本が相次いで交渉参加を表明し，12カ国体制での交渉を推進するようになった。TPPは米国の主導の下，アジア太平洋地域において高い自由化を目標とし，非関税分野や新しい貿易課題を含む包括的な協定として交渉が行われていた。一方，同地域における中国のプレゼンスの向上によるパワーバランスの変化に対して，地域の政治，経済，安全保障などにおける米国の主導権を維持したいという意図も否めない。しかし，アメリカファーストを掲げて当選したトランプ大統領は，就任式典直後にTPPを離脱する方針を発表し，保護貿易色を前面に打ち出した。その後，日本が主導のもと，2018年12月30日に米国抜きのTPP11が発効するに至った。

　なお，RCEPについては，2012年交渉の立ち上げを宣言してから，2015年以降，毎年のASEAN関連首脳会議の機会にRCEP交渉に関する共同声明文が発出されたが，トランプ政権による保護貿易色が世界各国で広がる中，米国の影響を強く受ける東アジアは積極的な自由貿易への展望ができないにもかかわらず，2020年11月15日に第4回RCEP首脳会議の席上でインドを除く15カ国が署名された。

図表 4-6　東アジア地域統合の実現に向けての主な出来事

1967 年	・ASEAN 設立
1993 年	・ASEAN 自由貿易地域（AFTA）発足
1997 年	・アジア通貨危機発生
1999 年	・ASEAN が 10 カ国体制 ・ASEAN+3 で「東アジアにおける協力に関する共同声明」発表
2000 年	・チェンマイ・イニシアティブ（CMI）締結
2002 年	・ASEAN＋1 交渉開始
2005 年	・ASEAN+6 を参加国とする東アジア首脳会議（EAS）開催
2006 年	・ASEAN+3 財相会議で「アジア通貨単位」提起
2010 年	・ASEAN+1 がすべて発効 ・米国参加による TPP 交渉開始
2012 年	・RCEP 交渉立ち上げを正式宣言
2013 年	・日本が TPP 交渉に参加表明
2017 年	・米国 TPP 離脱表明
2018 年	・TPP11 発効
2020 年	・インドを除く 15 カ国 RCEP 署名

出所：筆者作成

4．地域統合の政治経済学

　地域統合は，加盟国の経済格差が比較的に小さいことや，文化的類似性が相対
的に高いことなどが成功の要因と指摘される。経済協力を進めていくうえで，経
済格差がありすぎる国同士では，多くの問題に直面する可能性がある。経済的に
遅れている国側では，植民地のように利用されることを危ぶむ声が出てくるが，
反対に経済的に進んだ国側では，貧しい国の面倒を見させられることに対する不
満が湧き起るからである。また，一般的に言語や宗教が近いほうが，統合をス
ムーズに進めることができる。たとえば，EU諸国にはキリスト教信者が多く，
それが文化的共通性をもたらしていると言われる。つまり，地域統合のむずかし
さは，経済的理由だけでなく，政治，文化，社会などにも大きく左右される。一
方，地域統合を実現すれば，経済的な利益だけでなく，政治的，地域の安全保障
にも大きな利益が期待される。

地域統合の経済効果

　地域経済統合の形成に際して実施される諸政策により，域内国との貿易量の増
加や投資交流の増大だけでなく，域内国の産業構造調整が円滑化されることによ
り，貿易の保護的な措置が廃止・縮小されていく効果がある。また，地域統合に
際して，域内の産業のあり方が再検討され，経済政策や対外通商政策の見直しが
行われることにより，いわゆる既得権化した保護政策の継続に終止符がうたれる
といったことも期待できる。そのような状況が出現すれば，地域経済統合が世界
の通商秩序に与える影響は，将来のより普遍的な自由貿易秩序の形成を促進する

図表 4-7　地域統合の経済効果

貿易創出効果	加盟国間での関税などの貿易障壁の除去によって，新しい貿易が創出される。
交易条件効果	貿易量の増大によって，加盟国に有利な交易条件が獲得できる。
市場拡大効果	市場が拡大され，規模の経済や最適立地が実現される。
競争促進効果	安価な産品の流入や外資系企業の参入などによって競争が促進され，経済効率の改善が期待される。
技術移転効果	直接投資を通じた技術移転が途上国の産業構造の高度化に貢献する。
投資拡大効果	市場の拡大，共同で投資受け入れ制度の改善が図られるなどによって直接投資の流入が拡大する。

出所：筆者作成

ものになろう。

　地域統合の経済効果をみる時，主に①貿易創出効果，②交易条件改善効果，③市場拡大効果，④競争促進効果，⑤技術移転効果，⑥投資拡大効果などが考えられる。勿論，すべての効果が期待できるとは限らないが，市場拡大や競争促進といった効果が顕著に現れる国が多く，地域統合は経済発展に適合し，他地域との連携拡大による経済的恩恵の享受に有益であることは間違いない。

地域統合の政治効果

　地域貿易協定による経済協力の促進は，過去に紛争を経験したり，伝統的なパートナーシップを有していない関係国間の信頼醸成により，地域安全保障への寄与が期待される。また，加盟国が一致団結することによって，対外交渉力の強化に伴った外交上のより高いステータスを得ることができる。そして，環境被害や違法移民，組織犯罪や麻薬対策，テロ対策など非伝統的な安全保障問題に対処することを容易にする可能性をもたらし，より幅広い改革を志向する政府が，地域協定の交渉過程や協定内容に基づき国内の政策・制度調整を図ることによって，国内改革を促進する効果も期待される。

図表 4-8　地域統合の政治効果

加盟国間の信頼醸成効果	経済協力の促進は，過去に紛争を経験したり，伝統的なパートナーシップを有していない関係国間の信頼醸成過程の中核的な要素となり得る。
非伝統的な安全保障への対処効果	環境被害や違法移民，組織犯罪や麻薬対策，テロ対策など非伝統的な安全保障問題に対処することを容易にする可能性をもたらす。
交渉力強化の効果	地域統合を背景として，外交上より高いステータスを時として得ることができ，多国籍企業や域外の国々との交渉力の強化が期待される。
自国魅力度の向上効果	先進国との協定締結によって，発展途上国の信頼性が強化され，自国の魅力を高めることが期待される。
国内改革の促進効果	地域協定の交渉過程や協定内容に基づき国内の政策・制度調整が図られることによって，国内改革を推進する効果がある。

出所：筆者作成

地域統合と世界の貿易秩序

　地域統合は，域外国からの輸入を域内国に切り替える貿易転換効果を伴うため，WTO を中心とする今日の世界貿易秩序に様々な影響を及ぼしかねない。

　地域統合は，WTO の枠組みと並行的に関税，投資，サービス等の交渉が地域内の少ない利害関係者で進められるので，地域利益を最優先するという調整がし

やすくなる。それらが既成事実となれば，世界規模での分業を進めていくインセンティブが低下し，現行のWTO中心の世界貿易体制の求心力が低下してしまう。特に域外国とは保護主義的通商政策の適用機会を増大させ，影響の及ぶ範囲を拡大する可能性がある。例えば，域外企業の域内工場の製品が，統合前は域内企業と差がなかったが，地域統合に伴う関税の削減や域内の規格統一等により自国に流入しやすくなることが予想される場合には，域外関税を賦課するような保護主義的な規則の制定や運用を行う可能性が高まる。

　また，地域統合により，加盟国が域外に対して共通の利害関係を持つようになると，域内国が足並みを揃え，域外国に市場開放要求等を行う場合には，正当性の如何にかかわらず，域外国に譲歩を強いるだけのパワーを有すると考えられる。そのような脅威から，域外国がさらに地域統合や政治的協力を通じて対抗力の強化を図り，グローバルな通商秩序の形成過程が著しく地域利益を全面に出し合ったパワーゲーム化する可能性は否定できない。特に近年における保護貿易の台頭や新型コロナウイルスの大流行などの影響で，従来のグローバル規模の経済活動に様々な妨げが生じる中，隣国や地域同士の連携拡大による政治，経済効果を拡大する動きが一層活発化する可能性がある。

地域統合の5段階

　地域統合は，その結合の度合いによって，概ね自由貿易協定，関税同盟，共同市場，経済通貨同盟，国家統合という5段階をたどっていく。

　自由貿易協定は，加盟国間で財・サービス貿易の関税，非関税障壁の除去を行うものである。加盟各国は非加盟国との間の貿易取引をどう扱うかは自由に決定でき，他の自由貿易協定に参加することを妨げない。

　関税同盟は，加盟国間での貿易障壁を除去するだけでなく，非加盟国からの輸入について共通関税率を課すなどの共通の政策を採用する。この場合，加盟国政府の対外経済政策の自主性を制約する度合いを大きくするため，共通の対外経済政策を協議し，管理する共同の機構の設立が必要とされ，また，共通関税の効果が加盟国間で非対称であるため，加盟国間の分配面での配慮が必要となる。

　共同市場は，関税同盟以外に投資，サービスの自由化，及び労働市場の統合を図る。これによって，資本や労働などの生産要素を加盟国間で同等に扱うことを可能とするため，すべての加盟国において追加的な政策調整が必要とされる。

　経済通貨同盟は，共通市場に加えて，各種規制や経済政策の共通化，単一通貨の導入などを実施する。それによって，加盟国がそれぞれの判断で適用するのではなく，国家連合体が統一的な判断を行うため，統合度が一層高まる。

　国家統合は，政治，経済の全般にわたる統合で，巨大な地域国家を形成する。

　上記のように，地域統合の深化は，地域的な機構の設立や加盟国間の定期的な政策強調の実施，共通通貨の導入，さらには地域議会の開設など地域的な政策調整・調和メカニズムの制度化の発展が重要である。また，共通の政策の範囲が広がることによって，その政策の加盟各国への効果の非対称性がより深刻となるため，域内での統合効果の再分配制度整備も不可欠である。EUのように，地域統合の優等生として，第4段階の経済通貨同盟に到達したが，統合コストと成果の最適分配，難民流入増による失業問題などにより，とうとうイギリスのEU離脱が発生し，世界地図の上に第5段階の巨大国家の登場がまだ描けないシナリオであろう。

5．グローバル化の真の姿

　グローバル化とは，資本や労働力の国境を越えた移動が活発化するとともに，貿易を通じた商品・サービスの取引や，海外への投資が増大することによって世界における経済的な結びつきが深まることを意味する。

グローバル化推進の背景

　これまでグローバル化が急速に推進した背景には，2つの要因があると考えられる。まずは国際社会をめぐる環境の変化である。冷戦終結後，世界各国における市場経済の浸透に伴った規制緩和や自由競争が推し進められたことにより，特に2000年以降ヒト・モノ・カネといった三大要素が国や地域を越えて自由に，盛んに行き来するようになったことがあげられる。

　次に，通信情報技術の進歩である。ICT（Information and Communication Technology）が日進月歩的に発展したことから，輸送と通信にかかるコストが劇的に低下し，インターネットを活用した情報交換ではほとんどコストをかけずに，国や地域をまたぐことに成功している。こうした情報革命は，カネの流れを加速するとともに，国や地域を越えたヒトやモノの動きもより容易にしたこと

で，グローバル化の機運が一気に上昇したのである。

　世界銀行はグローバル化を「個人や企業が他国民と自発的に経済取引を始めることができる自由と能力」と定義している。ここで，「自由」とは国境を越えて資本・労働力等の移動に障害がないこと，「能力」とは国境を越えて商品・サービスを提供し，あるいは他の国で経済活動をする能力があることを意味する。これまでを振り返ってみると，運輸・通信・金融・保険等の技術という「能力」が発達し，貿易や資本などの移動に対する障害が政策的に取り除かれるという「自由」によって，グローバル化が急速に進展してきた。そして，これらによって高められた各国の所得水準が，さらにグローバル化を加速させるという地球規模の好循環を作り出している。この事実から，グローバル化は人間社会により良い発展環境，より良い生活環境を提供していると言える。

　一方，グローバル化による産業空洞化，雇用の損失，文化の衝突などの問題点も指摘される。海外現地生産が盛んになると，必然的に投資国の国内生産拠点を減少させ，投資国における産業空洞化が発生すると同時に，国内を潤していたはずのカネは海外に流れていってしまうことも発生する。また，海外展開を実施する企業の多くは，優れた経営者や技術者だけを現地に赴任させ，現場の従業員が基本的に現地労働者を雇うことになる。それにより，本来は投資国の国内人材が就けていたはずの仕事に現地人材が就くことになり，投資国では失業者が増える問題が生じる。さらに，経営活動のグローバル化は，投資国と被投資国との文化交流が自然と多くなる。これはメリットがある一方で，被投資国に流入してきた他国の文化が自国文化を侵食するという文化的摩擦が生じることもある。

　これまでのグローバル化を推進する過程を見ると，これらのデメリットの存在は否定できない。ただし，グローバル化の推進は，人間社会にもたらしたデメリットよりもメリットがはるかに大きいという事実がある。そのため，自由競争と技術進歩に基づくグローバル化は今後も推進し続け，高度化していくことになろう。

グローバル化進化のプロセス

　グローバル化は，各国の国際化をベースに推進してきた結果であり，同時にグローバル化の推進はローカル化に多く依存していることも事実である。

(1)　国際化からグローバル化へ

　国際化からグローバル化への進展を論じる前に，まず国際化（international）とグローバル化の違いを考えてみる。英語の international とは国家（nation）の相互（inter）関係を意味する。狭く解釈すれば，国家同士の関係を指す。国家以外のアクターは視野から外れている。また，国際化とは，国々が国境を越えて交流や結びつきを強めていくプロセスと考えられるが，依然として国ごとの違いは残り，あくまでも国家を基本単位とする世界と定義している。それに対して，グローバルな関係とは，国家だけでなく，国際組織，多国籍企業，NGO，さらには個々人までをも包含したネットワークを指すものであり，あたかも地球をひとつの星として見る世界観が凝縮されている。その意味で，グローバル化は世界全体がひとつの統合体へと向かっていくプロセスと考えられる。

　これまで進行してきたグローバル化は，各国の国際化を抜きにして語ることができない。一方，かつての国際化とは全く違う性質の変化がある。それを理解するには，グローバルビジネスの代表格と例えられる GAFA（Google, Apple, Facebook, Amazon）という IT 業界のトップに君臨する 4 つの巨大企業の存在があげられる。これらの企業は，世界中に同じ商品あるいはサービスを提供し，その質を上げていくことで新しい価値を提供し，市場を創造していく。そして，消費者は世界のほとんどの国・地域で，安全に配慮した商品を手ごろな価格で入手することが可能になっている事実がある。そのため，国際化からグローバル化への高度化は，地球に生きる人間にとって，より良い生存環境，より良い暮らしの創出につながるというグローバル化の本質があると考えられる。

(2)　グローバル化とローカル化

　グローバル化の推進と同時に，ローカル化の動きも重要視されている。その理由は，グローバル化はローカルに定着していた政治，経済，文化などの要素を抜きにして進めることができないからである。地理的な広がりで考えるとき，狭い方から順に，①ローカル，②ナショナル，③リージョナル，④インターナショナル，⑤グローバルと並べることができる。今日の国際社会を見ると，グローバル化が急速に進む一方で，ローカルな事象の重要性がより高まっていることを示す例が様々な領域でみられる。

　政治の世界では，民主主義的な理念や政治体制が各国に広がりつつあることが

指摘されている。しかし，実際には民主主義は普遍なものとは限らない。シンガ
ポールのリー・クアンユー元首相はかつて，アジアにはアジアの民主主義がある
と述べ，欧米流の制度を押し付けられることに強く反発した。歴史や文化が異な
れば，政治の理念や実践も異なりうるのであり，一概に収斂に向かうとは言えな
い。

　産業界では，グローバル時代におけるローカル経済の重要性は，産業集積と呼
ばれる現象が端的に示している。同じ産業に属する多くの企業が川上・川下産業
というひとつのサプライチェーンとなって，効率な生産体制を構築していく。ま
た，大学，シンクタンクなどが同じ地域に密集する現象も優秀な人材の有効活用
に向けられているからである。これらの集積地は磁場となり，さらに多くの企
業，人材を引き付ける傾向にある。シリコンバレーはIT産業の集積地として知
られるように，世界各地で官・民主導によるハイテクパークの設立は，次世代の
成長産業を育てるための集積地にしようとする事実がある。

　そして，文化交流の世界では，若者を中心に価値観や嗜好が世界中で共通化さ
れていくプロセスが進む半面，各地で固有の文化，言語，宗教，アイデンティ
ティを守ろうとする動きも顕著になっている。

　このように，ローカルな要素の重要性が高まり，ローカルへと向かう流れが強
まりつつある状況は，ローカル化と呼ぶことができるであろう。つまり，グロー
バルとは逆向きの流れもまた強くなっているということである。ただし，グロー
バル化とローカル化を逆向きの流れと捉えるだけでは，一面的である。両者は必
ずしも衝突せず，補完しあう関係にもある。その例も多くの領域でみられる。

　グローバルとローカルの相互補完性をいち早く見抜いたのはグローバル市場で
熾烈な競争にさらされている多国籍企業であった。ビジネス戦略の標語として，
「Think globally Act locally」ということが早くから言われてきた。グローカル
経営とも言われるように，各地の異なる文化，社会，習慣などを有する顧客の
ニーズに細やかに対応することが，企業にとってグローバル社会での成功に欠か
せない努力である。

　また，瞬時的に世界を駆けめぐるグローバル・マネーも，ローカルな要素に支
えられてはじめて機能する。グローバル規模の金融取引が実際に行われているの
は，情報通信インフラや関連サービス産業を備えたごく一部の大都市に限られて
いる。そうした大都市の発展があるからこそ，金融のグローバル化を進めてきた

のである。そして金融のグローバル化が進むほど，さらにこれら大都市に一層の機能集中（ローカル化）が進んでいく。

　研究開発・生産のローカルも重要である。産業集積に象徴される研究開発や生産活動のローカル化もグローバル化と表裏一体の関係にある。集積地はライバル企業が競争と協働を繰り返す場であり，そこで生み出された新しい技術や製品が世界に向けて発信され，グローバル化していく。そして発信地として評価が高まれば高まるほど，ますます多くの企業や研究者を海外からひきつけ，一層の集積化（ローカル化）が進むのである。

　そのため，グローバル化は世界各地の固有の文化や伝統を消してしまうのではなく，むしろ異文化間の交流や浸透が進むにつれ，各文化の差異が浮き上がっていく構図になっている。また，それぞれの社会は，独自の方法で異文化を現地化しようとするので，一度異文化に取り込まれた自文化を逆輸入する場合もある。

　このように，グローバル化とローカル化は混然一体となって，しかも両者が相互補完的，かつ同時推進的に今日の世界を変化させている。そのため，グローバル化とローカル化という複眼的な視点，すなわち，「グローカル」は，今後の地球社会の発展を見極めるうえで極めて本質的な視点となろう。

新常態とグローバル化

　新常態とは，社会的に大きな影響を与える出来事がグローバル社会に変化をおこし，新しい常識や常態が生まれることを指す。2008年のリーマン・ショックを機に，世界経済は避け難い構造的な変化を経て新たな常態が生じているという認識に立ち，リーマン・ショックから立ち直っても，もとの姿には戻れないとの見解からニューノーマル（New Normal）という言葉が生まれた。2014年中国の習近平国家主席が，中国は新常態に入りつつあると述べたことから，新常態はニューノーマルに相当する言葉として世界で広がった。

　2020年初頭より新型コロナウイルスの世界規模の大流行は，世界経済が大きく落ち込むだけでなく，世界中の人々の生活様式，ビジネススタイル，そしてグローバル経済の今後にも大きな影響を与えることから，再び新常態という言葉が注目を集めるようになった。

　人々の生活様式の変化は，対面接触を控え，社会的距離の確保などに現れる。また，ビジネス現場では，テレワークの拡大，無人店舗やセルフ化の推進，

キャッシュレス決済の導入などが普及する。これらの動きはいずれもヒト，モノ，カネの移動を阻み，しかも世界規模で広がっていくため，投資，貿易，金融などの国際経済活動に影響を及ぼしている。特にヒトの移動制限は，モノの「供給」と「需要」の双方からの制限を受け，世界規模に連鎖していく。このようなグローバル・サプライチェーンの寸断により，様々な物資の供給途絶リスクが顕在化している。

　2000年代以降のグローバリゼーションは，ヒト・モノ・カネ・データが国境を越えて移動・流通（交流）して付加価値を生み出し，世界経済の発展の大きな原動力になった事実がある。しかし，今回のコロナ危機は，従来のグローバル化とはまったくの正反対な現象となり，グローバル化の姿を変えてしまうことになるかと心配される。必ずしもそうとは限らない。なぜなら，各国がデジタル空間と供給網で複雑に結ばれ，互いの相互依存は想像以上に深いものがある。しかもデータや技術を使いこなす人材が世界中に広がり，これらのパワーは今後もグローバル化を支えていくことになろう。

　グローバリゼーションの「プラス」の側面と「マイナス」の側面が取りざたされているが，危機対応力を高めるためにも，自国内での対応だけでなく，国際協調を深化していく必要がある。危機に耐性が高い，柔軟でバランスある経済社会システムの構築に向けて，新たなグローバル・ガバナンスが不可欠であろう。

　今後，デジタル技術の社会実装を含め，コロナ危機を契機とした技術革新がビジネスや社会のあり方を大きく変え，デジタル化に関する国際的なルール整備や標準作りが一層重要になってくる。また，グローバル化の重心が物理的な領域からデジタル分野へと移っていく中で，コロナ危機は国境を越えた「交流」による「付加価値」の追求が一層重要になろう。

第5章

米国主導の国際秩序と経済の盛衰

　戦後，米国は圧倒的な経済力を背景として世界に君臨し，資本主義社会のリーダーとしての役割を果たしてきた。経済面では，米国は戦後から1960年代まで経済の黄金時代を築いた。しかし，70年代のスタグフレーション，80年代の「双子の赤字」により，景気低迷の長期化に見舞われた。その後，90年代のIT革命によって復活を遂げたかと思えば，ITバブルの終焉とともに再び不安定期に入り，ついに2008年に世界金融危機を引き起こし，米国に対する世界の信用を揺るがす時代に入った。一方，政治面では，米国はヨーロッパへの孤立主義とアジア・ラテンアメリカでの膨張主義をとり，単独行動による時代打開など，米国主導の国際秩序の維持を図ってきた。

　本章は，米国主導の国際秩序の変容と米国経済の盛衰を概観し，超大国の発展を支えてきた米国型の経営を学ぶ。

1. 米国主導の国際秩序

　国際秩序とは，ルールや取り決めにより，国と国との相互関係を導く政治的構造とされる。17世紀以降，欧州を中心に繰り広げられた大戦争の後，戦争のない平和な社会を築くことを目的として何度か国際秩序の構築が試みられた。ひとつの帝国や宗教がすべてを支配するという形の秩序ではなく，複数の大国の勢力均衡（Balance of power）によって平和を保つというのが欧州の国際秩序の特徴である。しかし，何かのきっかけでバランスが崩れると大戦争が起き，その後再び力の均衡が形成されるというサイクルを繰り返してきた。

　第2次世界大戦を経て，米国主導による世界平和を維持する機関としての国

連，世界経済の安定を図るブレトンウッズ体制やIMF，GATTが相次いで構築され，米国を中心とする西側諸国の体制が整った。一方，ソ連を中心とする共産主義圏が台頭したことにより，世界は東西冷戦という二極体制の時代に入った。その後，ソ連の崩壊とともに米国が世界を牽引するという一極体制へ移行した。しかし，この一極体制は，経済のグローバル化で急成長を成し遂げた中国をはじめとする新興国の台頭により，米国という超大国による国際秩序の弱体化をもたらし，世界のパワーバランスが次第に分散化・多極化していく。

　このような米国主導の国際秩序の変化は，米国が展開してきた外交政策との関係性から見てみる。

孤立主義と膨張主義

　歴史的には，孤立主義と膨張主義に代表される米国外交の伝統がある。孤立主義とは，米国が伝統的にヨーロッパの国際政治に関与することを避けてきたことを指す。様々な人種からなる移民国家である米国は，特定の民族性や言語，宗教ではなく，民主主義という理念によってひとつの国として成り立っている。この理念を守るために，ヨーロッパの権力政治から一線を画すべきとして孤立主義をとってきた。この孤立主義もまた，米国もヨーロッパも互いに干渉すべきでないとしたモンロー宣言（第5代米国大統領ジェームズ・モンロー，1823年議会発表）により，米国を支える理念のひとつとなっていく。この原則は，初期の米国にとっては国益にかなう健全な原則であったが，後には文化的に純粋で健康な米国を腐敗堕落したヨーロッパ文化から隔離しようとする衝動と結びつき，道徳的あるいはイデオロギー的な意味を帯びるようになった。

　しかし，米国はヨーロッパに対しては孤立主義をとりながら，アジアやラテンアメリカに対しては膨張主義をとってきた。事実，大国になるにつれ，第1次世界大戦をはじめ，米国は積極的に国際社会に介入するようになった。19世紀半ばまでにラテンアメリカさらに太平洋方面に進出し，1898年の米西戦争でフィリピンなどを植民地として所有する帝国主義国家となり，また鎖国下の日本に対して，開国を迫った黒船来航（1853年）も米国であった。

　このように，一方で孤立主義をとりながら，他方で膨張主義をとることは一見矛盾しているように見える。しかし，実はそれは全く同一の心理的傾向から生じている。ヨーロッパからの孤立が求められたのは，米国の健全な自由民主主義が

腐敗堕落したヨーロッパによって汚染されるのを防ぐためであった。しかし他方で，自由民主主義が唯一信条として普遍化されているとすれば，それを拡大しうる可能性のある地域に対しては，積極的に膨張しようとする衝動を持つことも当然であろう。特に将来の文化的発展に関して未知の可能性を秘めているラテンアメリカやアジアは，米国的自由民主主義を素直に受け入れる可能性を持っていると考えている。つまり，米国外交における孤立主義的傾向も膨張主義的傾向も，ともに同一の心理的基盤から生じていると言えよう。

米国国際秩序の形成

　米国が本格的に国際秩序構築に参加したのは，1919年連合国とドイツとの間で締結された第一次世界大戦の戦後処理のための講和条約であるベルサイユ条約からである。これまでは米国とヨーロッパが遠く離れているため，外交や安全保障の重要性が低かったことや，独立後しばらくの間は建国に専念する必要があったことが理由であった。

　第2次世界大戦後，米国は国連を中心とした国際協調の中で重要な役割を果たすこととなった。一方，社会主義ソ連の東欧での進出を受けて関係が悪化して東西冷戦期となると，米国は資本主義陣営の盟主として厳しくソ連陣営と対立し，朝鮮戦争・ベトナム戦争なども積極的に関わった。しかし，70年代には冷戦の枠組みが変化し，米国もドル・ショックにみまわれ反戦運動が激化する中，中国との国交回復など大きな転換を余儀なくされた。資本主義陣営でも米国の一極支配から，西欧と日本との三極構造に転換し，世界経済は先進国首脳会議（サミット）を最終調整の場とするようになった。

　1989年の東欧革命から一気に冷戦の終結に進み，ソ連が崩壊した90年代以降は，各地で民族紛争，宗教対立が吹き出すこととなった。この時期，国連と米国との関係は必ずしも良好ではなくなり，米国の中に国連の枠組みの中で行動するよりも，単独で軍事行動を展開する傾向が強くなり，孤立主義に代わって単独行動主義が世界で懸念されるようになった。

　一方，安全保障面では，集団的な安全保障を確立する政策がとられた。国際連盟の失敗を踏まえてつくられた国連も結局は東西冷戦の影響で機能不全に陥ったが，かつてのライバルであったドイツ，イタリアはNATOを通じ，日本については日米安全保障条約を通じて枠組みの中に取り組む形で安全保障を確保するこ

ととなった。また，国際経済面では，大恐慌とそれに続く保護主義が第2次世界大戦を引き起こしたことの反省から，もともと米国の価値観であった自由貿易体制がGATT，WTOを通じて，より強力に推し進められることとなった。

　このように，米国主導の国際秩序は，核の傘をはじめとする安全保障，GATT，IMFを中心とした自由貿易体制といった国際公共財を提供しつつも，条約や国際機関を中心とした多国間主義を構築している。他方，唯一のヘゲモニーとして，米国は突出した国力をもとに国際的なルールを無視した単独行動も多くなってくる。

単独主義の外交

　米国はヨーロッパ諸国と共通の文化圏に属するが，腐敗堕落したヨーロッパ文化から隔離という考えから，その対外政策はヨーロッパ諸国とは異なるものをとってきた。ヨーロッパ外交との対比で，米国外交の特徴と思われるものを挙げてみると，第1に，米国外交は単独行動主義の傾向が強い。単独行動主義とは，相手国との協調行動を通じて国際社会問題の解決を図るよりも，自国の単独行動で国際問題の解決を図ろうとすることである。例えば，米国が対外経済摩擦に際して，しばしば持ち出す通商法スーパー301条は，他国との貿易交渉が不調に終わった場合，米国が一方的に相手国の商品に関税をかけるという措置を定めている。これは単独行動主義の典型的な例と言えよう。また，米国は自国の外交方針をドクトリンとして宣言することが多い。これも国際秩序を自国の理念に基づいて一方的に構築しようとする態度の現れと言える。

　第2に，単独行動主義と密接に関係しているが，米国は軍事行動によって事態の打開を図ることが少なくない。湾岸危機の場合でも，ボスニア問題でも，米国は軍隊を派遣して抑圧されている少数派を保護することに極めて熱心であった。軍事力の行使は，単独行動の最も極端な形であり，両当事国が単独行動をとり合えば，戦争あるいは戦争に近い状態が出現することになる。

　第3に，米国は民主主義の長い歴史を持ったため，対外政策における世論の影響が大きい。特に戦争の場合には，世論の支持が必要不可欠であるため，世論を動員しやすい大義名分を掲げるのが普通である。また，米国の対外政策は民衆の道徳感情に訴える必要があるため，多くの場合，道徳主義的な色彩が強く，単純に善か悪かで割り切った表現を使用することも少なくない。

　このような単独主義の外交を可能にしたのは，世界に君臨する米国の経済力と米国主導の国際経済秩序があげられる。ただし，米国主導の国際経済秩序は，その時の国内外の政治・経済動向に影響を受け，揺れ動いたりすることが多々ある。

2．黄金期から低迷期の国際経済秩序

　第2次世界大戦で唯一戦禍を免れた米国は，戦後，急速に工業化を推進し，60年代に世界 GDP 規模の4割を占めるに至った。その繁栄を支えた背景には，「軍産複合体」と「大量生産システム」とよばれるものがあった。「軍産複合体」とは，軍需産業を中心とした民間企業と軍隊，及び政府機関が形成する政治的・経済的・軍事的な勢力の連合体を指す。つまり，米国は世界における覇権的な地位を活かし，軍事産業を優先的に発展させ，重化学工業に安定的な需要と巨大な利潤を提供する仕組みを作り上げた。また，自動車や機械産業といった加工組立分野では，大量生産のシステムを構築し，効率的な生産を可能にした。そして，そこで働く労働者に対しては，長期雇用と高賃金を保障し，新たな中産階級が生み出されつつあった。将来の雇用安定が保障された人々は安心して消費や住宅投資を行う中，米国の大量生産・大量消費のシステムが形成された。

黄金期の国際経済秩序

　突出した経済力をもとに，米国は他の資本主義諸国への支援も積極的に行った。戦後復興期において，日本，ドイツはもとより，戦勝国であるイギリス，フランスでさえも戦争の後遺症に苦しんでいた。米国がそれらの国々に対して積極的な援助と投資を行ったのは，道義的な責任というよりも，共産主義化への対抗という意味合いが大きかった。

　戦後の世界は，ソ連を中心とした共産主義陣営と，米国を中心とした資本主義陣営の真二つに分かれ，「鉄のカーテン」で仕切られていたと喩えられる。しかも共産主義化の可能性は第三世界の国々にも広がり，とりわけ，貧困の拡大は共産主義化に拍車をかけることとなった。それゆえ，米国は資本主義陣営の盟主として，各国の貧困化を防ぐべく積極的な資金援助と対外直接投資を行っていく必要があり，それに伴ってドルが世界中に散布するようになった。そして，世界中

に広がっていったドルは，各国が米国の工業製品の輸入という形で再び米国に還流させ，米国の貿易黒字を維持していた。

　このような米国ドルを中心とする世界的な資金循環を作ったのは，ブレトンウッズ体制に基づく「金・ドル本位制」であった。1944年7月，連合国44カ国がニューハンプシャー州ブレトンウッズに集まり，第2次世界大戦後の国際通貨体制に関する議論が行われ，国際通貨基金（IMF）協定などが結ばれた。そこで，金だけを国際通貨とする金本位制ではなく，豊富な金準備を有する米国のドルを，金とならぶ国際通貨とする制度を導入したのである。それによって，米国で発行されたドルは，金と同様の価値を持つものとなり，ドルは，国際経済活動における基軸通貨としての役割が保証された。

低迷期の国際経済秩序

　しかし，1960年代に勃発したベトナム戦争は，米国が支援する南ベトナムと，北ベトナムとの間に10年にも及ぶ戦争が続けられ，戦争に伴った大量の軍事支出は，米国の財政収支に重く圧し掛かるようになった。加えて，ヨーロッパを舞台に東西冷戦が続く中，米国は西側陣営への経済支援，そして，東側盟主のソ連との軍拡競争なども強いられ，とうとう巨額な国際収支の赤字を抱えることとなった。国際収支の悪化に対して，米国は金の準備量をはるかに超える多額のドル紙幣の発行を余儀なくされ，ついに金との交換を保証できなくなった。1971年8月15日，ニクソン大統領はドルと金の交換停止を電撃的に発表し，世界経済に甚大な影響を与えたことから，「ニクソンショック」と呼ばれた。

　戦後の世界経済秩序を維持してきたブレトンウッズ体制は，ドルの安定性を背景に金とドルの自由交換を前提としていた。その前提の下で，ドルと各国の通貨が決まった比率で交換されるという「固定相場制」が成り立っていた。それが金とドルの交換停止という事態になると，もはやブレトンウッズ体制の維持が不可能になった。かくして主要10カ国の蔵相は同年12月18日にワシントンの・スミソニアン博物館に集まり，ドル切り下げなどの対策を講じたスミソニアン合意が発表された。日本円に対しては，これまで1ドル＝360円であった円ドル・レートが一旦308円に切り下げられた。しかし，それでもドル不安は解消せず，結局，1973年に再びドル危機が発生し，もはや対応する方法もなく，世界は変動相場制へ移行していった。

図表 5-1　70 年代の米国経済

	実質 GDP 成長率	失業率	CPI 上昇率	悲惨度指数
1970	0.2	4.9	5.7	10.6
1971	3.3	5.9	4.4	10.3
1972	5.4	5.6	3.2	8.8
1973	5.8	4.9	6.2	11.1
1974	-0.6	5.6	11.0	16.6
1975	-0.4	8.5	9.1	17.6
1976	5.6	7.7	5.8	13.5
1977	4.6	7.1	6.5	13.6
1978	5.5	6.1	7.6	13.7
1979	3.2	5.8	11.3	17.1
1980	-0.2	7.1	13.5	20.6

出所:『アメリカ経済白書』各年版。

　そして，ニクソンショックの傷が癒されることがないまま，1973 年と 1979 年の二度にわたる石油危機が発生した。もともと景気の低迷と高い失業率に悩まされていたが，そこへ石油価格の急騰による激しい物価上昇が生じたため，米国経済にさらなる衝撃を与えることになった。ついに失業と物価上昇が併存するスタグフレーションに見舞われ，インフレ率と失業率の和である悲惨度指数は，70 年代後半から上昇し，1980 年には 20% を上回る状況となった。結局，この石油危機を端緒とした不況は米国経済の停滞を長期化させ，低迷の 70 年代となった。

「双子の赤字」と日米貿易摩擦

　1980 年，「強い米国」をスローガンに登場したレーガン大統領は，大規模な減税を中心とした経済政策を打ち出した。大規模な減税の目的は，個人貯蓄と企業投資のインセンティブを回復させ，米国経済を再建することであった。そのため，企業減税については，減価償却の加速化，簡素化，及び投資税額控除の適用拡大等の投資インセンティブを提供することによって，企業の実質投資収益率の向上を図り，設備投資の活発化を促すことに目標があった。また，設備投資に要する資金については，個人貯蓄の増加によって賄おうと考え，企業減税に合わせて個人減税も実施された。個人減税の主軸は税率の一律引き下げであり，これによって，従来から貯蓄率が高いと言われる中高所得者層の可処分所得を増加させ，米国全体の貯蓄の増強を図ることとされた。

　さらに，個人貯蓄が増加してもこれまでのように国債がこれを吸収してしまっ

ては政策の目的を果たすことができないので，歳出の大幅な抑制によって，国債発行を削減するという小さな政府が重要と考えられた。具体的には医療扶助や，学校給食受給資格の厳格化，公務員の削減などの政策がとられた。

　また，民間経済活動の自由度を保証するための規制緩和も行われた。これまで様々な政府規制が設けられた市場機能の阻害や民間活動の制約になっている分野，特にエネルギー，通信，輸送および金融などにおける様々な規制を撤廃するための，賃金・物価安定委員会のガイドラインの廃止，国産原油価格統制の解除，政府規制緩和作業部会の設置などの措置が取られた。

双子の赤字

　大規模な減税を中心としたレーガノミクスのもと，設備投資が大いに刺激され，景気回復につながったことが評価されるが，景気拡大の持続による失業率の低下，株式市場の活況によるキャピタルゲインの増加等で，米国経済のファンダメンタルズの改善が消費を刺激したため，結果として貯蓄率の低下という思わぬ問題が発生した。当初の貯蓄の増強という目的の実現には至らなかったため，民間部門における貯蓄・投資バランスの逼迫をもたらすこととなった。

　また，投資の拡大による成長率の押し上げ効果は，政府が当初予測していた実質成長率より低く，一方，1980年代前半にインフレ退治のために採用されていた高金利政策は，予想よりもインフレ沈静化に効果があった。そうすると，実質成長率の過大見積もりとインフレ沈静化についての過小見積もりが合わさってできた大幅な名目成長率の過大見通しが，税収の過大見積もりをもたらした。しかも個人減税や投資減税による税収減も過小評価されたため，財政収支が大幅な赤字に転落してしまった。加えて，対ソ関係での「力による平和」戦略のもと，大規模な防衛力の増強も大きな財政負担となった。結局，歳出の拡大と大幅な減税は，財政赤字を一層拡大させる結果となった。

　貯蓄率の低下と設備投資の増加に財政赤字の拡大も加えられ，米国経済全体の貯蓄と投資のアンバランスはさらに深刻化していく。有効需要の抑制政策がとられない以上，供給力の不足は海外からの輸入に頼るしかなく，経常収支にも赤字が発生するようになった。また，その裏面では，大幅な資本収支の黒字（資本流入）が発生した。投資超過経済とは資金不足経済を意味しており，この資金不足を補うために採られた高金利政策がスムーズな外資流入を担保したが，他方で

は，ドルは各主要通貨に対して一方的なドル高になり，輸入の急増による貿易赤字の拡大，そして，経常赤字の拡大へと広がっていった。こうした財政収支の赤字と経常収支の赤字が同時的に拡大していくことは，「双子の赤字」と呼ばれていた。

日米貿易摩擦

　米国の高金利政策は，世界からの資金流入を促し，ドルが買われる中，ドル高が進行していた。その結果，輸出の減少と輸入の増大を招き，なかでも，日本の自動車や家電製品が米国国内でのシェアを伸ばす結果となった。1980年代以降，小型低燃費で品質が向上した日本車の輸出拡大により，米国の自動車産業は壊滅的な打撃を受けることとなった。そのほかに，半導体や鉄鋼，ガラスなどの対米輸出も拡大し続け，日本側の大幅な貿易黒字を計上したため（図表5-2），日米貿易摩擦問題が表面化してきた。

　日本の対米輸出超過は米国の産業に著しい不利益を与えたとして，この不均衡を是正するために，米国側は日本に対して牛肉やオレンジなどの農産物の輸入拡大を求めたほか，内需拡大や市場開放をも迫るようになった。また，1988年に施行された「包括通商競争力法」（通商法スーパー301条）は，不公正な貿易慣行や輸入障壁がある，もしくはあると疑われる国を特定し，輸入品に対する関税

図表 5-2　80 年代の日本対米国の貿易収支（億ドル）

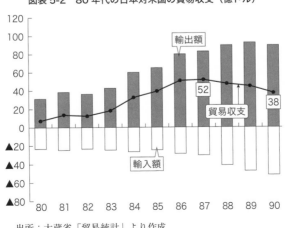

出所：大蔵省「貿易統計」より作成

引き上げという強力な報復制裁措置を行うものであった。さらに日本の投資・金融・サービス市場の閉鎖性によって米国企業が参入しにくいことが批判され，事実上，日米経済のほとんどの分野で摩擦が生じるようになり，貿易問題から政治問題へと発展していた。

　米国の圧力に対して，日本側は繊維や鉄鋼，カラーテレビ，自動車などの製品の輸出自主規制や，プラザ合意による円高容認のほか，国内の内需不足があるとして，公定歩合の引き下げなどの未曾有の金融緩和政策をとり，さらに自動車メーカーは米国での現地生産・販売を本格化するなど，貿易摩擦の緩和に様々な努力を払った。それにもかかわらず，日本側の貿易黒字が減るどころか，1986－1988年にかけてプラザ合意の1985年に比べ増えていた。ついに1989年から日米構造協議が行われるようになり，日本市場に閉鎖性（非関税障壁）があるとして，日本の経済構造の改造と市場の開放を迫る内容が米国側によって突き付けられた。

3．変革期から混乱期の国際経済秩序

　12年間にわたる共和党政権下では，米国経済の長期停滞，産業競争力の低下，社会資本の劣化，中間階層の衰退等の様々なひずみが生じた。そこで，冷戦体制の崩壊という大きな要因が加わる中，1992年にクリントン政権が登場した。

　第1期クリントン政権では，経済発展の最優先を掲げ，レーガノミクスとは逆の「大きな政府」を目指した。政府は積極的に民間企業の活動にかかわり，産業を支援するとともに，経済政策によって雇用を創出していく。また，冷戦の終結とともに財政支出に占める軍事支出の部分も大幅に削減され，平和の報酬を最大限に活用することにした。さらに1994年に発行した北米自由貿易協定（NAFTA）は，米国本国のみならず，カナダやメキシコといった広域の自由経済圏が機能し，貿易と投資の障壁をなくすことによって，雇用の創出と貿易赤字の削減に成果を上げることができた。

　第2期クリントン政権では，情報技術の発展による新たな成長を遂げるという「IT革命」に力を入れた。とりわけ，情報関連分野の技術と知識を持つベンチャー企業が次々と市場に参入し，それが投資の拡大を通じて，さらにIT分野の技術開発・市場を拡大させながら，企業活動のグローバル化を加速させていっ

た。

　同期間の設備投資の拡大とIT投資の寄与の推移をみると，経済拡大には設備投資の拡大が大きな要因としてあったが，その中心をなしていたのがIT投資であった（図表5-3）。ITを供給する産業分野（電子計算機・付属装置，電子通信機器，電気通信，情報サービス）において，これらの投資は国内のIT関連消費需要の拡大，また海外輸出もそのまま需要増加につながるので，IT投資は需要に応じた生産能力増強のための投資が一層の拡大につながる。またITを利用する産業分野において，IT投資の主な目的はコスト削減と，効率化による労働生産性の上昇にあり，これらが製品価格を抑え，需要の拡大・収益増加につながった。

　つまり，IT投資の拡大は，「いつでも，どこからでも，誰とでも」つながるという自由に情報交信が可能となるインターネットが地球規模での発展をもたらし，それによって，経済活動は，従来のモノ・カネの流れを中心とした貿易，投資による成長から，地球規模の情報ネットワークの構築に基づくデジタルコンテンツの開発と活用による成長パターンへと転換し，1990年代末の世界に劇的な変化をもたらすこととなった。

　こうしてクリントン政権の2期8年間では，投資拡大による雇用，消費効果に伴った財政収支の改善，そして「IT革命」による生産性の大幅な上昇を実現し，

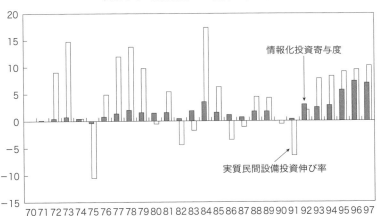

図表5-3　設備投資とIT投資の寄与度

出所：Department of Labor, Survey of Current Business より作成

米国経済は 80 年代の長期低迷からの復活を遂げることができた。金融緩和による海外資金の流入と，年金基金等を源とする国内資金にも助けられて金利を低下させ，この金利低下は，歴代政権の規制緩和，新興ベンチャー企業への投資誘導策と相まって株高を促し，企業投資と雇用の増大，消費の拡大を通して税収を伸張させ，財政収支の好転を招き寄せ，1998 年度一挙に財政黒字を実現する結果となった（図表 5-4）。そして，「IT 革命」による生産性の上昇は，企業組織再編の進行に加え，賃金上昇率やインフレ率の低下などを促す幸運も重なって，90 年代後半の米国はニューエコノミーの活況に沸き返った。

図表 5-4　90 年代米国の財政収支と経常収支の推移（億ドル）

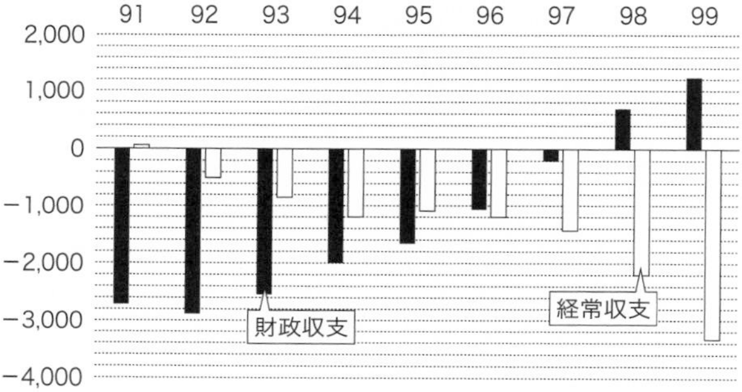

出所：内閣府「海外経済データ」により作成

ニューエコノミー論

　経済学的には，総需要が総供給よりも上回れば，インフレが発生する。逆の場合はデフレになる。この両方が一致して推移していくことはかなり困難とされる。ある商品がどれだけ売れるかの予想が困難である以上，それに見合った設備投資を行うことなど不可能であるからである。それが原因となって経済は好況と不況を繰り返し，景気変動が生まれる。このような景気変動を繰り返す経済は「オールドエコノミー」とされる。

　しかし，90 年代後半の IT 投資の活性化により，企業内の情報網の整備に伴ったサプライチェーンマネジメントの構築は，調達・生産・在庫・販売のそれぞれの局面における最適化が図られるようになった。この結果，それまでの見込み生産によるタイムラグで発生していた景気循環（在庫循環）が消滅するのではないかと期待され，ニューエコノミーが論じられるようになった。

　ニューエコノミー論によれば，IT 投資（情報化投資）の拡大が労働生産性を高めるので，生産量の拡大ほどには雇用量を増大させないことになる。そこで景気拡大が賃金上昇圧力やインフレ率の増加に結びつかず，企業の収益は増加する。企業はその収益の中からまた設備投資＝IT 投資を拡大し，景気拡大は長期的に持続することになる。

　ただし，直後に起きた IT バブルの崩壊により，1990 年代に長く続いた設備投資主導の景気拡張が終焉し，景気後退が始まったことから，ニューエコノミー論はそれ以降，伝えられなくなった。したがって，ニューエコノミーの真相は，「IT 革命」によって，企業の在庫調整が加速して俊敏になったことにより，在庫に起因する景気循環が短期間化されただけで，劇的に景気循環が消滅したわけではなく，在庫循環の変調，あるいは縮小と見たほうが妥当であろう。

　しかし，IT 革命は第三次産業革命と言われるように，インターネットの普及による 20 世紀末から 21 世紀にかけての情報通信，バイオテクノロジー，マイクロエレクトロニクスなどを駆使した先端技術が，21 世紀の資本主義の展望の中で，新しい技術が生む劇的変化をもたらし，知識主導型の経済が天然資源主導の経済に取って代わりつつあるというグローバルな展開を促進するパワーが米国によって作り出されたと言ってよい。

リーマンショックとニューノーマル

　IT バブルの崩壊によって，失業者増と財政収支の悪化に見舞われ，米国経済は再び停滞期に入った。不況からの脱出を目指して，米国政府は大規模な所得減税と金融緩和に乗り出した。これらの政策の下，民間部門に過剰資金が発生し，資金の多くが不動産や，住宅，債券などへ流入していく。加えて，新興工業国の発展を背景に，エネルギー需要，食料需要などの資源需要の高まりにより，原油価格の上昇を加速した。原油高騰によって莫大な利益を上げた産油国は，その利益の多くがヨーロッパや米国のヘッジファンドなどの金融部門に流れた。さらに，急成長を遂げ続ける新興工業国は潤沢な外貨準備残高を有利な条件での運用を目的に，米国市場への資金流入を促していた。こうして，世界的な余剰資金が米国に集中するようになり，米国に流入した過剰資金が不動産市場を中心に運用され，サブプライムローンに代表される住宅バブルが発生する土壌となった。2001 年から 2007 年まで米国中で発生した住宅バブルにより，米国経済の強さを

めぐる偽りの神話まで作られていた。

サブプライムローンの破綻

　サブプライムとは，米国において，貸し付けられるローンのうち，優良顧客（プライム層）向けでないものをいう。通常のローンの審査には通らないような信用度の低い人（低所得者）向けのローンであり，高金利である。主に住宅や自動車を担保として行われている。サブプライムローン問題が表面化になったのは，その返済が滞り，不良債権化に転じたからである。

　不良債権化になった背景には，その返済方法にあった。住宅サブプライムローンの返済は，傾斜的返済方法がとられていた。つまり，当初は返済額が少なく，数年後から返済額が徐々に増えていく仕組みである。そのため，借り手は自分の返済能力を無視した借り入れを行うことが可能であり，実際にそのような貸し付けが増加していた。貸し出しを行う金融機関は，本来借り手の所得が増加することを見越しての傾斜的返済方法をとったはずであるが，実際にはそれほど所得は上昇していなかった。ただし，たとえそうでなくても住宅価格が上昇し続けていれば，その矛盾は表面化しないものである。つまり，住宅価格が上昇していれば住宅を担保に借り入れが可能であり，それをもって返済もできる。また，最悪の場合でも，住宅価格がかなりの程度に上昇してさえいれば，住宅を売却することによって返済が完了すると共に，売買差益すら得ることが可能である。こうして，住宅ローンを組めないような低所得層までローンを組むようになり，ブームはブームを呼んだ。米国はこの間，景気拡大期にあった。

　しかし，住宅価格は2005年をピークに下落に転じた。そして，傾斜的返済に耐えきれず，返済できない借り手が続出し，サブプライムローンの多くは破綻した。そうなると，サブプライムローンの破綻よりも大問題が発生した。つまり，「証券化」問題である。サブプライムローンで個人に融資した金融機関は，回収リスクを回避・転嫁する目的でその債権を証券化（金融商品化）し，世界の投資家に売却していた。

　そのメカニズムは，まず，銀行やノンバンクなどが住宅ローンをプールし，パッケージ化して特別目的会社に転売する。そして，特別目的会社はこれらの住宅ローンを証券化し，世界各国の年金基金や，投資信託などの大口投資家へ再売却する。また，引き受け手がいないリスクの高いものをさらに束ねて，再び大口

投資家へ売却するという操作を繰り返していた。つまり，サブプライムローンを複雑に組み込んだ証券が世界中で販売されていたのである。その一つひとつがどのような組成によってなされたものかは，誰も知らなかった。というより，むしろ内容を分からなくするために，組成を繰り返していったと言ってよい。そうであるがゆえに，金融危機がいったん勃発すると，さらに危機度が増幅したのである。そして，危機が現実のものとなった。

　2008 年 3 月大手投資銀行ベア・スターンズの経営危機が発表され，9 月 15 日にさらに大手証券会社・投資銀行であるリーマンブラザーズが連邦倒産法の適用を申請した。この申請により，同社が発行している社債や投信を保有している企業への影響，取引先への波及と連鎖などの恐れから，米国経済に対する不安が世界的な金融危機へと連鎖した。

金融危機の世界への広がり

　リーマンブラザーズの破綻をきっかけに，金融危機の影響が世界中に広がり，ヨーロッパを中心に多くの国が金融機能不全に陥ってしまった。危機を生み出した最大の要因は「信用収縮」である。信用収縮とは，巨額の損失を抱えた金融機関が，さらなる損失を恐れて企業などへの融資をためらっている状態を指す。銀行同士が資金を貸し借りする「短期金融市場」でさえも，互いの経営状態に疑心暗鬼を募らせる余り，資金の出し手がほとんどいなくなってしまった。その影響を受けて，株式市場では，株価の急速な下落に歯止めがかからない状態が続き，各国の株式市場では記録的な暴落に見舞われ，未曾有の世界同時株安に発展していた。「1929 年の大恐慌の再来」と叫ばれたほどの大混乱となった。日経平均株価も 9 月 12 日（金曜日）の終値は 12,214 円であったものが，10 月 28 日には一時は 6,000 円台（6,994.90 円）まで下落し，1982 年 10 月以来，26 年ぶりの安値を記録した。

　金融危機は実体経済にも大きな影響を及ぼしていく。その背景には，一旦金融危機に陥ると，金融市場の不安心理が直ちに消失するわけにはいかないことがある。特にグローバル化の進展により，世界の金融市場がまるでひとつに統合された市場になっていく今日では，リスクテイク能力が著しく低下した金融機関は，与信に対する慎重姿勢を維持する。収益悪化や期待成長率の低下に直面した企業は，設備投資や新規雇用に慎重になり，資金需要も停滞が続く。雇用環境の悪化

や資産価値下落による逆資産効果は個人消費の回復を阻む。こうした負のメカニズムは，世界の金融市場を取り巻く情勢が仮に最悪期を脱したとしても，それが金融と実体経済の好循環へと転回するまでには相当の時間を要することになる。

　現に世界金融危機後の主要国・地域の動向をみると，輸出，投資，消費が軒並みに減少し続けており，実体経済不況の長期化の様相を呈している。米国では，住宅価格の下落が続くことで，資産劣化が進み，個人消費の重石となっている。また，企業部門が生産性と収益の改善を目指して，大幅かつ長期にわたる雇用調整を実施し，失業問題が長期化していく中，個人消費の回復を阻害し続けている。ユーロ圏では，金融危機後，金融機関の融資姿勢が一層厳格化していく。金融の目詰まりは，耐久消費財や設備投資，住宅投資にとっての足かせとなり，欧州経済の落ち込みが長期化し，高い失業率や国家レベルの財政危機が進行中である。また，金融不安の高まりを受けたアジア諸国も，先進諸国が景気後退期に入る中，輸出環境の悪化を受けて成長率の低下を余儀なくされ，とりわけ外需依存度の高い新興国が受けたダメージが大きい。これまで世界経済を牽引してきた中国についても，輸出減速を主因に成長率の鈍化が鮮明になる中，いち早く4兆元に上る景気刺激策を打ち出し，国内投資と消費の減退を何とか防ぐことができたが，危機前の世界経済を牽引していく力の完全復活にはならなかった。また，もともと景気低迷に苦しんでいた日本は，主要輸出先の欧米への輸出減少が国内生産と企業収益に悪影響をもたらし，景気をさらに押し下げる要因となっている。

　米国発の世界金融危機は，ひとまず終わったものと捉えられているが，この不況によって残された爪痕は極めて深かった。今後，世界経済はリーマンショックから立ち直っても，もとの姿には戻れないとの見解から生まれた言葉，ニューノーマル（New normal）が世界に定着した。その間，世界名目GDPに占める米国の割合が近年の20％台に低下し，かつて世界GDPの4割を超え圧倒的な経済力を持った米国の時代は，過去の歴史となりつつある。

4．「アメリカファースト」と国際秩序の破壊

　「アメリカファースト」はドナルド・トランプ第45代大統領（2017〜2021年）が選挙中に主張したスローガンであり，自国中心主義の一種と言える。第2次世界大戦が終わってから70年以上，米国は世界のリーダーとして国際社会のルー

ルや協力体制をつくるうえで主導的な役割を果たしてきた。経済力も軍事力も世界一だから，よくも悪くも絶大な影響力があった。歴代の米国大統領は，自分が世界のリーダーであることを自覚して，その責任も感じていたはずである。つまり，これまでの米国大統領が世界のリーダー役を引き受けたのは，米国流のルールを世界に通用させれば，結果的に自国の利益にもなると考えるからである。

図表 5-5　トランプ政権が離脱・脱退した国際条約・機関

時期	内容
2017 年 1 月	環太平洋パートナーシップ（TPP）協定離脱
2017 年 10 月	国連教育科学文化機関（ユネスコ）脱退表明
2018 年 5 月	米欧など 6 カ国とイランが結んだ核合意脱退表明
2018 年 6 月	国連人権理事会からの脱退表明
2019 年 2 月	ロシアとの中距離核戦力（INF）全廃条約破棄
2019 年 12 月	地球温暖化パリ協定離脱
2020 年 5 月	「領空開放（オープンスカイズ）条約」から離脱表明
2020 年 7 月	世界保健機関（WHO）から脱退表明

出所：筆者作成

　これに対してトランプ大統領の「アメリカファースト」は，目の前の損得を重視するのが特徴とあげられる。実際，トランプが就任してから，アジア太平洋における自由貿易枠組みである「環太平洋経済連携協定（TPP）」の離脱，主要貿易赤字国の中国に貿易戦争を仕掛けること，地球温暖化防止の取り組みである「パリ協定」の離脱，そして，新型コロナウイルスを巡る対応に不満を募らせ，世界保健機関（WHO）から脱退する方針を表明した。

　このように，トランプ大統領は多国間の枠組みにはほとんど関心がなく，多国間の枠組みは米国にとって非常に不利で利益をもたらさないと考えているようである。そのため，米国国内や世界で大きな波紋を呼ぶ方針を相次いで打ち出し，国際秩序に対する破壊力は一向に衰えない。しかし，それらは戦後 70 年以上にわたり米国自身が主導して作り上げてきたものであり，自由貿易体制や多国間協調などで米国は損をしている，そんな過去や行きがかりは自分に関係ない，だから本気になってぶち壊しにかかっているという「アメリカファースト」は，世界の安全保障体制，自由貿易体制を大きく揺さぶるものになるのは言うまでもない。ある意味で米国も普通の国になった印象を世界に与えてしまう。

　もちろん米国も国際社会もトランプ大統領の"暴走"を傍観しているわけではない。TPP は米国抜きで日本はじめ 11 カ国の協調と結束により 2018 年 12 月に

発効し，パリ協定もカリフォルニア州など15州とプエルトリコ（自治領）が米国気候同盟（United States Climate Alliance）を結成し，トランプ大統領とは一線を画している。WHOを脱退したことにより，国家間の連携による新型コロナウイルスへの対応がより効率的に進んでいるのも事実である。今日の世界は，もはや米国一国だけで世界秩序を定めたり，先進国が世界経済を支配したりする時代が終わったと言って良い。その一方でグローバル化は今後も推進し続け，人類社会は地球村で共存共栄の時代を構築していくことになろう。

5．米国型企業統治

　企業統治とは，企業価値の最大化や企業理念の実現に向けて，経営陣を動機づけると共に，企業経営の公平性や健全性，透明性を確保し，維持・推進する制度である。コーポレートガバナンスとも称される。今日，株式会社制度は世界中で普及しており，ある種の普遍性を有していると言える。しかし，その進化のプロセスや株式会社制度の具体的な運用形態に注目すると，米国では，出資者である株主を中心とした企業統治が行われることに対して，日本の場合，株主よりも経営者や従業員が企業統治の主役となっており，両者には顕著な相違がみられる。

米国型企業統治の特徴

　米国型企業統治の基本は「所有と経営の分離」であり，会社は株主のものであるという認識が徹底している。そのため，会社は，所有者である「株主」と，その代理として企業統治を行う「取締役」，日々の経営の実務を執行する「執行役員」の3つから構成される。経営者の一部は取締役会の構成員ではあるが，当該企業の経営者ではない外部取締役が含まれているのが普通で，取締役会と経営者の重複が少ないのが米国型企業統治の特徴と言える。

　このような株主中心の企業統治では，経営者が株主の利益である株価上昇を考えて企業経営を行えるよう，取締役会に経営者を評価し，その報酬を決定する権限が付与されている。したがって，株主主権の立場に立てば，米国型企業統治の構造は，出資者である株主の意向に沿った企業経営を行うことができるし，事業運営に当たって，企業内部が実際に働く経営者や従業員の支持が必ずしも必要とはならないため，思い切った企業運営を行うことが可能というメリットがある。

　一方のデメリットとしては，株主の意向があまりにも重要視されるため，企業内部の経営者や従業員の利害が軽視されがちで，その結果として企業内部で働く従業員のモラールが低下したり，労働組合との関係の悪化を招いたりすることがある。また，長期視野に立たない短期志向の経営が行われてしまうことも問題視される。市場において株価を決定するのは，短期的に株式を売買する人々が優先され，企業経営は必ずしもコミットメントを持っているとは限らないのが現状である。

　それは日本企業に比べると，日本の場合，取締役と執行役員の分離が明確ではない企業の方が大半であり，会社経営の業務監査および会計監査を行う監査役を設けているが，経営者が法的問題がない限り，一般的にはチェックといっても権限がなく，基本的には数的なチェック機能しかもっていない。メリットは，経営陣は取締役兼任の執行役員であるので，株主の短期的な要求に応えず，長期的な経営が経営陣の自由に出来るということである。デメリットは，会長，社長が社内の人事権を全て掌握しており，外部のチェック機能が働かないため，暴走しやすい点が指摘される。

米国型マネジメントの特徴

　日本型経営に比較すると，米国型マネジメントは以下の特徴がみられる。

　まず，企業戦略の策定に際して，トップマネジメント主導のトップダウン型の戦略策定がなされている。トップは，どの事業に進出すべきかを明確に提示し，環境やリスクを精緻に認知・分析したうえで機動的な資源展開を行う。ミドル

図表 5-6　米国型と日本型の企業統治の比較

	米国型	日本型
特徴	所有と経営の分離 株主中心の企業統治 短期志向的経営	所有と経営の分離は明確でない 経営者，従業員中心の企業統治 長期志向的経営
メリット	会社業績が経営者の報酬と連動 株主の利害を重視する 経営者が思い切った企業運営	年功序列型による会社への忠誠心 経営者，従業員の利害を重視する 従業員が安心的，自主的に働ける環境
デメリット	経営者や従業員利害の軽視 労働組合との関係の悪化 企業経営が株価に影響されやすい	社内チェック機能が働かず 経営陣が暴走しやすい 株主の利害を軽視する

出所：筆者作成

は，トップが主導的に立案した経営戦略をトップの指示命令に忠実に従って実行へ移していく。これに対して，多くの日本の企業においては，トップマネジメントは大きな戦略の方向付けや，相対的な解釈の余地が高い戦略ビジョンの提示のみを中心的に行い，あとはミドルの策定した戦略にゴーサインを出すという，いわば補助的，追認的な役割である。このような日本的企業経営は，時に「ミドル・アップ・ダウンの経営」と呼ばれる。

　次に，米国企業のトップマネジメントが強大な権限を有していることに呼応して，米国企業では一般にトップマネジメント，ミドルマネジメント，ローワーマネジメントに至る管理階層を設計し，その下にさらに実際にオペレーション活動に従事する現場作業組織が来る。現場作業組織内部でも，上位の現場監督や職長と，その下に来る一般のブルーワーカーとは明確な階層構造によって区分される。これに対して，日本の企業では，どちらかと言うと経営階層のトップとボトムの格差が小さいフラットな柔構造組織を志向しており，現場従業員による自律性と微調整的適応行動をかなりの程度許容できる組織構造となっている。それが現場作業員の持つ能力をより有効に活用するQC（Quality Control）サークル活動の普及を可能にしている。

　そして，従業員の組織統合に関しては，米国企業では，経営戦略に合致した精緻なコントロールシステムが整備されている。規則や手続き，階層，計画などの，いわゆる官僚制に見られる組織統合システムがより頻繁に用いられる。それゆえ，組織学習という側面では，米国企業は日本企業よりもその活用の程度が相対的に低く，むしろ従業員は管理階層に応じた専門能力の蓄積を個人単位で行う志向がより強い。それに対して，日本企業では，フラットな柔構造組織を前提として，組織という集団内の構成員間の総合作用を通じた，よりダイナミック組織学習が行われやすいという性格を持っており，新人社員教育には職務に従事しながら試行錯誤を重ねるという職場内学習（OJT：on-the-job training）に重点を置いている。

米国型雇用システム

　米国企業の多くは，雇用保障的な対応を取らず，過剰従業員に対して，単純に解雇という形で労働市場へ放り出してしまうことが多い。従業員を雇用する場合，外部労働市場を通じた雇用量の調整が行われているため，日本企業のような

年功序列システムは，当然のことながら，採用されないことになる。

　また，実力主義，成果主義を基本とする米国企業では，年功的にトップ人事が決まるわけではないため，トップ経営者と現場従業員との間の賃金格差が非常に大きいのが普通である。通常，日本企業ではトップ経営者と新入社員との平均年収の格差は 10〜20 倍程度であるが，米国企業の場合，通常 100 倍程度の開きがあると言われる。また，従業員の昇進に際して，何よりも職務における実績や実力が最重要視される。これに対して，日本企業で取られている年功賃金システムは，勤続年数とともに賃金が上昇していき，同期入社した社員の間の賃金格差が大きくならない特徴を持っている。

　もちろん，上記の米国のような市場中心，成果重視型の経営は，永久に不変であるわけではない。米国企業も，他国の例に学び，その経営システムを修正しようとしている。特に「日本的経営」に注目し，現場作業組織を中心とした日本企業の持つ「組織力」，とりわけブルーカラーの高い生産性を高く評価する 80 年代があった。近年，米国製造業を中心に国際競争力の低下は，製造業の生産性の低下が原因とされる。そのため，他国のより効果的な経営手法の導入やシステムの参考が行われる必要がある。そして，今後，米国型企業経営システムが全世界に「グローバルスタンダード」としての有効性を有し続けるかどうかというと，必ずしもそうとは言えないのが実情であろう。

第6章

欧州地域統合への道

　現代の国民国家体系は，「西欧国家体系」（Western State System）に求めることができる。1648年に締結されたウェストファリア条約は，30年間続いたカトリックとプロテスタントによる宗教戦争は終止符が打たれ，条約締結国は相互の領土を尊重し内政への干渉を控えることを約束し，新たなヨーロッパの秩序が形成されるに至った最初の近代的な国際条約である。これを機に主権国家間の国際関係である主権国家体制が成立し，やがてアジア・アフリカの植民地の独立を経て世界中に広がり，現代の国際関係の原型を構築したとされる。

　一方のEUはこの国民国家体系をもとに，ヨーロッパを中心に27カ国が加盟する政治経済地域と拡大させ，すべての加盟国に適用される標準化された法制度を通じて，域内単一市場を発展させている。EUは域内市場におけるヒト，モノ，サービス及び資本の自由な移動を確保し，司法及び内政に関する法律を制定し，貿易，農業，漁業及び地域開発に関する共通の政策を維持することを目的としている。さらに通貨同盟を通じて単一通貨であるユーロを導入することによって，地域をひとつの疑似国家として作り上げている。

　本章は，EUの地域統合を政治，経済，安全保障，環境政策などの視点から学ぶ。

1．EU の誕生と欧州機構

　EUは地域統合の先進例として注目される。そもそもなぜヨーロッパでは地域の統合が進んだかというと，ヨーロッパ大陸で互いに国境を接する国々が，絶えず戦争を繰り返してきたという歴史があったからである。特に第1次世界大

戦（1914～1918 年）では，ヨーロッパが主戦場となったことから，各国の被害は簡単に立ち直れないほど甚大なものであった。その中で，不戦と平和に向けた取組みの模索が始まり，そのひとつの形態として，欧州統合の兆しが見え始めた。オーストリアの貴族クーデンホーフ・カレルギーは 1923 年に地域統合によるヨーロッパ再生を構想し，この頃から民族の対立を超えた社会を目指す理想が次々に提唱された。後に「欧州統合の父」と呼ばれるフランスの政治家ジャン・モネは，ドイツとフランスの国境地帯で採掘される石炭と鉄鉱石の共同管理を提唱した。しかし，世界大恐慌の発生（1929 年）に続き，ヒトラーの台頭がヨーロッパにナショナリズムを巻き起こし，世界は第 2 次世界大戦（1939～1945 年）へ突入した。

3 共同体時代（1952～67 年）

　欧州統合の理想が具体的に動き出したのは，1952 年の欧州石炭鉄鋼共同体（ECSC）であった。第 1 次・第 2 次世界大戦において，ドイツとフランスが国境付近に埋蔵する石炭や鉄鉱石などの資源をめぐってたびたび紛争が起きた。戦後，二度とこのような戦争を起こさないために，両国が協力して経済復興を達成するための石炭や鉄鋼石などの超国家的管理を提案し，イタリアなどの周辺国にも参加を呼びかけ，欧州石炭鉄鋼共同体が誕生した。さらに，1958 年には経済統合を進める「欧州経済共同体」（EEC），原子力エネルギー分野での共同管理を進める「欧州原子力共同体」（EURATOM）を発足させた。

図表 6-1　3 共同体の設立

年次	名称	参加国	概要
1952 年	欧州石炭鉄鋼共同体（ECSC）	フランス，西ドイツ，イタリア，オランダ，ベルギー，ルクセンブルク	石炭と鉄鋼の共同市場の設立
1958 年	欧州経済共同体（EEC）		経済政策の協調
1958 年	欧州原子力共同体（EURATOM）		原子力の有効活用

出所：筆者作成

EC 時代（1967～93 年）

　1967 年，ECSC，EEC，EURATOM の 3 共同体は意思決定機構を統合し，実質的にひとつの地域機構としてまとめた欧州共同体（EC）が誕生した。そして，

翌年には域内貿易の関税をすべて廃止し，域外との貿易については共通の関税を
かけるという，地域統合の第2段階である関税同盟を実現した。しかし，70年
代の石油危機の影響で，ECはその後長期停滞の時期に入り，加盟国を増やした
ほかに目立った動きがなかった。ようやく変化が訪れたのは，90年代に入って
からである。東西ドイツの統一と東欧諸国の体制転換は，欧州市場の拡大，経済
通貨同盟への進展の可能性をもたらし，ついに1993年1月に第3段階のEC市
場統合を実現した。

図表 6-2　EC 時代の主な出来事

年次	参加国	主な出来事
1967 年	3 共同体時代の 6 カ国	ECSC, EEC, EURATOM の 3 共同体の統合による EC へ
1968 年	同上	関税同盟の実現
1973 年	イギリス，アイルランド，デンマーク加盟，EC 9 カ国	第 1 次拡大 EC
1978 年	同上	欧州通貨制度（EMS）導入
1981 年	ギリシャ加盟，EC 10 カ国	第 2 次拡大 EC
1986 年	スペイン，ポルトガル加盟，EC 12 カ国	第 3 次拡大 EC
1990 年	同上	東西ドイツ統一，経済通貨同盟（EMU）第一段階へ
1993 年	同上	EC 市場統合

出所：筆者作成

EU 時代 （1993 年～）

　1992 年，EC は加盟国の統合を推し進めるために，欧州連合の創設を定めた
マーストリヒト条約を採択した。それによって，1993 年 11 月に EC は正式に
EU に改められた。また，地域統合第 4 段階の経済通貨同盟に向けての欧州中央
銀行の創設や，単一通貨ユーロの導入なども相次いで実現し，統合のスピード
を加速した。その間，市場経済体制を転換した東欧諸国が相次いで加盟し，2013
年クロアチアが加盟したことにより，EU が 28 カ国体制に拡大した。

　一方，2016 年 6 月，イギリスが EU 離脱をめぐる国民投票が行われ，離脱支
持 51.89％，残留支持 48.11％という僅差で，ブレグジット（EU 離脱，Britain＋
Exit＝Brexit）の方向性が示された。背景には EU 政策に対するイギリスの不
信，イギリスへの移民流入などの問題があった。2020 年 1 月 31 日，イギリスは
正式に EU を離脱した。今後，離脱に伴った域内の貿易，直接投資，及び移民問

図表 6-3　EU 参加国と主な出来事

年次	参加国	主な出来事
1993 年	EU 12 カ国	欧州連合（EU）の創設
1994 年	同上	経済通貨同盟（EMU）第二段階へ
1995 年	オーストリア，スウェーデン，フィンランド加盟，EU 15 カ国	第 1 次拡大 EU
1998 年	同上	欧州中央銀行（ECB）創設
1999 年	同上	単一通貨ユーロ導入，経済通貨同盟（EMU）第三段階へ
2002 年	同上	ユーロ紙幣・硬貨の流通開始
2004 年	東欧エストニア，ラトビア，リトアニア，ポーランド，チェコ，スロバキア，ハンガリー，スロベニア，キプロス，マルタの 10 カ国加盟，EU 25 カ国	第 2 次拡大 EU，EU 憲法調印
2006 年	ルーマニア，ブルガリア加盟，EU 27 カ国	第 3 次拡大 EU
2013 年	クロアチア加盟，EU 28 カ国	第 4 次拡大 EU
2016 年	同上	イギリス EU 離脱表明
2020 年	EU 27 カ国	イギリス EU 離脱

出所：筆者作成

題などに対する新たな障壁を生み出す不安があり，イギリス経済，EU 経済ともに様々な影響を与えることになろう。

欧州の機構

　超国家機関である EU はまだひとつの国家になったわけではない。しかし，従来の国家の三権分立制に近い政治システムをとっている。欧州理事会は最高の政治的機関となるが，立法は EU 連合理事会，行政は欧州委員会，司法は欧州司法裁判所のように，疑似国家的な役割をそれぞれが分担している。そのほかに，EU 住民の意向を代表する欧州議会がある。

欧州理事会（European Council）

　EU の最高政治機構である欧州理事会は「EU 首脳会議」もしくは「EU サミット」とも呼ばれ，加盟国首脳，欧州理事会議長，欧州委員会委員長から成る機関である。基本的に年 4 回会議が開催され，EU の全体的な政治指針と優先課題を決定する。

欧州連合理事会（EU Council）

　欧州連合理事会は EU の立法機関，通称「閣僚理事会」とも呼ばれ，その名の通り各加盟国の閣僚によって構成される立法機関である。欧州委員会からの発議，もしくは各加盟国からの提案を受けて発議を行い，立法の採択を行う。発議から立法の基本的な過程は，まず欧州委員会から欧州連合理事会に提案が提出される。次に提案について会議で討議を行い，欧州議会へ討議・同意の依頼を行う。必要があれば，提案の修正等を欧州委員会へ指示することもある。そして最終的に提案が欧州連合理事会で採決される。採決方法には多数決，または全会一致がある。外交・安全保障や徴税，欧州委員会からの提案とは異なる決定を下す場合などについては，全会一致が必須となっている。欧州連合理事会での議題は，雇用，エネルギー，農業，環境，外交など多岐にわたるため，分野ごとに理事会が設けられている。そして，EU 予算の決定も役割のひとつとなっている。

欧州議会（European Parliament）

　EU 市民の代表である欧州議会は欧州連合理事会と平等に立法権を有し，議員は加盟国において直接選挙によって選出されている。予算が正しく執行されているのかという監視機能や，欧州委員会の委員の任命・罷免，委員長選任などに関する権限も持ち合わせている。国の議会と大きく異なるのは，法案の発議権は持ち合わせていないことである。欧州委員会が発議権を持ち，通常の立法手続きにおいては，欧州委員会が欧州連合理事会と欧州議会に法案を提出し，双方で可決されれば，正式に法案成立となる。

欧州委員会（European Commission）

　EU の行政執行機関である欧州委員会は各加盟国より 1 名ずつ任命される委員によって構成される。委員は自国の利益・意向に左右されてはならず，EU の利益のために任務を遂行しなくてはならない。役割は大きく 3 つある。まず EU の基本条約が守られているかどうかの監視役である。そして欧州連合理事会に対し政策立案や法案の発議を行う。欧州委員会は，EU の機構において唯一の発議権を持っている。さらに行政執行の任務も負い，規制の発令や予算の管理などを行う。欧州委員会の業務は欧州議会によってチェックされており，欧州議会から要請があった場合は，報告書を作成し説明をしなければならない。

図表 6-4　EU の機構

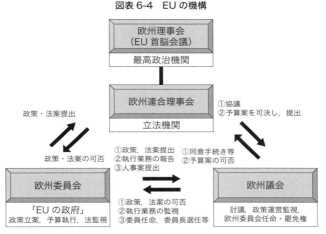

出所：藤井良広『EU の知識』＜第 15 版＞日本経済新聞出版社，2010 年

欧州司法裁判所

　欧州連合の基本条約や法令を司り，これらを適切に解釈し，域内において平等に適用することを目的として設置されている機関であり，欧州連合における最高裁判所に相当する。

一体性と多様性

　EU は，1950 年 5 月 9 日に欧州石炭鉄鋼共同体（ECSC）設立のきっかけとなったフランス外相ロベール・シューマン宣言が発表されたことを，欧州統合の第一歩として記念し，5 月 9 日をヨーロッパ・デーと定めており，この日は加盟各国の各地で欧州旗が飾られる。青地に金色に輝く 12 個の星の円環を描いた旗を「欧州旗」とし，ヨーロッパにおける機関に対してこの旗をシンボルとして使用している。同時にベートーヴェンの交響曲第 9 番第 4 楽章『歓喜の歌』を「欧州連合の歌」としている。

　2020 年発行されたユーロ紙幣はデザインが統一され，ヨーロッパ風の建築物が描かれていたり，ヨーロッパの地図が描かれていたりしている。ユーロ硬貨の表面もデザインが統一されており，いずれもヨーロッパの地図が描かれている。このほかにも欧州連合加盟国で発行されるパスポートにも，欧州連合を意味する表記が発行国の公用語で印刷されている。EU では欧州文化首都といった活動や

欧州連合基本権憲章といったものを通じて，市民に「ヨーロッパの市民」，あるいは「欧州連合の市民」という概念を定着させようとしている。

　一方でEUでは「多様性における統一」を標語として掲げ，この語句は欧州連合における公用語とされる23言語で表現されている。この標語からもわかるとおり，約5億人の人口を有する欧州連合においても文化や言語の多様性は尊重されるべきものとして扱われている。

2．単一通貨とユーロ圏

　EUの地域統合は，関税同盟や単一市場に加えて，単一通貨「ユーロ」の導入が大きな特色である。構想段階から実際に流通が始まるまで，実に30年近くもの月日がかかった。ECで通貨統合を視野に入れた通貨安定の取組みが始まったのは1971年の為替相場が固定相場制から変動相場制に移行したころからであった。その後，紆余曲折を経て，1989年に経済通貨同盟結成に向けた計画が採択され，具体的に図表6-5の3段階に分けて実施するというロードマップが示された。

　1990年から域内での市場統合が促進され，欧州通貨機構の設立などを経て，1999年単一通貨「ユーロ」が正式に導入された。導入当初は現金を伴わない決済通貨であったが，2002年にユーロの紙幣と硬貨の流通がはじまった。

図表6-5　ユーロ導入までの三段階

段階	内容
第1段階 （1990年7月－1993年12月）	域内市場統合の促進 人，物，サービスの移動の自由化 中央銀行総裁会議（EC各国の中央銀行総裁の集まり）の機能強化
第2段階 （1994年1月－1998年12月）	マクロ経済政策の協調強化 経済収斂基準の達成（ユーロに参加する条件として各国が物価安定性，健全な財政等，定められた基準を達成する） 欧州通貨機構（EMI）の創設 1998年5月に第3段階当初からの参加国を決定
第3段階 （1999年1月から）	経済通貨統合の完成 単一通貨ユーロの導入 欧州中央銀行（ECB）による統一金融政策の実施 2002年1月よりユーロ貨幣の流通開始

出所：筆者作成

　ユーロを導入した諸国は，物価安定性・健全な財政・為替安定・長期金利の安定性といった経済収斂基準を満たす必要がある。このうち，為替安定に関しては，欧州通貨制度（EMS）の為替相場メカニズムへの参加が法的に要請されており，ユーロに対する自国通貨の標準変動幅を2年間，上下15％の範囲とする必要がある。1999年に条件を整えた11カ国からユーロを導入し，ユーロ圏が誕生した。2020年末現在，19カ国（オーストリア，ベルギー，キプロス，エストニア，フィンランド，フランス，ドイツ，ギリシャ，アイルランド，イタリア，ルクセンブルク，マルタ，オランダ，ポルトガル，スロバキア，スロベニア，スペイン，ラトビア，リトアニア）に増えている。また，ユーロ圏では，欧州中央銀行（ECB）が主として通貨政策を担っている。

図表6-6　ユーロ圏

国	導入日	旧通貨	人口（万人）
オーストリア	1999年1月	シリング	831
ベルギー	同上	フラン	1,067
フィンランド	同上	マルッカ	529
フランス	同上	フラン	6,339
ドイツ	同上	マルク	8,132
アイルランド	同上	ポンド	424
イタリア	同上	リラ	6,002
ルクセンブルク	同上	フラン	48
オランダ	同上	ギルダー	1,647
ポルトガル	同上	エスクード	1,060
スペイン	同上	ペセタ	4,511
ギリシャ	2001年1月	ドラクマ	1,112
スロベニア	2007年1月	トラール	201
キプロス	2008年1月	ポンド	77
マルタ	2008年1月	リラ	40
スロバキア	2009年1月	コルナ	539
エストニア	2011年1月	クローン	134
ラトビア	2014年1月	ラッツ	72
リトアニア	2015年1月	リタス	325

出所：外務省資料より筆者作成

欧州中央銀行の役割

　欧州中央銀行（ECB）は，欧州の単一通貨ユーロの金融政策を実施する中央銀行として，1998年6月にドイツのフランクフルトに設立された。

　通常，中央銀行は，しばしば「銀行の銀行」と呼ばれる。すなわち，ある国内

には多数の銀行が存在し，これらの銀行は預金を預かり，その資金を基に企業な
どに貸出しを行う。中央銀行は民間の銀行に対し，資金を貸し出したり，逆に資
金を吸収したりすることにより，ある国の経済の中で流通する資金の量を調整す
る。そのため，中央銀行は通常，ひとつの国にひとつだけ存在する。これに対し
ECBのユニークな点は，ユーロ圏と呼ばれるEUの中で単一通貨ユーロを導入
している国々全体に対する中央銀行となっている点である。

　1992年に調印されたマーストリヒト条約では，EU加盟国のうち，一定の経
済的な条件を達成した国によって経済通貨同盟（EMU）が結成され，そこに単
一通貨のユーロが導入され，ユーロを支える中央銀行としてECBが設立される
ことが決められた。マーストリヒト条約で定められたECBの最優先課題は物価
の安定とされる。この背景には，ユーロ圏内の物価を安定させることにより，
ECBが支える通貨ユーロの価値もまた安定し，ユーロは国際的にも信頼される
強い通貨になるという考えである。この点については，ユーロが誕生するまで欧
州で最も影響力のあった通貨であるドイツ・マルクの性格を引き継いでいるとい
える。さらにこの点とも関連し，ECBには高い独立性が与えられている。すな
わち，ユーロ圏の各国政府がECBに対し景気を刺激するような政策を取るよう
要求し，そのために物価が上昇するといったことは許されないのである。

　このように，ECBはユーロ圏の民間銀行に貸し出す金利である政策金利を上
下させることが中心になり，政策金利を引き上げれば，民間銀行が企業などに貸
し出す金利が上昇する。そのためユーロ圏全体の景気は下向きとなり，物価も上
昇しにくくなる。一方，政策金利を引き下げれば，ユーロ圏全体の景気は上向き
となり，物価は上昇しやすくなる。既に述べたように，ECBの最重要課題は物
価の安定であるとされているため，ECBは景気が上向いた時には政策金利を引
き上げやすい一方，景気が下向いた場合に政策金利を引き下げにくい面がある。
また，ECBは政策金利の決定だけでなく，ユーロ圏諸国が保有する外貨準備の
保有と管理や為替市場における市場介入，ユーロに関する取引の資金決済やユー
ロ紙幣の発行なども行っている。

　ECBによる政策運営の重要な特徴は，ECBがユーロに関する政策の基本的方
針を決定する一方で，政策の実施は，ドイツ連邦銀行やフランス銀行等，各国
の中央銀行が行うという点である。別の言い方をすれば，ECBが誕生するまで
は，各国の中央銀行はそれぞれ別の金融政策を行っていた。ECB誕生後も，各

国の中央銀行は引き続き存在するが，その性格を大きく変えた。ECB が基本的な政策方針を決定し，ユーロ圏の各中央銀行が具体的な政策の実施を行うことを「ユーロシステム」と呼び，これら全体がひとつのシステムとして，ユーロ圏の金融政策を支えている。

3．EU の危機

　EU は人工的な超国家機構であるがゆえに，加盟国毎に異なる経済実態や，政策の独自性，各国が抱えている課題，さらには国際情勢への対応能力の違いなどにより，常に各国が構造的，政策的な問題に直面し，潜在的なリスクが存在し続けている。これらに関しては，近年 EU に大きな影響を及ぼしたギリシャの巨額債務，押し寄せる難民問題，イギリスの離脱という 3 大危機から見てみる。

ギリシャ債務危機

　ギリシャ債務危機とは，2009 年に同国の債務問題の発覚を機に，国債価格が急落し，そして周辺国への波及によって，世界を揺るがすユーロ危機へと発展したことをいう。当時のギリシャは公務員が労働者人口の約 4 分の 1 を占め，年金受給開始年齢も 55 歳からという手厚い社会制度を有し，国の財政は大きな負担を強いられていた。もっともギリシャの財政赤字はそれ以前から続いていた。それまでの政権は問題を隠蔽していたが，2009 年 10 月の政権交代を機に実情が発覚し，三大格付け会社による国債の格付け引き下げや，EU による増税，年金改革などを含む緊縮財政要求を招いた。

　ギリシャではその後も 2012 年，2015 年にそれぞれ政権交代が起きたが，2015 年に誕生したチプラス政権は EU が支援の見返りとして要求した緊縮財政を拒否したため，デフォルト（債務不履行）や EU 離脱の可能性が一気に高まった。最終的にはギリシャ側が EU に譲歩し，金融支援プログラムが実施された。

　ギリシャ危機は EU 周辺国にも飛び火した。2010 年以降，ギリシャ危機はアイルランド，ポルトガル，スペイン，イタリアに伝播した。これらの国の国債価格も大きく下がり，結果として，長期金利の急上昇を招いた。それらもギリシャほどではないが，財政赤字の規模が大きかったからである。

　特にリーマン・ショック後の景気悪化が厳しかっただけに，いずれも財政収支

が極端に悪化していた。このため，再度欧州では大型金融危機が発生した。ユーロ圏 GDP に占める構成比（2014 年）は，ギリシャ，ポルトガル，アイルランド合計で 5％にすぎないが，イタリアは 16％，スペイン 11％と，ドイツ，フランスに次ぐ経済規模であるため，ユーロ圏全体に与える影響は大きかった。特に債券や株式相場が大きく下落したことにより，世界の金融市場にも大きな影響を及ぼした。ギリシャに加えて，これらの 4 カ国も深刻な危機に陥った結果，2010 年以降，2012 年まで厳しいユーロ危機がやってきた。スペイン，ポルトガル，アイルランドも IMF や EU などの金融支援を受け，イタリアは IMF 監視下に入った。ユーロ圏の経済成長率が大きく低下した結果，ユーロの為替相場は大きく下落した。

　また，ギリシャ債務危機を通じて，EU では金融危機に陥った時，ユーロを防衛するための対応策がほとんど用意されていなかった問題点が浮き彫りにされた。19 もの参加国を持ち，それらの中には経済力が弱い国も多いが，危機管理対策がほとんどできていないという構造的要因が今後も EU のリスクとして存在し続けることになろう。

欧州難民危機

　欧州難民危機とは，2015 年地中海やヨーロッパ南東部を経由して EU へ向かう 100 万人を超す難民・移民により引き起こされた社会的・政治的危機を指す。北アフリカの複数の国と中東のいくつかの国々が抱えていた紛争を背景とし，ヨーロッパ諸国には中東やアフリカなどから前年の 2 倍以上の難民が殺到し，国際連合難民高等弁務官事務所（UNHCR）は 2015 年末，年初から欧州に到達した難民・移民の数は 100 万人を超えると発表した。

　これらの難民の群れは，当初，南周りで地中海を渡り，イタリアの小島に漂着するルートをとったが，EU がイタリアと共同で沿岸警備を強化すると，2015 年夏ごろからは，トルコを横断し，ギリシャの小島に渡って，その後バルカン半島を陸路で北上するルートに毎日数千人が押し寄せるようになった。バルカン半島で EU 南端となるハンガリーやクロアチアなどの国々では，庇護申請の処理や一時受け入れ容量がたちまち限界を超えてしまった。

　来る日も来る日も怒涛のように押し寄せる難民対応に忙殺される加盟国がある一方で，難民が目指す国は圧倒的にドイツが多く，次いでスウェーデンやオー

ストリア（ともに人口比では受入数が多い）などに偏っている。フランスやベルギーの北海沿岸には，英国に渡ろうとする難民が溢れている。このように EU 加盟国の間でも，押し寄せる難民にお手上げ状態の国，何千何万という難民が傍若無人に通過していく国，難民がユートピアと夢見て目指す国，そのどれでもない国と状況は様々である。EU 全体として結束し，負荷を分散し，世界の国々に協力要請しなければ，もはや国単位で対処できる次元を明らかに超えていた。

　しかもこのような難民は，ほぼ 9 割が国境を越えるために密航あっせん業者や組織犯罪グループに金を払っていたとされる。結果として，これらの人々は，いわゆる非正規移民として扱われる。つまり，合法的な手段で EU に入国したことにはならないため，当初，EU 諸国が移民船救助作戦への経済的支援を拒んでいたが，難民が海を渡る途中で，何千もの人が海上で命を落としたことを機に，国際世論の圧力もあり，EU が難民救助の予算を計上し，本格的な救助活動が始まった。

　もともと EU 加盟国の多くが参加している「シェンゲン協定」があり，人々は域内の国境検問なしに自由に行き来することができるが，難民の大量流入により，域内国境での検問を一時的に復活させる加盟国が出ている。加盟国の中でも，ある国では他国よりも到着する移民・難民による影響が大きいのと同じように，庇護申請数も各国一様ではない。2015 年には，EU 加盟国内で登録された庇護申請の 75％が，ドイツ，ハンガリー，スウェーデン，オーストリア，イタリアの 5 カ国に集中していた。

　二度の世界大戦を経て荒廃しきった欧州では，もう二度と資源や領土，人種や宗教などを理由に，互いにいがみ合い争ったり，ある国が暴走したりすることがないようにと発足させたのが欧州共同体であり，今日の EU の前身である。そのため，戦禍や人種差別などで祖国を追われる人々を，積極的に受け入れる人道主義的な理念は，共同体の存在理由の根幹である。具体的には，欧州連合の基本条約で亡命や庇護への共通政策を謳い，ダブリン規則（庇護申請者についての欧州連合の法律）や欧州庇護手続き指令などを整備しながら，加盟各国は互いに寛容な難民受け入れを呼び掛けてきた。人の自由な移動や異なる人々が交流することは，様々な機会を創出し，経済的発展と市民社会の向上に貢献すると信じているからである。

　多くの難民があえて欧州を目指すのは，地理的に到達しやすいという理由もあ

るが，EUが寛容な人道支援や積極的な移民受け入れ姿勢を貫こうとしていることを知っているからに他ならない。ユンカー欧州委員会委員長が，2015年9月，欧州議会の前で，「我々欧州人は，かつて皆難民だったではないか，歴史的正義を貫こうではないか」と力強く語りかけたスピーチは欧州人の琴線に響いた。欧州は有史以来，難民・移民の流入を繰り返して形成されてきた地域という事実がある。

イギリスEU離脱

　かつて「7つの海を支配する」と称されたイギリスには，仏独が中心に進める欧州統合に懐疑的な見方を有し，主権が制限されることを嫌がり，経済分野などに限った緩やかな統合を望んでいた。その要因もあって，1967年にはEUの前身となる欧州共同体（EC）が発足したが，英国が参加したのは1973年になってからである。EUでは，加盟国のユーロ導入が原則であるが，それも英国は主権の象徴である自国通貨ポンドを手放さなかった。加盟各国が相互に出入国審査を免除する「シェンゲン協定」にも参加していない。つまり，イギリスはEUとの間にずっと一定の距離を保っていた。

　一方，加盟国が増えるにつれて，英国など豊かな国に多くの移民や難民が押し寄せた。こうした状況に，英国内では「移民に職を奪われる」と労働者を中心に不満が高まり，反EUの機運を高めるきっかけになった。またEUの共通政策で自主性が制限される上，多額の予算を分担しなければならないことへの不満もあった。

　これらを背景に，イギリス国内でEU離脱の賛否に関する国民投票が2016年6月に行われた。EU残留派は「イギリスの繁栄はEU域内での自由な経済活動によってもたらされたものである」とEUの加盟国であるメリットを主張した。一方でEU離脱派は，多額の拠出金と移民の増加などのデメリットを主張した。両者は拮抗し，投票日まで予想がつかない状況を呈したが，「残留派の勝利，現状維持」という現実的な結果が出ると各国も市場も予想していたが，結果は51.89％と48.11％と離脱派の勝利で，国民の分断を招く結果になった。

　この結果を受けてキャメロン首相は辞任を表明した。同年7月13日にメイ内相が新首相になり「EU離脱の手続」を行うことになった。しかし，それ以降も英国の混迷は続いた。2017年3月，当時のメイ首相はEUに離脱の意思を伝え，

2年間の交渉を開始した。メイ氏は6月国民の信任を得て離脱交渉を有利に進めようと総選挙を前倒しして実施したものの，結果はまさかの敗北となった。英議会はその後，EU との間でまとめた離脱条件を巡る合意案に反発し，下院で否決を繰り返した。メイ氏は辞任に追い込まれた。その後，ジョンソン氏が首相に就任した。同氏は，経済に混乱を招く「合意なき離脱」も辞さない姿勢で臨み，EU と協議し，新たな合意案を結ぶことに成功した。

　英・EU ともブレグジット後，順風満帆な未来が見えているわけではない。今後，貿易額の50％を占める EU 市場から距離を取る英国は外交・経済の両面で自国第一主義を採る米国への傾斜を強めるのか。また加盟国内の間で財政規律や自由主義のあり方を巡って亀裂が目立ってきた EU は結束を立て直せるのか。先行きが見通せない EU とイギリスの関係は，今後世界の政治・経済に様々な影響を及ぼして行くことになろう。

4．EU の安全保障

　北大西洋条約機構（NATO：North Atlantic Treaty Organization）は，米国を中心とした北アメリカおよびヨーロッパ諸国によって結成された軍事同盟である。第2次世界大戦が終わり，東欧を影響圏に置いた共産主義のソビエト連邦との冷戦が激しさを増す中で，北大西洋に位置し，北極海を挟んでソ連・東欧圏と対峙する位置にある諸国を中心に加盟し，1949年4月に NATO が発足した。発足時の原加盟国は米国・イギリス・フランス・イタリア・ベルギー・オランダ・ルクセンブルク・ポルトガル・デンマーク・ノルウェー・アイスランド・カナダの12カ国であった。

設立の目的

　第2次世界大戦後の東欧諸国の共産化を背景とした東西対立の激化の中で，1940年代後半から西欧防衛同盟の必要性が強調され，まず，英，仏，ベルギー，オランダ，ルクセンブルクの5カ国によるブリュッセル条約機構（1948年3月）が成立した。その後，ブリュッセル条約加盟5カ国がその目的を達成するには米国の支援を必要としたこと，米国も西欧防衛の必要性を認識したことにより1948年11月のバンデンバーグ決議（米上院において米国の対西欧防衛協力を明

確に打ち出した決議）を経て，1949年4月4日，ブリュッセル条約加盟国を核
とし，米国，カナダの北米2カ国及び欧州10カ国により「北大西洋条約」が署
名され，同年8月24日に発効した。

　北大西洋条約の目的は，1）国連憲章の目的及び諸原則に従い，2）自由主義体
制を擁護し，3）北大西洋地域の安定と福祉を助長し，4）集団的防衛並びに平和
及び安定の維持のためにその努力を維持すること，とされている（「北大西洋条
約」前文）。この動きと前後して，ソ連を中心とする東欧8カ国（ソ連，アル
バニア，ブルガリア，ルーマニア，東ドイツ，ハンガリー，ポーランド，チェ
コスロバキア）は同年5月にワルシャワ条約を締結して，ワルシャワ条約機構
（WTO）を発足させた。これによって，ヨーロッパは少数の中立国を除き，2つ
の軍事同盟によって分割されることとなった。

　第2次世界大戦から冷戦を通じて，西欧諸国はNATOの枠組みによって米国
の強い影響下に置かれることとなったが，それは西欧諸国の望んだことでもあっ
た。二度の世界大戦による甚大な被害と，1960年代にかけての主要植民地の独
立による帝国主義の崩壊により，それぞれの西欧諸国は大きく弱体化した。その
ため，各国は米国の核抑止力と強大な通常兵力による実質的な庇護の下，安定し
た経済成長を遂げる道を持とうとした。

　東側に対峙するために，米国は核兵器搭載可能の中距離弾道ミサイルを西欧諸
国に配備し，米国製兵器が各国に供給された。途中，フランスは米英と外交歩
調がずれ，独自戦略の路線に踏み切って1966年に軍事機構から離脱し，そのた
め，1967年にNATO本部がフランス首都パリからブリュッセルに移転した。一
方，戦闘機などの航空兵器分野では，開発費増大も伴って，欧州各国が共同で開
発することが増えたが，これもNATO同盟の枠組みが貢献している。航空製造
企業エアバス誕生もNATOの枠組みによって西欧の一員となった西ドイツとフ
ランスの蜜月関係が生んだものと言える。

　このように，西欧は米国の庇護を利用することによって，ソ連をはじめとする
東欧の軍事的な脅威から国を守ることに成功し，冷戦という名の通り，欧州を舞
台とした三度目の大戦は阻止されることとなった。

冷戦終結後のNATO

　1989年のマルタ会談で冷戦が終焉し，続く東欧革命と1991年のワルシャワ条

約機構の解体，そしてソ連の崩壊により，NATO は大きな転機を迎え，新たな存在意義を模索する必要性に迫られた。

　1991 年ワルシャワ条約機構（WTO）解体と同じ頃に開かれた NATO 首脳会議（同年 11 月，ローマ）で，WTO 軍を想定した大規模な脅威拡大ではなく，東欧・中東の不安定な地域情勢に対処するための危機管理型の緊急展開軍を重視する戦略を採択した。脅威対象として周辺地域における紛争を挙げ，域外地域における紛争予防及び危機管理に重点を移した。また域外紛争に対応する全欧州安保協力機構（OSCE），東欧諸国と軍事・安全保障について協議する北大西洋協力評議会（NACC）を発足させた。

　1992 年に勃発したボスニア・ヘルツェゴビナにおける内戦では，はじめてこの項目が適用され，1995 年より軍事的な介入と国際連合による停戦監視に参加した。続いて 1999 年のコソボ紛争ではセルビアに対し，NATO 初の軍事行動となった空爆を行い，米国主導で行われた印象を国際社会に与えた。

　また，1999 年 4 月コソボ紛争の最中に開催された NATO 創設 50 周年記念首脳会議において新戦略が採択された。1991 年の戦略に代わるものとして，(1)核兵器・ミサイル・VX ガス・細菌兵器などの大量破壊兵器の拡散防止体制の強化及び国際的テロリズム・麻薬への国境を超えた協力対応体制の確立と平和維持，(2)地域・民族紛争に対処する能力及び危機管理体制の一層の強化を求めたものであった。そして，2002 年 11 月の首脳会議（プラハ）では，2 万人規模で 5 日以内に世界各地に展開可能な先鋭的な装備を施した対テロ緊急即応部隊（NRF）の創設が決定した。

　一方でソ連の崩壊により，ソ連の影響圏に置かれていた東欧諸国が相次いでNATO 及び EU への加盟を申請し，西欧世界の外交的勝利を誇示したが，拡大をめぐる混乱もあった。旧東側諸国の多くがソ連の支配を逃れて NATO 加盟を希望する一方，ソ連崩壊により誕生したロシア連邦は国力を回復するとともに，NATO 東方拡大に警戒・反発を表明しているためである。1994 年「平和のためのパートナーシップ」によって，東欧諸国との軍事協力関係が進展した。1999年に 3 カ国（ポーランド，チェコ，ハンガリー），2004 年に 7 カ国（スロバキア，ルーマニア，ブルガリア，旧ソ連バルト三国及び旧ユーゴスラビア連邦のうちスロベニア），2009 年に 2 カ国（アルバニアと旧ユーゴスラビア連邦のクロアチア）が加盟し，旧ユーゴスラビア連邦からは 2017 年にモンテネグロが，2020

図表 6-7　NATO の加盟国

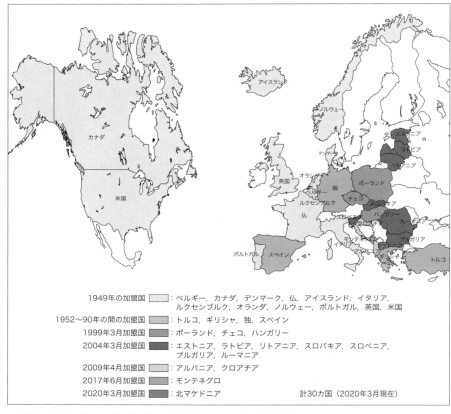

1949年の加盟国	：ベルギー，カナダ，デンマーク，仏，アイスランド，イタリア，ルクセンブルク，オランダ，ノルウェー，ポルトガル，英国，米国
1952〜90年の間の加盟国	：トルコ，ギリシャ，独，スペイン
1999年3月加盟国	：ポーランド，チェコ，ハンガリー
2004年3月加盟国	：エストニア，ラトビア，リトアニア，スロバキア，スロベニア，ブルガリア，ルーマニア
2009年4月加盟国	：アルバニア，クロアチア
2017年6月加盟国	：モンテネグロ
2020年3月加盟国	：北マケドニア

計30カ国（2020年3月現在）

出所：外務省『北大西洋条約機構（NATO）について』2020 年 3 月

年には北マケドニアが続き，計 30 カ国が加盟している。

　こうして旧ワルシャワ条約機構加盟国としては，バルト三国を除く旧ソ連各国（ロシア，ベラルーシ，ウクライナ，モルドバなど）を残し，ほかはすべて NATO に引き込まれた。

「新戦略概念」

　2010 年 11 月に開催されたリスボン首脳会合は，1999 年 4 月のワシントン首脳会合以来 11 年振りに新たな「戦略概念」を採択した。同概念により，NATO の中心的な任務として，「集団防衛」「危機管理」「協調的安全保障」の 3 つと規定

した。加盟国は集団的安全保障体制構築に加えて，域内いずれかの国が攻撃された場合，共同で応戦・参戦する集団的自衛権発動の義務を負っている。また，パートナー国や国際組織との軍備管理・不拡散協力などを通して，同盟国の国境を越えた国際的な安全の強化に取り組む。

さらに，21世紀の安全保障環境における新たな課題により効果的に対処するために，「NATOの任務」「防止・抑止」「危機管理を通じた安全保障」「国際的安全保障の促進」「ロシアとの関係」などを再定義した（図表6-8）。

図表6-8　NATO「新戦略概念」（2010年）

NATOの任務	「集団防衛」「危機管理」及び「協調的安全保障」がNATOの中核的任務 NATOは，いかなる国も敵とはせず，加盟国の領土及び国民の防衛が最大の責務
防止・抑止	NATOは，国民の安全に対する脅威を抑止・防護するために必要なあらゆる能力を保持 －核・通常兵力の適切な調和を維持。核兵器が存在する限りNATOは核の同盟 －弾道ミサイル攻撃から国民及び領土を防護するミサイル防衛能力を集団防衛の中核として開発。ミサイル防衛に関し，ロシア及び欧州・他の大西洋地域のパートナーと積極的に協力 －大量破壊兵器（化学兵器，生物生物兵器，核兵器等）の脅威，サイバー攻撃，国際テロに対する防衛能力の更なる向上
危機管理を通じた安全保障	NATO加盟国の領土及び国民の安全保障上の直接の脅威となり得る域外の危機・紛争に対し，可能かつ必要な場合には，危機の防止・管理，紛争後の安定化及び復興支援に関与
国際的安全保障の促進	冷戦後，欧州の核兵器は大幅に削減されたが，更なる削減には，ロシアによる核兵器の透明性向上，核兵器のNATO加盟国から離れた位置への配置転換が必要 既存のパートナーシップを更に発展させるとともに，平和的な国際関係に対する関心を共有する国・機関との政治対話及び実務協力を促進
ロシアとの関係	NATO・ロシア間の協力は，戦略的に重要。ミサイル防衛，テロ対策，海賊対策を含む共通の関心分野における政治対話及び実務協力を促進

出所：筆者作成

5．EUの環境対策

世界気象機関（WMO）によると，2019年に世界の平均気温は産業革命前のレベルを1.1℃上回った。人間の活動から出される温室効果ガスにより，ここ10年で異例の地球温暖化や海面上昇，氷河の後退などが起こり，世界各地でかつてない規模の森林火災や豪雨などの大災害が頻発している。このような事態を受け，2019年12月11日欧州委員会は2050年までにEU域内の温室効果ガス排出をゼロにする「欧州グリーン・ディール」を最優先政策に掲げ，今後10年のうちに

官民で少なくとも1兆ユーロ規模の投資を行う計画を発表した。

環境関心度の高いEU

　EUの環境政策を概観すると，挑戦的とまで言える水準の高さと妥協や譲歩を繰り返してもその主張を実現しようとする粘り強さが特徴としてあげられる。そこまで一生懸命になる理由には，EUの地理条件と密接な関係がある。確かにEU内では，多くの国が国境を接して存立し，大河がいくつもの国をまたがって流れている。しかし，地理的にみれば，EUは「ひとつの国」という理解も可能である。実際，1986年4月のウクライナ・チェルノブイリ原発事故では，最初に発覚したのはスウェーデンのストックホルムの北約100kmにある原子力発電所で異常放射能が検出したのがきっかけで，やがてヨーロッパの各地で放射能汚染が検出され，国境・国籍を越えて多くのEU市民が放射能の恐怖に晒された。また同年11月のスイス・バーゼルにおける化学品倉庫での火災では，大量の水銀等がライン川に流れ出し，スイス，ドイツ，フランス，オランダの市民に被害を与えていた。

　環境問題というのは，本来，地域性が強いテーマである。これは例えば，典型公害と言われる騒音，大気汚染，土壌汚染などの紛争事例を見ると，問題の発生の多くはピンポイントで被害も局所的である。そして地域性が強いということは，紛争地点からの距離によっては利害の濃淡があり，それが時には互いの対立を招くということも珍しくない。それゆえ環境問題は共同が成り立ちにくい分野である。

　確かにEUの地理的条件は，EUが環境問題に真剣にかつ共同して取り組む理由のひとつにはなるが，それだけでは必ずしも納得ではない。なぜEUは環境問題に熱心に取り組むのか。その政策が野心的なのはなぜか。その答えのひとつは，EUの最大の目的は単一市場の形成を通じた自由な取引である。つまり，EUの推進は単一市場が前提であり，加盟国が独自の環境政策，また自国さえよければという発想は，EUの環境を守れないだけでなく，単一市場として域内の発展，域外との交渉にも妨げの要因となる。そのため，EUの政策と環境との統合原則を採用し，加盟国は原則よりも厳しい環境保護措置を認めるが，基準に満たない妥協は認めない。しかも自由な取引と環境保護の調整に問題が生じたとき，最終的には欧州裁判所の判断を委ねるのはルールになっている。

これまでの取組み

　EU は 1960 年代から環境への取組みが始まり，これまでは自然保護から廃棄物，気候変動まで幅広い取組みが進められてきた。また，資源の効率化を図り，究極的に再生力のある「循環型経済」を目指しており，経済との関係の重要性も打ち出してきた。

　EU の環境政策は，有害物質を規制するとともに，表示を義務付けるための指令「有害物質の分類・包装・表示に関する指令」を 1967 年に採択したのが最初であった。1972 年ストックホルムで開催された初の国連会議の後，市民社会や科学者の間に，「成長は永遠に続きはしない」との不安が急速に強まった。これを受けて欧州委員会は，共同体としての政策を策定するべきと積極的に動き始め，パリで開かれた欧州理事会の強い意志によって，1973 年 11 月の共通環境政策である，初の「環境行動計画」（Environmental Action Plan：EAP）が採択されるに至った。この中ではすでに環境破壊を未然に防ぎ，削減し，封じ込めること，生態系の均衡を保つこと，天然資源は理性的な使用に努めることなど，今日の「持続可能な発展」につながる考えの要素が盛り込まれた。

　その後，EAP は第 2 次（1977〜81 年），第 3 次（1982〜86 年），第 4 次（1987〜92 年），第 5 次（1992〜99 年），第 6 次（2002〜12 年）を経て，現在は第 7 次（2014〜20 年）が進行中である。特に 1992 年の域内市場統一を目指し，欧州共同体（EC）の統合を完成させるために作成された「単一欧州議定書」に，はじめて環境に関する規定が取り入れられた。

　2002 年の第 6 次環境行動計画では，2010 年までの環境政策として①気候変動，②自然と生物多様性，③環境と健康，生活の質，④天然資源と廃棄物の 4 分野を優先分野と位置付けた。第 5 次環境行動計画までは，加盟国に対して拘束力のない「決議」だったのに対して，第 6 次行動環境計画では，加盟国に対して拘束力を持つ「決定」として採択されたことから，加盟国は計画の目標達成を厳しく求められることになった。

　また，2013 年に策定された第 7 次 EAP では，「地球の持つ限界のなかで，より良く生きる」という長期目標を打ち出した。具体的には，2014 年から 2020 年における環境政策の優先順位を定め，人間の福利のための健全な環境と高い資源効率を持つ経済性の確保を重視している。特に経済活動の中で廃棄物を資源として活用する「循環型経済」，資源の利用効率化と人間の福利向上，自然体系の維

持を目指す「グリーン経済（環境調和型経済）」を打ち出した。

　一連の施策の中では，特に2015年12月に採択された国際競争力の向上，持続可能な経済成長，新規雇用創出などを目指す「循環型経済パッケージ（Circular Economy Package）」が注目される。循環型経済とは，より持続可能な方法で資源を無駄なく利用することである。製品のライフサイクルを利用することにより，あらゆる原材料，製品，廃棄物を最大限に活用し，温室効果ガス削減とエネルギーの節約を目指す。そのため，EUの研究助成プログラム「ホライズン2020」から6.5億ユーロ，EU構造基金から55億ユーロを供出，さらに欧州構造投資資金（EFSI）が財政面を支援するなど，EUでは2030年に向け「循環型経済」という新たな経済モデルを成長戦略の核に据えていくことになった。

　環境に対する市民意識が高いことも欧州環境対策特徴のひとつである。欧州委員会が2014年9月に公表した「環境に対するEU市民の意識」によると，環境保護は自分にとって「非常に重要」とするEU市民は53％に上り，「結構重要」の42％と合わせると，実に95％が環境保護の重要性を認識している。

　2016年11月に発効したパリ協定の締結以降，地球温暖化対策やその他の環境保全策に対する市民の関心が一層高まる効果となり，各国の政治家などに環境分野でのさらなる努力を求める，若者によるデモの広がりなどがグリーン化に向けた世論を後押ししている。この市民レベルの関心の高まりは，2019年5月の欧州議会選挙での緑の党・欧州自由連合の議席拡大をもたらし，左右の中道勢力が

図表6-9　環境保護に関するEU市民の意識

出所：Attitudes of European citizens towards the Environment

はじめて過半数を割る中，EU の気候変動対策や環境規制で一定の影響力を及ぼす存在となった。

欧州グリーン・ディール

　こうした中で始動した欧州委員会は 2019 年 12 月 11 日に「欧州グリーン・ディール」を発表した。「欧州グリーン・ディール」は，EU として 2050 年に温室効果ガス排出が実質ゼロとなる「気候中立」を達成するという目標を掲げ，2030 年に向けて EU 気候目標の引き上げやそれに伴う関連規制の見直しなど行動計画を取りまとめたものである。環境政策であると同時に，エネルギー，産業，運輸，生物多様性，農業など広範な政策分野を対象とし，欧州経済社会の構造転換を図る包括的な新経済成長戦略となっている。また，欧州委員会は 2020 年 1 月にグリーン・ディールの資金提供メカニズムとなる「持続可能な欧州投資計画」と，その一部をなす「公正な移行メカニズム」の基金設立規則案も発表した。

　そして欧州委員会は，グリーン・ディールの下での取組みを，以下 7 つの政策分野（「クリーンエネルギー」，「持続可能な産業」，「エネルギー・資源効率的な建築及び改修」，「持続可能でスマートなモビリティー」，「生物多様性およびエコシステムの保全」，「農場から食卓まで」，「汚染ゼロ」）に分類している。これらを見てもわかるように，単なる環境政策にとどまらず，産業政策や運輸，エネルギー，農業分野など広範な政策分野をカバーする，新たな「成長戦略」として位置付けている。

第7章

景気低迷と日本の針路

　日本は，60年代の国民所得倍増計画を機に，高度成長に伴ったGDP世界2位と1億中流社会を実現し，「日本型社会主義」と称賛された。70年代にさらに重厚長大から軽薄短小という産業構造の転換を実現し，輸出主導による成長を目指すようになった。これを基に，80年代に日米貿易摩擦の試練を受けた後，ついに景気過熱に伴ったバブル経済が発生した。しかし，バブルへの対応が遅れたことにより，90年代には企業が生き残りを賭けた海外進出と国内景気低迷の長期化が現れた。その後の観光立国政策は一定の成果が実り，インバウンド観光が次世代のリーディング産業と期待される中で，新型コロナウイルスの感染拡大は，再び出口の見えないトンネルに入る様相を呈した。一方，対外関係では，過去の歴史の清算や米国との同盟関係などの影響もあり，近隣諸国との様々な制約を受けながら外交を進めなければならない状況にある。加えて，従来の輸出主導型成長から，海外直接投資主導型成長への転換で，対外経済外交の重要性が益々高まってくる。

　本章は，日本経済の各成長段階の発展状況を振り返りながら，グローバル化時代の日本の針路を再考する。

1．「日本型社会主義」の誕生

　戦後復興期において，日本は石炭・鉄鋼などの基幹産業へ重点的に資源を配分するという傾斜生産方式の下で発展の基盤を作った。そして，1950年に勃発した朝鮮戦争は，「戦争特需」と呼ばれるような物資の大量需要が，企業の経営を好転させ，新しい技術を海外から導入する契機となった。こうして「神武景気」

と称される好況期を迎え，1955年頃から国民所得が戦前の水準に戻り，「三種の神器」に代表される消費革命の時代の幕を開けた。1956年の「経済白書」では，「もはや戦後ではない」と表現され，戦後復興の終了を宣言した象徴的な言葉となった。

国民所得倍増計画と中流意識

　次の「岩戸景気」では，流通革命と言われるように，スーパーマーケットなどの大型店舗が豊富な品ぞろえとディスカウント販売方式で顧客を集め，大衆消費ブームを作った。この消費ブームに対して，企業では大量生産のための大量投資で対応し，「投資が投資を呼ぶ」という好景気が現れた。1960年に池田内閣が，今後10年間国民に豊かな生活を約束する「国民所得倍増計画」を発表した。これを受けて，生産と消費に一層の活気が出るようになり，ついに「いざなぎ景気」という戦後最長の好況期を迎えた。その間，新三種の神器と言われる「3C」ブームを経験し，GNP規模では1968年にドイツを抜き世界2位に躍進するなど，日本は名実ともに先進国の仲間入りを果たした。

　国民所得倍増計画は，1961〜1970年度までの10年間で，実質国民総生産の年平均成長率7.2％を達成し，実質国民所得を倍増させることが目標に掲げられたが，約5年の長期に及んだ「いざなぎ景気」は1967年国民所得倍増を前倒しに実現させた。計画期間の成長実績は10.9％と上回り，国民1人当たりの消費は2.3倍になり，「東洋の奇跡」と呼ばれた。その背景には，終身雇用・年功序列といった安定的な労使関係を基調とした日本型の雇用慣行が景気の拡大を支えていたことがある。「会社人間」「企業戦士」「猛烈社員」と形容されるような勤勉なサラリーマン層は，日本社会の発展を加速させ，特に階層間・地域間の格差を縮小させることに貢献し，国民の9割が「中流意識」を持つように至った。

　「護送船団方式」と言われる金融安定化・産業保護政策の効果も大きかった。

図表7-1　高度成長期における3つの好況期

好況期	時期	主な出来事
神武景気	1954年11月〜1957年6月	もはや戦後ではない，三種の神器
岩戸景気	1958年6月〜1961年12月	流通革命，国民所得倍増計画，投資が投資を呼ぶ
いざなぎ景気	1965年11月〜1970年7月	3C，GDP世界2位，一億中流社会

出所：筆者作成

もともと軍事戦術として用いられた護送船団が，船団の中でもっとも速度の遅い船に速度を合わせて，全体が統制を確保しつつ進んでいくものであるが，それになぞらえて，特定の業界において経営体力・競争力に最も欠ける事業者（企業）が落伍することなく存続していけるよう，行政官庁がその許認可権限などを駆使して業界全体をコントロールしていくことである。特に金融行政に関しては，経営基盤が弱い銀行に対して，他行との合併を強力に指導した結果，戦後の日本において，金融機関の経営破綻は皆無であった。また，金融業界以外でも行政指導や補助金等による産業別の保護育成政策が行われ，日本経済の安定的な成長に貢献した。

　このように，高度成長期の日本では，独特の中央集権的な経済体制を構築し，政官財による「鉄のトライアングル」のもとで，国民生活の向上と輸出の拡大を実現し，一億の国民が成長の富を享受するという「中流意識」を持つ社会を作り上げた。これらに対して，「日本株式会社」，「世界で最も成功した社会主義国」と喩えられた。

国際化と日本列島改造

　高度成長を実現した日本は，国際化を通して国内の余剰生産能力を海外へ向かわせることを計画していた。しかし，70年代の日本経済はいきなり2つの外部ショックから幕を開けた。1971年のニクソンショックは固定為替相場から変動為替相場へと移行するきっかけとなり，円高のもとで輸出加工型成長の維持に疑問を投げかけられた。そして，1973年のオイルショックは，石油のほとんどを輸入原油に依存する日本経済にとって，電力・ガス・石油化学製品などの値上げを促す要因となり，「狂乱物価」と形容されるほど激しい物価上昇が引き起こされた。また，国内では，基盤整備を後回しにした成長優先政策は，「四大公害」（熊本水俣病・新潟水俣病・イタイイタイ病・四日市公害）をはじめとする各種の公害や，乱開発による住環境の悪化，粗大ゴミの増大など，日本経済はかつて経験したことのない問題がこの時期に集中した。

　これらの課題に対して，政府は日本列島改造計画を策定し，産業構造の改革に乗り出した。日本列島改造計画の具体的な内容は，産業構造と地域構造の改革を通じて，全国を高速交通網（高速道路，新幹線）で結び，地方工業化の促進と，過疎，過密，そして公害問題の同時解決を図るとともに，産業と文化と自然とが

図表 7-2　70 年代構造転換期の日本経済

投資面	大都市近郊の重厚長大産業に集中的に投資
人口面	都市部に若年労働者大量流入による人口過密化と農村部の過疎化
環境面	大気汚濁, 水質汚染, 土壌汚染, 騒音などの公害問題の深刻化
成長面	輸出加工型産業構造, 過剰生産

出所：筆者作成

融和した地域社会を全国土に広めることであった。この一連の改革を通じて，従来の鉄鋼，造船，重化学工業を中心とする重厚長大型の産業構造から，半導体産業を中心とする軽薄短小型の産業構造への転換を成功させ，その後の輸出主導型成長へ導く可能性をもたらした。

2. 輸出主導成長から海外投資主導成長へ

80 年代に入ると，日米貿易摩擦から生じた急激な円高は，日本経済が新たな試練に直面することとなった。わずか 1 年の間にドル・円レートの変動幅は約100 円に達し，日本経済に破壊的なダメージを与えると誰もが信じていたが，それも企業と政府の努力によって，見事に難局を乗り越え，「円高不況」から「円高景気」へと転換させ，輸出拡大から生まれた好景気によって，日本経済はついにバブル期に突入した。

日米貿易摩擦と円高

日米間の貿易摩擦は，60 年代以降表面化するようになった。繊維，鉄鋼，家電，自動車，半導体など，日本の産業構造の高度化に伴って摩擦が分野ごとに広がっていた。80 年代に入ると，日本は対米輸出の急増により，世界最大の貿易黒字国となった。そのため，日米貿易摩擦は農産物，コンピュータなどの貿易品目のみならず，建設，通信，金融，弁護士などサービス分野においても日本の市場開放に関するまで摩擦が生じた。

1981 年に就任したレーガン大統領は，政府支出の抑制，大幅な減税，規制緩和などのレーガノミックスと呼ばれる政策を行った。しかし，一方で軍事支出の激増によって財政赤字は拡大し，同時に高金利政策の下でのドル高は米国の輸出競争力を弱めた。すなわち，財政赤字と経常収支の赤字が同時に進行する「双子

の赤字」が生まれ，米国国内では保護主義が台頭し始めた。

　日米間の貿易不均衡に対して，米国議会ではより強力な手法を求め，1985 年
のプラザ合意を機に日本に大幅な円高を認めさせ，1988 年には一方的に不公正
貿易国を認定し，対抗措置が講じられるいわゆるスーパー 301 条を成立させた。
1989 年には日米の貿易不均衡を是正するために貯蓄・投資バランス，流通，企
業形態などの両国に存在する構造的問題を解消することこそが重要という認識が
生まれ，日米構造協議が開始された。90 年代以降は日本の商習慣や輸入検査・
認証の厳しさへの批判など構造面へと摩擦が拡大し，輸出製品の技術特許使用を
めぐる訴訟の増加も問題となった。

　日本は輸出主導型成長のもと，特に最大貿易相手国の米国に対する輸出の攻勢
を通じて，対米貿易に巨額の黒字を計上してきた。この貿易不均衡を是正するた
めに，米国は為替レートの調整による解決を求めた。円の切り上げを通じて，日
本製品の輸出価格の上昇を促し，輸出競争力の低下から輸出減少を期待していた
からである。そのため，1985 年 9 月 22 日に先進 5 カ国の財務相と中央銀行総裁
がニューヨークのプラザホテルで日本に円高容認を主旨とする「プラザ合意」が
発表された。これを受けて，翌日のドル円レートは 1 ドル 235 円から約 20 円上
昇し，1 年後には 150 円台で取引されるようになった（図表 7-3）。急激な円高は
輸出主導型の産業構造を構築する日本経済に致命的なダメージを与えると容易に

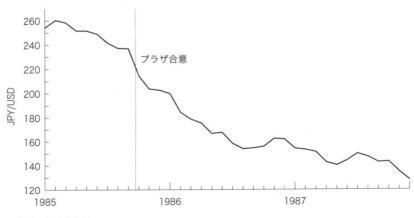

図表 7-3　プラザ合意前後の円ドルレート

出所：財務省資料

想像された。「円高不況」の到来である。

バブルの発生

　このように危機的な局面を目前にして，企業は技術革新をはじめとする様々な対応策を講じた。まずは，円高でも国際市場での競争に勝てる製品を作ることであった。企業の努力のもと，多種多様な高性能，高品質，省エネの製品が生まれ，メイド・イン・ジャパンが海外消費者の人気を集め，輸出の増加に貢献していた。次に，円高メリットの活用である。資源や原材料などの輸入依存度の高い日本にとっては，円高は海外輸入品を安く購入するチャンスにもなる。海外からの安い原材料，エネルギーと日本の技術との組み合わせによって，より品質が良く，価格競争力のある製品の生産が可能となる。

　さらに，政府による効果的な景気対策，特に迅速な利下げによる景気浮揚効果が大きかった。プラザ合意後の1年の間に，日銀が5回も公定歩合の引き下げを実施した。公定歩合の引き下げは，企業が安い金利で資金を調達し，投資に回すメリットがある。銀行融資という間接金融の依存度が高い日本の企業にとっては，金利を引き下げれば，投資促進効果が生まれ，円高に伴った投資の減少を防ぐ効果がある。その結果，本来は深刻な円高不況と懸念されていた事態が短期間で回避され，日本経済は見事に「円高不況」から「円高景気」に転換させることができた。

　企業がプラザ合意前よりも多くの製品を輸出し，輸出で獲得した外貨を日本に持ち帰った時，国内では「金余り現象」が生まれた。余剰資金は資産に対する需要効果が高まり，伝統的に土地を好んで保有する日本人の資産選択の傾向が，少ない土地を多くの人が買い求める事態を招いた。土地を買えば，土地の資産価値が上昇し，これを担保に新たに土地を買う資金を手に入れ，また土地を買うという「土地神話」が生まれるほど，地価が高騰し続けた。

　そして，多くの企業や個人が「財テク」の一環として，高騰した土地を担保に銀行からお金を借りて新たな土地を探し回っていた。銀行側もすでに高騰していた地価にさらに将来の資産価値の上昇を考慮に入れて，より積極的に貸し出しを行った。その結果，土地の価格が一層の高騰を促した。地価高騰が一段落したところで，新しい投資先として株式市場に及んだ。円高景気で上昇していた企業の株価が余剰資金の流入によって，株価の上昇を促し，キャピタルゲインに伴った

新たな購入資金と意欲のもとで株価上昇が続き，とうとう1989年12月末に株価が史上最高値の38,915円に達した。

　円高不況から輸出立国まで転換させた日本経済は，世界にその実力を見せつける良い機会となったが，同時に国内に過剰流動性を生み出し，企業や個人が「財テク」に走らせ，地価と株価の高騰をもたらした。そして，高騰した地価，株価が実物経済との間に大きな乖離を生じたことによって，すなわち，バブルが発生したのである。

バブルの崩壊

　バブルは永遠に続くものではない。泡が時間とともに消えるように，日本経済のバブルもやがて消えることになった。急激な地価高騰は様々な問題を引き起こした。親と同居していた家族が，親が高齢で亡くなり，親名義の住居を相続したいが，地価高騰のため，相続税を払えず，やむを得ず住み家を手放すことが当時の大きな社会問題となった。また，地価高騰は投資コストの上昇を通じて，企業の新規設備投資や生産拡大の阻害要因となり，実物経済の健全的な発展にマイナス影響を及ぼすことになった。このような状況のもとで，政府は土地税制の強化と土地関連融資の規制，金利引き上げなどの対策を相次いで打ち出した。特に公定歩合に関しては，1985年の円高対策の時に，1年のうちに5回の引き下げを実施したのとは反対に，1989年から1990年に5回も引き上げた。その結果，バブルが急速に萎み，バブル崩壊に伴った後遺症問題が新たな社会問題として急浮上してきた。

　バブルの後遺症は，主として過剰雇用，過剰設備投資，過剰不良債権から現れた。バブル期，景気が好調のため，企業は積極的に投資を行っていたが，バブル崩壊後，消費低迷に伴った生産規模の縮小を余儀なくされたため，多くの設備が過剰になってしまった。また，バブル前，企業は生産拡大に備えて，青田買い方式で大量の新卒者を採用したが，これもバブルの崩壊とともに過剰雇用という荷物を抱えることになった。設備投資と新規採用のため，企業は金融機関から多くの資金を調達し，将来の投資収益で返済に充てる予定であったが，思わぬバブルの崩壊に直面し，多くの企業が返済不能に陥った。特に土地を担保に金融機関から資金を調達した企業が，地価の下落により，これも返済不能に追い込まれた。

　これらは結果的に金融機関の不良債権となり，そして，これらの不良債権が金

融機関の経営を圧迫し，体力を持たない金融機関の破たんを招くことになった。北海道拓殖銀行をはじめ，多くの地方中小金融機関がこの流れの中で破たんし，4大証券会社の一角を占める山一證券も免れることができなかった。そして，巨額の不良債権を抱えていた都市銀行をこのまま放置すると，国の金融秩序に大きな混乱を招きかねない。そのため，政府主導の下での銀行再編がはじまった。

デフレスパイラル

　不況にさらなる追い打ちをかけたのはデフレであった。デフレとは物価が持続的に下落する現象である。景気低迷の長期化が国内に消費不振をもたらし，需要の減少から価格の持続的な下落を引き起こした。モノの値段が下がれば，企業の利益が減少し，勤労者の給与が下がる。そして，給与が下がれば，消費不振を招く。そうなると，さらにモノが売れなくなり，モノの値段がさらに下がっていくというデフレが連続的に発生する現象，すなわち，デフレスパイラルであり，経済全体が縮小均衡に向かっていく。

図表 7-4　デフレスパイラルの構造

1．不況のため，モノが売れない
2．物価が下落する
3．企業業績の悪化を招く
4．勤労者の所得が減少する
5．消費支出の減少を招く
6．さらにモノが売れない
7．在庫処分のための安売りが物価を一段と下げる
8．企業の業績がさらに悪化する
9．勤労者の所得減に伴った買い控えが一段と目立つ
10．1～9の繰り返しは経済活動が縮小均衡に向かっていく

出所：筆者作成

　デフレスパイラルの深刻化は，企業による海外進出ブームと密接な関係がある。企業の業績悪化，勤労者の所得減少，資産価値の下落というトリプルパンチの中で，消費者は自己防衛のための消費控えが広がっていくが，それが企業の製品販売に直撃し，業績悪化をもたらした。その中で，多くの企業は新しい活路を求めて海外への展開を模索し始めた。なかでも，低賃金で資源豊富な中国が注目の的となった。一方，対中直接投資の増加は，日系企業による国内消費者向けの中国現地調達が増え，日本国内向けの逆輸入の急増につながる。国内の消費不振

に中国をはじめとする海外からの安い消費財の輸入拡大も加えて，国内物価を一段と下落させる結果を招いた。つまり，国内の消費低迷は企業の海外進出を加速させ，現地の安い労働力，原材料を利用した生産拡大が日本国内に安い消費財の逆輸入を増大させる効果となった。この持ち帰り型の輸入拡大と国内需要不振が持続的に作動した結果，デフレスパイラルが発生した。

　デフレ経済のもとで，「不況時代の成長産業」として注目されたのは 100 円ショップであった。本来，諸外国に比べ，物価が高い日本では 100 円ショップの定着が容易ではなかった。バブル崩壊後の長期不況の中で，急速に全国規模で広がった背景には，100 円ショップで売っている商品がほとんど外国製で，特に中国製の割合が高かったことがある。つまり，景気低迷の長期化が企業の海外進出を促し，それに伴った現地生産と調達の効率化が 100 円ショップを急成長させたのである。言い換えれば，100 円ショップはデフレの産物である。

貿易黒字と所得黒字の逆転

　90 年代以降の海外進出は，企業が海外に工場と生産設備を移転し，現地生産が拡大するブームを作った。進出当初，多くの企業が海外の安い労働力と生産資源を活用し，日本国内向けの生産を主要目的としていたが，やがて海外工場での安定的な生産・供給体制ができるようになると，海外工場から直接最終需要国への輸出がはじまった。そうなると，国内に海外日系企業製品の逆輸入が増えるだけではなく，欧米等の主要需要国への輸出も増えるようになる。しかも海外での生産を軌道に乗せた企業は，投資を通じた利益回収ができるようになれば，二度と日本に戻る必要性がなくなる。

　つまり，海外生産，国内消費，そして，海外工場から直接需要国への輸出という生産・輸出の構造が定着するようになった。特に中国という 13 億の巨大な市場への進出拡大は，進出当初の「工場」としての機能の活用から，やがて潜在的な巨大な「市場」にも着目するようになり，「工場」と「市場」という二重の機能は日本企業の対中ビジネスの依存度が一層高まる結果となった。

　このような海外生産，国内消費という生産消費構造の変化，そして，海外生産，海外輸出という貿易構造の変化は，日本の国際収支にも変化を引き起こした。これまで国内で生産し，海外輸出を通じて外貨を獲得するという輸出主導型成長構造を構築してきた日本が，バブル経済の崩壊に伴った企業の海外進出を機

図表 7-5　貿易黒字と所得黒字の推移（億円）

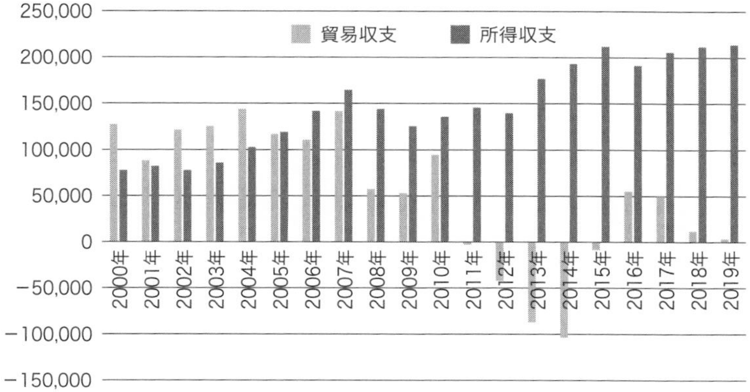

出所：財務省資料より作成

に，貿易黒字が徐々に減少する傾向が現れた。なかでも，2005 年にはじめて所得収支黒字が貿易収支黒字と逆転した現象が注目された。

　所得黒字とは企業が海外投資で得た利益を指す。投資収益が増えるということは，企業が国内での生産・輸出から得る利益よりも，海外投資を通じて得た利益のほうが大きくなることを意味する。そして，その後も所得黒字が拡大し続けていくことに対して，貿易収支が 2011 年以降赤字に転落し，2016 年以降一時的に黒字の回復が見られたものの，黒字基調が定着できるような状況にはなっていない（図表 7-5）。その背景には，日本製品の国際競争力の低下を指摘される。21 世紀に入ってから，急速に工業化を推進する中国をはじめ新興工業国の中には，従来日本が得意とする産業分野で互角に競争できる企業が多く現れ，これらの企業は価格競争力を有する製品を生産し，国際市場で日系メーカーとの競争を繰り広げている。これは結果的に日本製品の国際競争力を低下させる要因となり，日本の貿易黒字を減少させ，直接投資主導の対外経済の時代に入ったと言える。

3．観光立国と新たな輸出産業

　企業の海外進出は，産業の屋台骨であるモノづくり企業から始まった。生き残りをかけた企業の海外進出は，一方で国内に産業空洞化をもたらした。また，国内に残された企業の経営合理化に伴ったリストラの断行は，失業増と若者の就職

難に拍車をかけた。産業空洞化と失業者急増は，特に地方都市に及ぼす影響が大きく，地域経済の活力が奪われていく。このような背景の下で，観光産業を21世紀のリーディング産業にし，すそ野の広い観光産業の振興による新規雇用の創出，訪日外国人の消費拡大による地域経済の活性化という観光立国の構想が浮上してきた。

観光立国戦略と観光消費

　観光立国に向けて，日本政府は2003年に訪日外国人を2010年までに1,000万人にするための「ビジット・ジャパン・キャンペーン」（VJC）を開始した。また，2006年に「観光立国推進基本法」の制定，2008年に観光庁の発足など，観光産業を重視する姿勢を国内外にアピールした。そして，2009年末の「新成長戦略」に関する閣議決定では，2020年初めまでに2,500万人，将来的には3,000万人の訪日外国人を迎え，経済波及効果約10兆円，新規雇用56万人の目標を設定し，観光立国を目指す強い意志を示した。

　これらの努力が功を奏した。訪日外国人数が2008年10月のリーマン・ショック，及び2011年3月の東日本大震災の影響により，前年度より減少があったのを除けば，その他の年度は軒並みに大幅な増加を実現した。数的には，2013年に初めて1,000万人の大台を突破した後，2015年には2,000万人に近づけ，そして，2019年には3,188万人に達した（図表7-6）。

　訪日外国人急増の原動力は，何よりも外国人観光ビザの発給緩和である。これまでいわゆる観光公害と呼ばれる自然環境や生活環境の破壊，文化財の損傷や景観の悪化，犯罪の増加などの負の効果が嫌われ，政府による外国人のビザ発給には様々な規制が設けられていた。観光立国の推進過程において，これらの規制が徐々に緩和され，アジアを中心にビザ解禁が行われた。

　とりわけ，訪日中国人観光客へのビザ緩和策がその後の訪日外国人の持続的な増加に有効であった。訪日中国人観光客への団体旅行ビザの発行を開始したのは2000年であった。「観光立国推進基本法」の施行後，2009年から一定の所得基準に達する個人観光ビザの発行も開始した。そして，さらに旅行ビザの申請要件の緩和が繰り返され，「個人観光一次ビザ」，「沖縄県数次ビザ／東北六県数次ビザ」，「十分な経済力を有する者向け数次ビザ」，「相当な高所得者向け数次ビザ」などのビザ緩和策が相次いで打ち出された。このような中国人観光客に対する団

図表 7-6　訪日外国人数の推移（万人）

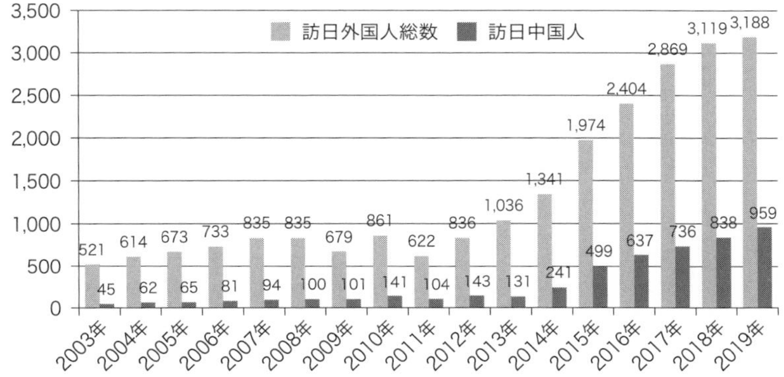

出所：日本政府観光局（JNTO）データより作成

体観光ビザ，家族観光ビザ，個人観光ビザ等の段階的な解禁を推進した結果，
2003 年に 45 万人の訪日旅行者数から 2019 年の 959 万人に拡大し，同期間の伸
び率は 18.6 倍に達し，訪日外国人伸び率増加のトップに立った。
　観光産業は，今では，自動車産業，化学産業に続く，第 3 位の輸出産業になっ
ている。インバウンド消費と呼ばれる訪日外国人旅行消費額は，2012 年にはじ
めて 1 兆円を突破した後，2014 年に 2 兆円，2015 年に 3 兆円，2017 年に 4 兆円
と歴史的記録を相次いで塗り替え，そして 2019 年に 4.8 兆円と市場規模が拡大
し続けてきた（図表 7-7）。

図表 7-7　訪日外国人旅行消費額の推移（単位：億円）

出所：日本政府観光局（JNTO）データより作成

「コト」消費とニューツーリズム

　訪日外国人の観光消費は,「モノ」消費から「コト」消費へ移行しつつあるという観光庁の調査結果がある。「モノ」消費とは,商品を購入するという行動や,そのモノで得られる利便性に重点を置いた消費動向を指す。近年では,「モノ」消費が一巡して,サービスを買うことで体験した充実感や感動を得るという「コト」消費が訪日外国人旅行者の中で重視されるようになっている。例えば,浴衣や着物のレンタル体験,祭りやイベントの参加,温泉巡りなどが「コト」消費に分類される。

　「モノ」消費から「コト」消費に消費動向が移りつつある要因のひとつとして,リピーターが増えていることが挙げられる。つまり,初回の訪日で好印象を持った観光客が,2回目以降の訪問は観光地を巡るだけの観光よりも,祭りやイベントなどの日本の文化を体験したい,できれば観光地のコミュニティに入り,地元住民との交流をしたいと傾向が変わり,その関連の「コト」消費が増えているからである。

　リピーター率の上昇はニューツーリズムの推進と密接な関係がある。ニューツーリズムとは,従来型の出発地で商品化される発地型旅行商品と異なり,受け入れ側の地域が主体となって地域の観光資源を活かした「体験型」,「交流型」の旅行を商品化し,観光客が参加型観光,着地型観光に参加してもらうことを通じて,地域の活性化につながるツーリズムである。

　具体的には,①地域独自の魅力を生かした体験型・交流型の長期滞在型観光,②地域の自然環境やそれと密接に関連する風俗慣習等の生活文化に係る資源を対象とするエコツーリズム,③農山漁村地域において自然,文化,人々との交流を楽しむ滞在型のグリーン・ツーリズム,④日本の歴史,伝統といった文化的な要素に対する知的欲求を満たすことを目的とする文化観光,⑤歴史的・文化的価値のある工場等やその遺構,機械器具,最先端の技術を備えた工場等を対象とする産業観光,⑥自然豊かな地域を訪れ,心身ともに癒され,健康を回復・増進・保持するヘルスツーリズム,⑦農林漁家民宿,農作業体験や食育教育,フェリー,離島航路等に係るニューツーリズムなどがあげられる。これらのツーリズムの推進を通じて,日本のインバウンド観光の魅力が一層高められることが期待される。

国際観光コミュニティの形成

　ニューツーリズムの推進は，訪日外国人の観光形態を従来の物見遊山的な観光から，観光地のコミュニティとの交流を重視する形に変えていく。この変化から，①観光客が旅行前から観光客同士や観光地の友人・知人との間でSNSを用いて行う観光地情報の交換から形成されるバーチャル型の国際観光コミュニティ，②観光客が観光地に訪れ，観光地の住民との文化交流やイベント・祭りの参加などを通じた，観光客と観光地の住民との交流から形成されるリアル型の国際観光コミュニティ，③観光客が帰国後に行う，観光客同士や観光地の住民とのSNSによる交流を継続した後に，リピーターとして再び着地型観光や参加型観光に参加することから形成されるバーチャル＋リアル型の国際観光コミュニティという，３つの国際観光コミュニティが訪日外国人と観光地との間に形成されつつある。

　観光産業のすそ野が広く，様々な関係者，関係業界が参加するという特徴を有する。国際観光コミュニティの視点で見る場合，主に以下のアクターに分類することが可能である。

①　観光地側の町役場，町社会福祉協議会，学校，及び行政，各種団体など。狭い地域のみにかかわる存在もあるが，国際観光コミュニティに大きな影響を与える主体である。

②　国際観光コミュニティの中核を成す地縁団体。自治会コミュニティ推進協議会，地区社会福祉協議会，子供会などが含まれる。

③　市民と市民団体。地域にとらわれる存在ではなく，多くは特定のテーマ・目的のためにより広域で活動を行っている。

④　各種サービス提供者。ホテル，レストラン，小売業者，バス会社などが含まれる。

⑤　訪日外国人観光者。リピーター観光者として登場するが，国際観光コミュニティの形成の要員である。

　これらの行政団体，地縁団体，市民団体，業界団体，及び観光客からなる国際観光コミュニティのアクターは，地域振興，観光資源の保護と開発，観光文化の伝承などに重要な役割を担い，一緒に参加するという概念が国際観光コミュニティの形成において欠かせないキーワードとなる。そのため，今後，より多くのアクターが国際観光コミュニティに参加し，インバウンド観光市場を拡大してい

くためには，以下の3つが重要となる。

(1)　国際観光コミュニティの非定住住民化

　観光客は居住地（自国）に再び戻ってくることを前提に観光地を訪問するが，観光客が何度も同じ観光地を訪れてもらうためには，観光地の魅力を高めることは不可欠である。具体的には参加型観光や着地型観光のように，観光客が滞在期間中に地域コミュニティに入り，地元のイベントに参加したり，居住者と一緒に各種交流活動を行ったりするなどを通して，観光客を観光地の非定住住民として迎え入れ，新たなアクターとして国際観光コミュニティの形成に貢献してもらうことが重要であろう。

(2)　国際観光コミュニティのネットワーク化

　リピーターと居住者との結びつけを強化するものは情報化時代の必需品と言われるSNSが挙げられる。日本各地にできつつある国際観光コミュニティは，個人間のコミュニケーションを促進する。社会的なネットワークの構築を支援するネットサービスは，共通の趣味を持ち，居住地が異なる個人同士がネット上でのコミュニティを容易に構築できる場を提供している。特にリピーターになった観光客が観光地や観光客同士の情報交換により，自分を受け入れているコミュニティのほかに，その他のコミュニティも自分を住民同様に受け入れてくれるという情報を知った時，ほかの国際観光コミュニティを訪問したくなり，コミュニティ同士による交流のネットワークを広げていく効果になろう。

(3)　国際観光コミュニティの受け入れ側の国際化

　上述の①と②を実現するには，受け入れ側の国際化は何よりも重要である。観光地の行政団体，地域住民，広域活動市民，サービス提供者などのいずれも観光客とのコミュニケーションが不可欠である。彼らは各種広報活動やSNSによる人的交流などを通じて，訪日客のニーズに合った町づくりや，観光資源の保護と開発，観光文化の伝承などが重要な役割を担っている。同時に観光客を送り出す主要国の社会，文化，言語などに関する知識と情報を習得し，異文化コミュニケーション能力の向上に伴う観光客満足度の向上も不可欠であろう。

　国際観光は，元の居住地（自国）に再び戻ってくることを前提に，国境を越え

て往来する観光客の流れや観光地との交流を，経済的，文化的，社会的，心理的な側面からみた消費行動，消費現象である。これらは観光客を受け入れる国にとって，インバウンド観光の促進による地域経済の活性化，いわゆる「外からの内需」の効果が期待される。国内消費低迷が続く日本にとって，訪日外国人が滞在中に使うショッピング代や飲食代，旅行代金などの直接消費，そして，ホテルのサービスや，食事の原材料の仕入れ代などの間接消費の拡大は，地方経済活性化の起爆剤として期待されるだけでなく，インバウンド観光を今後の新たな輸出産業として育てていくことにも重要な意味を持つ。

4．日米同盟主導の外交

　観光立国を推進するにあたって，特に主要観光客源であるアジア諸国との安定的な外交関係の構築が不可欠である。日本の国益を守り増進するために，日米同盟の強化及び同盟国・友好国のネットワーク化の推進，近隣諸国との関係強化などが日本の主な外交方針である。

日米同盟

　日米同盟は日本の外交・安全保障の基軸であり，同盟に基づいた緊密かつ協力的な関係は，世界における課題に対処する上で重要な役割を果たすこととしている。

　日米同盟の原点は，1951年9月8日に締結されたサンフランシスコ講和条約であった。第2次世界大戦で日米はアジア太平洋地域で戦っていたが，日本の敗戦によって，米国を中心とする連合国軍が日本を占領・統治し，日本軍が解体された。その間，米国による日本への援助は，戦後の日本経済の早期復興に役立った。一方，この時，世界は米国を中心とした資本主義の西側諸国と，ソ連を中心とした社会主義・共産主義の東側諸国に分かれ，両陣営による東西冷戦が始まっていた。世界中で共産主義圏が広まっていき，日本の近隣国である中国も共産化していく。1950年に「朝鮮戦争」が勃発したが，実質的には米国と中国との代理戦争であった。そのため，米国側は，共産主義圏の拡大を抑えるための防波堤，または前線基地として日本が重要な戦略的な意味を持つと考えていた。一方の日本側は，米国軍に国防を担ってもらうことで，日本の復興と経済発展に国

力を充てられるという狙いがあった。このような背景の下で、サンフランシスコ講和条約に基づき、日本は主権を回復したものの、自国を防衛する軍事的手段を持っていなかったことを理由に、日米安全保障条約が同時に締結され、日本は対米従属下に置かれた。

1960年に「日本間の相互協力及び安全保障条約」を結び、現在の日米同盟の元が生まれた。改定の主な内容としては、「日本が攻撃を受けた際に、日米共同で防衛をする」という「日米共同防衛の明文化」を行った。しかし、この安保改正によって、「日本は米国の戦争に巻き込まれるのではないか」という不安を抱いた人が多くいたため、国会周辺では数万人のデモを起こし、死者を出すほどの「安保闘争」を引き起こした。そして、安保改正から10年が立った1970年の最初の条約更新時に、米国は日本に防衛費と防衛分担の拡大を要求した。その背景には、高度経済成長により、日本は十分な経済力を付けたことがあった。要求の主な内容は、①在日米国軍の駐留費用の肩代わり、②日本の防衛力の増強のための自衛隊の強化、③「日米ガイドライン」の締結であった。

「日米ガイドライン」とは「日米防衛協力のための指針」と言われるもので、日本が外国に攻められるなどの有事が起きた際に、自衛隊と米国軍での防衛の役割分担を取り決めた文書のことである。自衛隊の任務や日本と米国間の合同訓練など、他にも在日米国軍の駐留費用の肩代わりなどの内容が含まれている。このガイドラインは、元々東西冷戦中のソ連に対抗するために備えて作られたものであり、1991年にソ連が崩壊し、東西冷戦も終わりを迎えたので、ガイドラインが終結してもおかしくなかった。それでも存在し続ける理由は、日本の周辺に多くの紛争や脅威を抱えているからである。その後、ガイドラインは数回改定し、「新・ガイドライン」をもとに、日本周辺での武力衝突が起きた際の自衛隊と米国軍の役割分担などを定め、そして、東アジア圏以外の地域での日米間の協力や支援などの内容も盛り込まれていた。

このように、日米安全保障条約は東西冷戦でのソ連への対処から出発し、国際情勢の変化に伴って、現在は主として米国主導のアジア戦略のための条約として性格が変わっていく。一方、日米安保条約での日米同盟に基づき、基地用地及び駐留経費を提供することに対して、日本国内では頻繁に反対運動が起こっている。特に基地面積の約7割が集中する沖縄県では、米軍戦闘機の騒音や、基地建設による自然環境の破壊、米軍兵士による犯罪などが、沖縄の人たちの生活や自

然環境に大きな影響を与えているため，基地縮小運動はしばしば政治的な課題として浮上してくる。日米安保条約が日本の安全保障や外交の自主性を損なっていると批判されることもあるが，日本政府は周辺諸国に対する警戒感から同盟の強化を図る考えである。

近隣諸国との外交関係

　日本を取り巻く環境を安定的なものにするために，近隣諸国との関係強化は重要な基礎である。一方，近隣諸国と日本との間には，尖閣諸島問題，北方四島問題，竹島問題，歴史問題などの課題が山積し，安定的な近隣関係の構築とは程遠いものにあると言わざるを得ない。しかも，このような状況をつくりだす要因のひとつに，米国の国益を優先した東アジア戦略が日本に影響を及ぼしていることも無視できないことであろう。

(1)　日中関係

　日中関係は日中双方にとって，最も重要な二国間関係のひとつであり，世界第2，第3の経済大国である両国は，地域及び国際社会の諸課題に肩を並べて共に取り組んでいく責務を共有している。日本にとって中国は最大の貿易相手国であり，日系企業の海外拠点数で中国は第1位である。また，近年では訪日中国人が最大の観光客源として日本の観光立国を支えるという緊密な関係にあり，日中首脳間でも双方の関心や方向性が一致している分野について経済・実務協力を一層進めることで一致している。

　一方，内閣府が定期的に行う「外交に関する世論調査」によると，日中平和友好条約が結ばれた1978年以降，日本国民の対中親近感が80％の高水準を超える時期があったが，近年では，対中親近感を感じない比率は逆に80％を超えるほどになった。その背景には，①中国経済の台頭，②尖閣諸島をめぐる対立，③米国の対中政策の変化といった要因から生じた「中国脅威論」があったと考えられる。

　日中関係を展望する前に，米中関係を考察しておく必要がある。米中両国でナショナリズムが台頭していることが共通している。近年，「一帯一路」に代表されるように，中国は積極的な外交活動を展開している。中国は絶対に対外覇権の道を歩まないと強調しているが，相手によって異なる見方がある。特に米国で

は，トランプ政権は「アメリカファースト」を強調し，国際社会との協調路線よりも，米国を優先する方針へ転換していた。そのなかで，国際社会における中国プレゼンスの向上は米国にとって最大の脅威と見ているようである。米国の国益を最優先することから，対中経済制裁の実施の必要性が生じたのである。これは，日米同盟を優先する日本にも様々な影響を及ぼし，日中関係の前に横たわっている様々な課題がほとんど解決されないままになっている。

　今後の日中関係を展望するときに，一番重要な変化は，中国の指導者も日本の指導者も戦後生まれの世代になっていることである。双方はすでに無意識的に新しいスタートラインに立って，新たな日中関係を構築しようとしている。今の中国の若い世代は日本の軍国主義者が再び中国を侵略するとは思っていないし，日本人の若い世代も中国とは普通に安定した外交関係を構築すべきと考えているはずである。双方の国民は両国が武力を行使して領土・領海の問題を解決すべきと思っていないことであろう。とはいえ，目下の国際社会を鳥瞰すれば，米中対立はすでに新冷戦に突入しているようにみえる。また，世界の主要国でナショナリズムが急速に台頭している。一方，国際秩序は時代の変化には対応できておらず，国際社会を支える主要国際機関も有効に機能しているとは言えない。こうしたなかで，日本の国際戦略の基本形は，安全保障は米国に依存し，経済は中国に依存しているのが現状である。今後，日本がどのように対中関係を再構築するかが問われている。

⑵　日露関係

　日本にとってロシアは重要な隣国であり，政治・経済・安全保障などの様々な領域における重要なパートナーである。両国間の関係強化は，両国それぞれの国益に資するのみならず，北東アジア全体の平和と安定の礎石となりうる。ロシア側としても，これまで様々な機会で多様な分野における両国間の対話を促進してきた。

　一方，日本とロシアの間には未だに平和条約が締結されていない。その背景には，北方領土問題の存在が大きな障害になっていると言わざるを得ない。1945年日本がポツダム宣言を受諾し降伏する意図を明らかにした後，ソ連は北方四島に侵攻し，ソ連領に「編入」した。そして，ソ連が崩壊してロシアとなった現在も，北方領土問題をめぐる日露間の合意が得られていない。

　この問題の影響が様々な分野に大きな影を落としている。そして，解決まで
には非常に大きな困難が予想される。日露間の平和条約を両国が納得するかたちで
締結するためには，まず両国間の信頼醸成を進めていくことが不可欠であり，そ
のためには両国それぞれの国内において相手国に対する友好的な雰囲気が醸成さ
れる必要があろう。他方，世界経済は近年その複雑性と相互依存性をますます強
めつつあり，もはやいかなる問題といえども，ある一国のみで対処することはで
きない。その意味で，日露間の関係においても，政治的困難は認めつつも，まず
は協力可能な経済分野で模索し努力していくことは重要であろう。

(3)　日韓関係

　日本と韓国は，ともに米国の同盟国として基本的価値や戦略的利益を共有する
隣国と思われるが，現状では，歴史的・政治的背景から解決が困難な課題が多数
存在している。
　両国における歴史問題とは，日本の植民地支配や慰安婦，労働者の強制連行・
労働（徴用工）といった事実をめぐる認識の対立と，戦後の日本による被害者へ
の補償が適切かどうかの妥当性をめぐる対立に整理できる。この2つの対立が，
「すでに決着がついたことに対して韓国が文句を言っている」という日本側の意
識と，「日本は侵略や植民地支配を反省せず，適切な賠償もしていない」という
韓国側の意識が分かれている。また，竹島（韓国では独島）の領有権をめぐっ
て，日本は「竹島は我が国の固有領土」と主張するが，韓国は「日本との間に領
土問題は存在しない」としている。
　一方，両国における政治問題とは，戦後，日韓はともに米国との同盟関係を基
軸に対外関係を維持，発展させてきた。米国を介した日韓の政治，経済，社会，
安保などの協力関係は，時々米国のアジア戦略に振り回される側面も否めない。
特に日韓共生のために，中国との協力関係の維持が重要であるが，現実は，米国
の対中パワーゲームに両国が翻弄される局面が多々ある。
　冷戦終結後も頻繁に起きる歴史摩擦は，過去回帰的なパラダイムから脱却しつ
つあるものの，依然として未来志向的なパラダイムが構築されないという日韓関
係を象徴する現象と言える。そのような混乱を直ちに解消することは困難である
が，両国政府と国民が協力して冷静に対応することによって問題の解消を図り，
東アジア地域及び世界の平和と繁栄を推進するための努力を払わなければならな

い。そのため，日本と韓国は，東アジア，そして地球という共通の空間の中で，互いに競争し協力し，さらに一歩進んだ共生ができるための，具体的な方策の模索が必要であろう。そのため，両国の政治リーダーの間で良好な意思疎通が確保され，関係改善のための具体的な方法について率直に意見交換できるパイプの存在が不可欠であろう。

⑷　日朝関係

　北朝鮮（朝鮮民主主義人民共和国）は，国連加盟193カ国のうち，唯一日本と国交がない国である。日本にとって，日朝間の国交正常化は，朝鮮半島について，36年間の植民地統治の過去を清算するという歴史的，道義的責任がある。

　現状では，日本と北朝鮮との間に拉致問題や核・ミサイル開発問題などの懸案があり，日本政府は，これらの問題を包括的に解決し，不幸な過去を清算し，日朝国交正常化を実現することを基本方針としているが，特に歴史や拉致に重点を置いている。一方の核・ミサイルは日本国民の安全を脅かす重大な脅威と認識しながらも，交渉はほとんど米国任せの状態である。国際的にみると，核・ミサイルなどは東アジア地域の安全保障にかかわる重要な問題である。したがって，北朝鮮と国際社会の関係改善の時期や内容も核問題の動向に大きく影響されることになる。これは，日朝交渉が二国間関係を越える次元と構造をもつことを意味する。

　核問題に関しては，これまで6カ国協議（米国，韓国，日本，中国，ロシア，北朝鮮）において取り上げられ，北朝鮮も核計画の廃棄を原則的には約束し，廃棄に向けてのとりあえずのロードマップも描かれているが，それもはっきりしたものではなく，実行可能性を見いだせるものではなかった。その背景には，北朝鮮側は核問題を米朝間の問題として捉えており，したがって6カ国協議を活用しながらも，特に米朝間の交渉を重視している。ただ米国は国内政治的な理由から北朝鮮への対応が必ずしも首尾一貫しておらず，そもそも米国が重視するのは北朝鮮の核の拡散であって，日本とは脅威の認識が違うという事実がある。一方，北朝鮮にとって軍事的，政治・外交的動機から大金を投じて開発し，核実験まで強行した核をそう簡単に手放すとは考えられない。

　日朝国交正常化は日本の国益にかなうものであり，かつ東アジアの平和と安定に資するものなので，筋道に沿い，原則に従いながらも，柔軟に粘り強く対処し

ていく必要があろう。日本としては，近隣諸国と信頼関係を醸成し，緊密に連携
しながら，あらゆる手段を通じて，北朝鮮と交渉していくことは唯一の方法とな
ろう。

5. 日本型経営の再考

　日本は，戦後先進国に追い付き，追い越せを目標に，政府，企業，国民が一体
となって，様々な難局を乗り越え，1968 年に GDP 規模世界 2 位を実現した。国
土が狭く，資源も恵まれない日本経済の成功には，とりわけ，日本型経営が世界
の注目の的となった。しかし，バブル経済が崩壊した 90 年代では，これまで神
話のごとく語られていた日本型経営は，一転して悪評の風雨にさらされ始めた。
期せずして，米国経済の好調が伝えられ，実力主義やリストラクチャリング（再
構築）の重要性が日本で流行るようになった。果たして日本型経営はどう評価す
べきであろうか。
　日本型経営は，特に大企業に特徴的に現れているとされる経営の手法やシステ
ムを指す。これらは，日本型経営の三本柱とされる終身雇用，年功序列，企業別
組合のほか，集団主義や参加的意思決定，系列間取引など様々な要素が含まれて
おり，また内容は時代によって変化してきた。特に高度成長をとげた日本に対し
て，日本型経営は日本の強さの源泉と肯定的に評価されることが多くなった。

日本型経営の三本柱

　「終身雇用，年功序列，企業別組合」は，日本型経営の三本柱として知られ
る。終身雇用とは「定年まで同じ企業で働く」，年功序列は「賃金水準は成果で
はなく，何年その企業で働いたかで決まる」，また，企業別組合は「労働組合が
企業単位で形成され，従業員の雇用や労働条件の維持などに組合側が経営側と団
体交渉する」ということである。この三本柱は，経済が成長し続け，企業も好業
績が維持し続けるなら，持続可能なシステムであるが，一旦成長が止まり，また
はマイナス成長に陥ったとき，企業業績の悪化とともに，企業は長く勤めた従業
員に高い給与を支払う余裕がなくなり，中高年のサラリーマンが真っ先にリスト
ラの対象とされるようになる。そうすると，本来，従業員を守るはずの組合は，
その他の多数の従業員の雇用という現実の問題に直面し，労使交渉における力の

限界が現れた。すなわち，日本型経営の根幹を揺るがす事態に直面することとなった。

日本型経営の意思決定

　日本型経営の意思決定は，一言でいうと，集団的意思決定である。これは企業と従業員の相互信頼が前提であり，この相互信頼がベースになって従業員のモチベーションの維持が可能になる。戦後，日本経済の飛躍的発展を支えた QC 手法（品質管理）に代表されるような，「小集団活動」や「提案制度」などは，いずれもこの集団的意思決定や相互信頼に基づいたものである。

　また，集団意思決定のもとでは，集団責任制も行われていた。稟議制度のように，部下が何かを決める場合，まず文書を作成し，上司に回覧してから決めてもらうことになる。意思決定に対する責任は必ずしも管理者だけにあるのではなく，従業員を含めた組織全体で担いながら，意思決定に参加し，仕事を進めるようになっていた。従業員は一方的に管理されているだけでなく，場合によって，責任や権限を超えて仕事を行うことができる。従業員一人ひとりが能動的に仕事を行うように組織され，意思決定や管理について積極的に参加できるのは大きな特徴である。

系列取引と株式持合い

　系列取引と株式持合いは，日本型経営を支えるもうひとつの土台である。親会社と下請け企業との間の取引，相対取引，特定少数型取引などが系列取引と言われるが，このような取引を安定的に継続するために，取引相手の企業の株式を相互に保有するという株式の持合い制が生まれた。また，親会社が下請け企業に役員の派遣による系列取引の強化も有効な手段である。系列取引には，通常，親会社が下請け企業との間に生産工程の前後の分業，大手メーカーと小売店の間の販売系列の構築，企業とメインバンクの間の金融系列などがあげられるが，系列企業間で互いの利益を守りながら経営する一方で，系列外の企業が系列取引に参入することが基本的に認められていないため，しばしば国際社会から公平な競争を阻害すると非難されていた。

　また，株式持合いにより安定株主の比率が高まると，株式市場での株式の流通量が減り，取引株式数が少なければ，株価が実態以上に高くなることや，株価の

変動が起こりにくくなるという株価の安定化策が問題視され，日本経済の閉鎖性（支配的排他性）が諸外国の非難の的となった。

日本型経営の崩壊と再評価

90年代以降，バブルの崩壊に伴った不況が長期化の中で，多くの企業が活路を求めて海外進出を模索し始めた。個々の企業は国内外の企業と激しい競争にさらされるため，従業員の労働環境にも大きな変化が起きていた。企業はもはや終身雇用，年功序列が維持できなくなり，能力給，出来高制に変わっていく。従業員側もかつて「企業戦士」と例えられるような企業と自分が運命共同体と考える者が減り，よりよい職場に転職し，キャリアアップを目指すという考え方が主流となりつつある。能力やスキルさえあれば昇進，昇給していく過程において，多くの企業はアメリカナイズされ，これまでの日本型経営を放棄していた。

これは，同時に系列取引と株式持合いの解消につながった。親会社の海外進出により国内に残された下請け企業との取引関係の維持が困難になり，下請け企業が生き残るために，経営環境の見直しや経営方針の転換を迫られるようになった。その中で，自力で海外進出の道を切り開き，高い技術力をもって利益を確保する中小企業も多く現れたと同時に，株式持合いが崩壊するきっかけにもなった。企業自己資本の充実や，系列の崩壊による不必要な他社の株式を保有するメリットがなくなったため，株式市場への放出による株価の長期低迷が生まれた。その間，「もの言う株主」や「株主利益重視」といった議論が巷で盛んになり，従業員の利益を優先する長期的経営か，株主の利益を優先する短期的経営か，といった企業経営に関する揺れ動きが起きている。さらに，企業の海外進出の加速は，これまで日本国内で浸透していた集団的意思決定が海外に行けば，現地の文化や経営風土の違いにより，日本独特な意思決定の維持が難しくなってしまう。

経済のグローバル化が進展する今日では，厳しい国際競争に立たされる大企業もあれば，高い技術力をもって競争に勝ち続け，高い利益を上げる中小企業もある。これらの変化は労働者の求職意識の変化にも現れている。かつての一流上場企業なら，安心できるという信仰が薄れつつある代わりに，実力で高い報酬を手に入れようとする者と，中小企業でも安定的な職を得たい者という意識の二分化が見られる。その背景には，企業が競争に勝つために，過剰労働のリストラ，過大な設備の処分という無駄を極力省く経営手法があった。また，海外生産，国内

消費という生産・消費構造の定着は，国内に内需向け産業の雇用が多くなり，非正規雇用やフリーターの増加により，賃金格差の拡大やワーキングプアといった社会問題が起きている。加えて，米国の金融破綻による実力主義，成果報酬型の経営に対する総括が求められる中で，企業や文化の違いを踏まえて，日本型経営の再評価が求められている。

第8章

中国の台頭と国際新秩序

　中国は，1978年の「改革・開放」政策を機に，これまで長く維持してきた計画経済体制から，徐々に市場経済への移行に動き出した。そして，14年間の模索期間を経て，1992年に「社会主義市場経済」を今後の経済運営の目標に明確化した。一方，同時期のグローバル化の波が中国にも波及し，規制緩和と技術進歩は後発国の中国の利益となり，積極的な海外資本と技術の導入は中国に持続的な高成長をもたらし，「世界の工場」から「世界の市場」へと躍進した後，ついに2010年にGDP世界2位に躍り出た。このような中国のプレゼンスの向上は，同時に米国主導の国際秩序との摩擦も大きくなってきている。今後，中進国から先進国への安定的成長，国際社会における大国の責任などは中国に求められるが，その道のりは険しい。

　本章は，グローバル化の推進に伴った中国の台頭を「社会主義市場経済」への移行，「世界の工場」から「世界の市場」への躍進，国際新秩序の構築などの視点から学ぶ。

1．社会主義市場経済への移行

　中国経済の「市場」への移行は，必ずしも一直線で進んできたのではなく，紆余曲折を経ながら漸進的に進められたのが特徴と言える。その理由は，「市場」への改革は当初から明確な目標を持たず，むしろなし崩し的に進められた結果「市場」にたどりついたのである。

　その紆余曲折の歩みを見ると，まず計画経済の硬直化した管理体制を活性化し，効率化していくために，1978年にはじめて市場による調整という市場の補

助的な役割を強調した。ただし，これはあくまでも経済改革（鳥）は，計画経済の枠組み（籠）の中で実施するという「鳥籠経済論」に基づくものであった。そのため，改革の成果が思うように得られなかったのは言うまでもない。市場の役割に対する認識に変化が起きたのは，1984年に「計画的商品経済」，ならびに「指令性計画を縮小し，指導性計画を拡大し，市場調節の役割を強化する」という方向性を打ち出してからである。そして1987年に「政府が市場を調節し，市場が企業を誘導する」ことが強調され，市場経済の導入に関する大まかな結論的解釈が示された。しかし，1988年後半の景気過熱に伴ったインフレの進行，翌年の天安門事件などを受け，改革のペースが大幅に後退し，「計画経済と市場調節の有機的な結合」が登場した。

　その中で，改革に檄を飛ばしたのは1992年春節の鄧小平氏の「南巡講話」であった。「やっていることが社会主義か，それとも資本主義かを区別することで悩むより，生活水準の向上に有利かどうかを判断基準にせよ」と訴えた。それを受けて，同年10月の共産党大会に「社会主義市場経済」が公式に提起され，翌1993年に「社会主義市場経済体制構築の若干の問題に関する決定」によって追認された。

　このように，中国経済の「市場」への改革はいわば航海図なき航海のように，目標を定まらない中でスタートを切り，航海しながら航路を修正し，「市場」へ向かったのである。これは，同時期に体制転換を目指してショック療法による急進的な改革を実施した旧ソ連に比べると，漸進的ではあるものの，大きな社会的混乱と経済の後退が起きなかったことは中国的改革の特徴と言える。ただし，方向性が定まらないままの改革では，リスクと危険が常に隣り合わせであったことも事実である。

「政治原理」と「経済原理」仮説

　このような中国の「市場」への移行に関しては，歴史形成のエネルギー転換という視点からアプローチする，「政治原理」と「経済原理」仮説に基づき説明できる。

　「政治原理」とは，国家権力を行使し，平等，規制運動を展開することによって，弱者を救済する原理である。これは「社会主義」の基本精神とほぼ符合する一方で，その非効率的な部分も目立つ。それに対して，「経済原理」とは，効率

性を徹底的に追及する自由，競争，強者の論理を貫く市場メカニズムを支配理念とする。

　一般に歴史を形成する運動のエネルギーは2つある。ひとつは「平等・公平運動」であり，もうひとつは「自由・解放運動」である。両者は表裏の関係を成し，二者択一の関係ではない。「平等・公平運動」をエネルギーにして歴史が形成されていくときには，「政治原理」が時代を支配する原理であり，社会は寛容の精神によって支配され，弱者救済の論理が前面に出る。したがって，時代は政治権力を行使する「政治原理」が非効率的歴史を形成していく。ただし，こうした歴史形成運動の背後には，常に「自由・解放運動」のエネルギーが存在し，歴史形成の次の主役として出番を待ちながら，エネルギーを蓄積していく。そして，「平等・公平運動」が目的達成，成功するようになってくると，「自由・解放運動」が「平等・公平運動」に変わって，歴史形成の主役として時代の前面に踊り出てくる。そうなると，時代は自由，競争，効率性を求めるようになり，強者の論理によってリードされる歴史を形成していく。

　このような歴史形成の基本的エネルギー転換のメカニズムは，中国経済の発展段階においても確認される。1949年に中華人民共和国が誕生した後，貧困状態にある5億の国民生活を保障し，脆弱な工業基盤を立て直すことは最優先課題であった。その背景の下で導入された社会主義計画経済は，弱者救済を中心に「平等・公平運動」が展開され，「政治原理」はその時代の歴史形成の主役であった。しかし，時間の経過につれて，国民の生活保障が一定のレベルに達成したと同時に，平等運動の非効率も次第に表面化され，成長の阻害要因となった。これは，「平等・公平運動」のエネルギーが徐々に衰え，時代は主役転換を要求することを意味する。その要求に答えて，歴史形成の基本的エネルギーは「平等・公平運動」の裏にある，「自由・解放運動」に向かって動き出した。そのきっかけを作ったのは1978年の「改革・開放」であった。これを機に，時代も効率を追及する「経済原理」が前面に出るようになり，その象徴的な出来事は1992年の「社会主義市場経済」の登場と言えよう。

　このように，歴史は常に「政治原理」と「経済原理」との主役転換を求めながら，発展していく。その時代の主役とは何かを知るには，まずその時代の歴史形成の基本的エネルギーとは何かを確認しなければならない。また，歴史がこれからどんな時代に向かって形成していくのかを知るには，特にその転換期における

基本的エネルギーの動向を見極めることが不可欠である。中国における「社会主義市場経済」の登場は，長年にわたる非効率な「政治原理」主導の経済運営に対する内部からの改革のエネルギーと，同時期のグローバル化の進展に伴った規制緩和と技術進歩のエネルギーが同時に中国に作用した結果と言える。これらは，後に「経済原理」を主導する中国経済の持続的な高成長をもたらす原動力にもなっていた。

社会主義市場経済の正体

　中華人民共和国が誕生後，「平等」を支配理念に展開された計画経済では，①「労働に応じた分配」，②「計画による資源分配」，③「国営企業を中心とする公有制」という 3 本柱が国民経済運営の基本である。中央政府が計画を立てて，国営企業が生産活動を行い，国民が平等に働くという社会主義の理想的な体制を作り上げた。しかし，このような体制の下では，企業は国の一生産部門に過ぎず，経営効率，利潤拡大という企業が持つべき視点を持てず，国民が平等に働き平等に分配をもらうということは，努力して豊かになるという働くためのインセンティブには結びつかない。これは，国民経済が計画通りに発展するどころか，長期停滞を招いてしまうことになる。

　社会主義の 3 本柱に対する改革は，まず①「労働に応じた分配」に関しては，農村部門では，従来の集団労働方式の人民公社を解体し，代わりに家族単位の請負制を導入した。その後，農村部の活性化を促すために，さらに郷鎮企業設立の奨励や余剰労働力の都市部への一時就労などの政策が追加され，農民の就労意識と所得分配の根本から変革した。また，工業部門では「放権譲利」（地方や企業に権限を委譲し利益を分ける）や，「経済責任制」（請負制による企業経営），「利改税」（企業の利潤上納方式から納税制を改める）などの改革が相次いで行われた。なかでも，1987 年以降の株式制導入は，企業の経営と所有を分離させ，国有企業を自己責任のもとでの経営主体に転換させたことに大きな意味があった。これによって，従業員は従来の「吃大鍋飯」（働いても働かなくても同じ給料をもらえる）的な就労意識から，働いた分が個人の所得に反映するという競争原理が導入されるようになった。

　また，②「計画による資源分配」に関しては，従来の生産財，労働，土地，資本などの資源を国によって集中的に管理・分配を行う方式から，マクロ面では中

央政府によりコントロールし，ミクロ面では市場の需給関係に応じた自由競争と価格形成のメカニズムを導入し，市場の役割を大きくした。特に工業生産の屋台骨である国有企業に対して，投資資金を国家予算の配分から，企業が自己責任を持って投資を行い，利益を稼ぎ出すという改革を行った。これによって，国有企業の投資資金源は，企業の自己資金（納税後の利潤），及び銀行融資に切り替えられ，投資の効率性，採算性を重視する自主経営努力が求められた。

さらに，③「国営企業を中心とする公有制」に関しては，株式制が導入された。株式制のもと，国家株，企業株，個人株という多元的な資本参加方式が確立され，国が支配権を持つ絶対的な株式制企業と，それを持たない相対的な株式制企業に分かれた。経営不振の国有企業や，競争力を持たない中小規模の国有企業に対しては，民営企業に転換させ，民営化による経営効率の向上を図った。それと同時に，外資系企業の参入や国有企業に海外資本の導入なども行い，国，民間，外資といった混合所有制を確立させた。

この一連の改革によって，中国の「社会主義市場経済」は以下の特徴を有する制度に変革させた。

① 所有制構造の多様化。公有制を主とする原則を掲げながら，民間所有，私有及び外資との共有という多元的所有制構造を確立した。

② 分配構造の多様化。労働に応じた所得分配を主体としながら，資本，技術，管理などの生産要素が所得分配の対象とする体制を構築した。

③ 資源配分の市場化。政府指導による計画生産・配分を最小限にし，生産要素の市場化，市場メカニズムによる価格形成を導入した。

④ 現代企業制度の確立。国有企業を株式会社に転換させ，非国有資本の参入を認めることによって，国有企業を自主経営，自己責任の経営主体に転換させた。

⑤ 間接的な経済調節システムの確立。経済運営体制においては，市場メカニズムによる調整を基礎に，「市場」を主，「計画」を従とする複合的運営メカニズムを導入した。

これらは，市場経済の原点である①「生産要素による所得分配」，②「市場による資源分配」，③「私有財産」に比べ，「市場」へのアプローチは他の市場経済を導入する国とは異なるが，成長を目指していくという「本質的動向」に変わりはない。つまり，中国は「社会主義」という「名」を保ちながら，経済成長の効

率性を求める資本主義の「実」を取った。これは，従来の定義に従えば，中国は
すでに「もはや社会主義ではない」といっても過言ではなかろう。

移行期の成長構造

　「改革・開放」が本格化してから，1992年までの年平均実質成長率は約10％に
達していた（図表8-1）。この期間の主要産業部門の年平均伸び率（図表8-2）
をみると，農業が12.6％，工業が14.7％，建設業が19.8％，卸売・小売業が
26.3％，運輸・通信業が18.5％，その他が20.4％という目覚ましい成長の実績で
あった。数字を見る限り，中国経済の「市場」への移行は順調なスタートを切っ
たと言える。ただし，これらの主要産業部門の伸び率はいずれも物価変動要因が
取り除かれていない名目値である（※1993年まで中国の国民経済計算は「物質
生産体系」（MPS）を採用し，西側の国民勘定体系（SNA）の概念，定義，分類
に一部の相違がある）。この事実から，主要産業部門の高い伸び率は必ずしも成
長構造の実態を反映しているとは言えない。これは，同期間の実質成長率と名目
成長率との乖離で説明される。

　市場経済への移行を動き出した80年代初期では，実質と名目がともに高い成
長率を維持し，名目値が実質値よりやや高めの動きを見せながらも，安定的な景
気動向を示していた。しかし，改革の進展とともに両者の動きに大きな乖離が
現れるようになった。特に1984年の実質成長率15.2％に対して，名目成長率が

図表8-1　実質成長率と名目成長率の推移（％）

出所：『中国統計年鑑』各年版より作成

図表 8-2　部門別名目総生産額の推移（億元，％）

年次	農業	前年比	工業	前年比	建設業	前年比	卸売・小売業	前年比	通信・運輸業	前年比	その他	前年比
80	1,371.5	8.0	1,991.4	12.8	195.5	36.0	193.8	-3.5	213.4	10.2	586.0	18.6
81	1,559.3	13.7	2,043.2	2.6	207.1	5.9	231.1	19.2	220.7	3.4	636.6	8.6
82	1,777.2	14.0	2,156.8	5.6	220.7	6.6	171.4	-25.8	246.9	11.9	760.0	19.4
83	1,978.2	11.3	2,369.6	9.9	270.6	22.6	198.7	15.9	274.9	11.3	883.6	16.3
84	2,315.9	17.1	2,781.9	17.4	316.7	17.0	363.5	82.9	338.5	23.1	1,109.8	25.6
85	2,564.2	10.7	3,439.9	23.7	417.9	32.0	802.6	120.7	421.7	24.6	1,393.8	25.6
86	2,788.4	8.7	3,956.9	15.0	525.7	25.8	852.6	6.3	498.8	18.3	1,686.2	21.0
87	3,232.8	15.9	4,574.1	15.6	665.8	26.7	1,059.6	24.3	568.3	13.9	2,001.6	18.7
88	3,865.0	19.6	5,762.5	26.0	810.0	21.7	1,483.4	40.0	685.7	20.7	2,494.4	24.6
89	4,265.5	10.4	6,467.5	12.2	794.0	-2.0	1,536.2	3.6	812.7	18.5	3,214.3	28.9
90	5,016.6	17.6	6,840.6	5.8	859.4	8.2	1,268.9	-17.4	1,167.0	43.6	3,576.8	11.3
91	5,341.7	6.5	8,066.5	17.9	1,015.1	18.1	1,834.6	44.6	1,420.3	21.7	4,217.4	17.9
92	5,865.9	9.8	10,258.4	27.2	1,415.0	39.4	2,405.0	31.1	1,689.0	18.9	5,435.1	28.9
年平均伸び率		12.6		14.7		19.8		26.3		18.5		20.4

出所：『中国統計年鑑』各年版より

20.9 に達し，5.7％の乖離であった。そして，翌年にはさらに実質の 13.5％に対して，名目が 25.1％に達し，両者の乖離は 11.6％を記録した。その後の 1988 年 13.4％，1989 年 8.9％，1992 年 9.2％と続いた（図表 8-1）。

　このような実質成長率と名目成長率との乖離の背景には，物価変動のメカニズムが作動し出したことがある。計画経済の時代，物の生産から販売まではすべて政府の計画に基づき実行されていたため，需給関係の変動による物価の変動がなかった。80 年代以降の「市場」への移行は，これまで政府が厳しくコントロールしていた物価が徐々に規制が撤廃され，需要と供給の変化が物価に反映されるようになった。特に 80 年代後半の景気過熱による需要急増は物価の急上昇をもたらし，それが名目的に経済成長を押し上げる要因となった結果，実質成長率と名目成長率との乖離が大きくなったのである。

　このように，高い成長率を維持しながらも不安定な経済運営が付きまとわれる現状に対して，「市場」への航海が始まったばかりの中国経済は，知識と経験が不足のため，変動の波が大きければ，マクロ経済運営にもたらす混乱も大きくなると説明される。しかし，結果的に高い成長率を実現できたことは，「社会主義市場経済」の実行可能性が中国において実証されたと言える。

　W. W. Rostow は，経済成長が①伝統的社会，②離陸の先行期，③離陸，④成

熟への前進期，⑤高度大衆消費時代という五段階に分けられると唱えた。実際に
成長の五段階説を中国経済に当てはめてみると，1978年以前の「伝統的社会」
は，改革の実施によって「離陸の先行期」に入り，その後の改革の進展に伴っ
て，80年代半ばからは離陸準備期から徐々に「離陸」へ前進するようになった。
いわゆる，中国経済が「市場」に向かって飛び立つ時期に入った。そして，こ
の仮説に従えば，やがて「成熟への前進期」から「高度大衆消費時代」の段階に
入っていくことになる。実際，仮説通りに中国経済が「市場」に向けて飛び立つ
ことができたかどうかは，90年代以降のグローバル化に伴った中国経済の躍進
ぶりで確認される。

2．国営企業改革と外資主導の成長

　「市場」への移行は，「改革」と「開放」の両輪体制で推進されていた。「改
革」は国営企業部門をはじめ，「計画」の要素を徐々に削減することであるが，
「開放」は外資導入を中心に行われた。外資導入は，1980年に4つの経済特区
の設置を皮切りに，1984年に大連，天津，上海，広州など沿海14都市の対外
開放，1985年に珠江デルタ，閩南デルタ，長江デルタが沿海開放地区の指定，
1988年に遼東半島や山東半島の開放，そして90年代以降の全国開放に至った。
このような外資導入における「点，線，面」の変化は，海外の技術と経営ノウハ
ウの吸収，国有企業部門の改革，民間企業の育成に貢献し，中国の沿海部に外資
主導の輸出加工生産基盤の形成につながった。

国営企業から国有企業へ

　90年代は景気の落ち込みから幕を開けた。80年代後半の金融引き締めで停滞
していた改革が，1992年に鄧小平氏の「南巡談話」を契機に再加速した。これ
を受けて，市場メカニズムの導入に向けた金融政策，財政政策の整備が進められ
た。金融に関しては，中央銀行によるマクロ・コントロールシステムの確立，外
国為替管理体制の改革等が行われた。1994年に実施された公定レートと市場レー
トという二重為替レートの一本化は，特に外資による対中投資・貿易ルールの透
明化に働き，外資導入額と貿易額の急増で現れた。また，財政面では「分税制」
が実施され，中央税・地方税・共有税と区分し，中央から地方への財政移転支出

制度の導入が行われた。

「分税制」は，国営企業が経済主体として政府部門から分離され，経営の利潤を税金の形で国に納税するという，現代企業制度の導入が可能になったことを意味する。現代企業制度とは，株式会社制度を導入することである。1993年春の全人代会議では，国営企業の所有権と経営権の分離に関して，所有権は国にあるが，経営権は企業にあるという，国営企業を国有企業に転換させるための改正案が採択された。これによって，国営企業は正式に「国有企業」と称されるようになった。

　続いて国有企業の株式制の改革がはじまった。株式制とは，企業の所有権を変えることにより，企業が損益自己負担を原則とする法人組織に改編することである。そのため，これまで国有企業が負担していた年金，医療などの社会保障機能を各種企業と個人の共同負担に変え，さらに企業負担の一部を社会化，商業化するという社会保障体系の確立に動き出した。その背景には，急速に成長してきた外資系企業や民営企業との競争激化の中で，工業生産総額に占める国有企業のシェアが低下し続け，特に競争力を持たない中小型国有企業の経営が悪化の一途をたどったことがある。こうした中で，まず中小国有企業の株式会社化や，法人・個人への売却等の民営化を含む改革の方向性を決定した。さらに，1995年の「抓大放小」（大型国有企業の国際競争力を強化しながら，中小型国有企業の民営化を推進する）の政策によって，中小国有企業の民営化が事実上是認された。

　中小国有企業が株式化・民営化に生き残りをかける中で，非国有部門の郷鎮企業（農村部の余剰労働力の活用を目的に設立された農民企業）や，私営企業，及び外資系企業などの競争も激化していた。特に「南巡談話」以降，対中進出しやすくなった外資が輸出加工・組み立て分野を中心に投資の攻勢を強め，中国を舞台に投資と輸出の国際競争が始まった。旺盛な投資意欲と投資資金源の多様化を背景に，設備投資額が年々と増加し，投資ブームから誘発された工業部門の生産能力の急増をもたらした。

　90年代後半になると，民営化の波は大型国有企業にも及び，大型国有企業の株式会社化・上場が推進されるようになった。その背景には積年の国有企業経営の非効率があった。改革前，国営企業は工業生産の屋台骨であるため，政府の投資資金が集中し，投資の採算性や効率性などを軽視してきた。改革後，投資資

金の主要供給源を国家予算から企業の利潤，あるいは銀行融資に切り替えた。無論，これは国有企業が自己責任のもとでの経営を求めることである。したがって，投資効率が悪ければ，倒産に追い込まれることもありうる。

　しかし，社会保障制度や金融システム整備の遅れなどにより，国有企業が倒産すれば，金融混乱と失業に伴った社会不安と経済混乱が必至である。この事態を避けるためには，結局，国家予算による赤字企業を救済せざるを得なくなり，国家財政を圧迫し続けてきた。一方，国有企業は効率意識の強い外資系企業や，民間企業との熾烈な競争も強いられており，赤字経営に陥った国有企業数が急増した。

外資主導の投資と輸出

　国有部門の経営不振に対して，90年代の成長を牽引していたのは，主として中国に進出していた外資系企業であった。国連貿易開発会議（UNCTAD）の統計によれば，アジアの主要な地域向けの直接投資は，80年代半ばまではNIEsが中心であったが，その後，ASEAN諸国へ，そして90年代には中国へと変化した。1993年から2000年にかけて，中国は連続7年間世界で最も外資導入の多い国となり，1995年以降の全世界投資額の実に半分は中国向けであった。これらの外資は，合資企業，合作企業，独資企業などの形態を通じて中国に投資され，中国の沿海部を中心に輸出加工・組み立ての生産基盤を構築した。

図表 8-3　中国における外導入額の推移

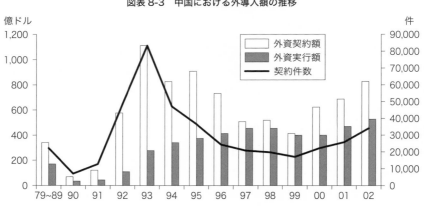

出所：『中国統計年鑑』各年版より作成

　沿海部はもともと豊富な生産資源と良質な労働力を有し，地理的な利便性も加えて，外資にとって最適な輸出加工用の産業立地である。一方，改革後，農村の余剰労働力を吸収する目的で設立された農民が主体となる郷鎮企業も沿海部に集中していた。これらの企業は進出してきた外資との合弁・合作企業などを通じて，経営ノウハウと技術の吸収，経験蓄積と技術レベルの向上を実現し，中には外資と互角の競争ができるまで成長した企業も多く誕生した。つまり，外資導入によって，中国の沿海部に世界最大の外資系企業と地場産業からなる輸出加工地帯の形成につながり，世界向けの大量生産，大量輸出，そのための大量輸入という生産体制を作り上げた。

図表 8-4　GDP と貿易額の推移（単位：億元，%）

年次	GDP	貿易額	貿易/GDP	輸出額	輸出/GDP	輸入額	輸入/GDP
1980	4,517.8	570.0	12.6	271.2	6.0	298.8	6.6
1985	8,964.4	2,066.7	23.1	808.9	9.0	1,257.8	14.0
1990	18,547.9	5,560.1	30.0	2,985.8	16.1	2,547.3	13.7
1995	58,478.1	23,499.9	40.2	12,451.8	21.3	11,048.1	18.9
2000	89,468.1	39,273.2	43.9	20,634.4	23.1	18,638.8	20.8

出所：『中国統計年鑑』各年版

　外資主導による輸出入の拡大は，GDP 規模と貿易額の拡大をもたらし，特に貿易依存度（貿易額／GDP）の上昇が目立った。80 年代初期の 10％台だったものが，90 年代に 30％台に上がり，さらに 2000 年には 40％を超えるまで上昇した（図表 8-4）。これは，言うまでもなく外資主導による輸出加工生産とそのための関連機材の輸入拡大によるもので，輸出と輸入の双方が拡大し続けた結果，貿易依存度が押し上げられたのである。国際分業体制が広がるなかで，中国の製造業が展開する中間財・資本財を輸入し，加工・組立した完成品を世界に輸出するという生産方式は，中国を「世界の工場」として成長させる可能性をもたらした。

　90 年代全期間を見ると，投資・輸出主導型の成長が特徴である。特に外資主導の投資は，国有部門や非国有部門との競争を通じて，輸出能力の拡大と景気拡大に寄与した。世界輸出総額に占める中国のランキングは 80 年の 26 位から，1990 年の 14 位，そして 2000 年の 7 位に躍進し続け，2009 年以降世界トップに躍り出るための基礎作りにも貢献した（図表 8-5）。

図表 8-5　世界主要国の輸出ランキング

年次	1 位	2 位	3 位
1980	米国	日本	中国（26 位）
1985	米国	日本	中国（15 位）
1990	ドイツ	米国	中国（14 位）
1995	米国	ドイツ	中国（11 位）
2000	米国	ドイツ	中国（7 位）
2005	ドイツ	米国	中国
2007	ドイツ	中国	米国
2008	ドイツ	中国	米国
2009	中国	ドイツ	米国
2010	中国	米国	ドイツ
2015	中国	米国	ドイツ
2019	中国	米国	ドイツ

出所：UNCTAD-Statistics

3．「世界の工場」から「世界の市場」へ

　2001 年の WTO 加盟後，中国は労働集約分野の比較優位を活かし，輸出加工生産の拡大を通じて，世界に大量の工業製品を供給し続け，ついに「世界の工場」としての地位を確立した。一方，大量生産，大量輸出の体制を維持するために，国際市場から大量の原材料や，エネルギー，部品などを輸入し続ける必要があり，加えて国内の 13 億の潜在的な消費市場に対する期待や，北京オリンピック，上海万博といったインフラ整備を中心とした内需拡大などから，中国の「世界の市場」としての期待も高められた。

　この内需と外需の相乗的な拡大効果は，2000 年代に年平均 2 ケタの高成長率をもたらした。工業部門は引き続き成長の牽引役であるが，旺盛な個人消費が中国社会を大衆消費の時代に導き，そして，リーマンショックを機に，海外の資源・技術・市場の獲得を目的とした中国企業の海外進出が本格化した。

WTO 加盟と貿易・投資の好循環

　「社会主義市場経済」が事実上，国際社会に認知されたのは WTO 加盟と言える。中国の WTO 加盟申請は 1986 年の GATT 時代に遡る。15 年間の紆余曲折を経てやっと加盟できたことは，体制転換を実現した中国にとって大きな意味があった。特に中国製品の輸出時の優遇関税や貿易障壁の回避に有利に働き，輸出

を一層拡大させるための環境が整備されつつある。一方，WTO加盟は中国市場
の一層の開放が条件であり，これは，同時に国際社会のルールに基づく市場競争
への参加が中国に求められることである。それに答えるための一環として，翌年
登場した「3つの代表」（共産党が先進的生産力，先進的な文化，最も広範な人
民の利益を代表する）が注目された。

　グローバル市場での競争を勝ち取るために，支配政党である共産党は先進的な
文化，制度，国際ルールなどを受け入れることが不可欠である。特に，従来労働
者の利益を代表する共産党が全国民の利益を代表するという理念の転換は，市場
経済の原点である資産家や経営者の利益を認め，私有制が正式に共産党の理念に
受け入れられたことを意味する。これにより，中国は公有制を前提とする計画経
済時代への逆戻りを不可能にし，今後，国際社会のルールに基づく発展の環境が
整ったこととなる。

　市場経済化と国際社会での発展環境が整備されていくなかで，貿易主導型の成
長，特に外資主導の加工貿易が成長を牽引する傾向はより強く現れた。GDP対
貿易の比率である貿易依存度は2000年半ばに6割を超える時期もあったが，外
資が集中する中国の二大産業集積地である長江デルタと珠江デルタにおいては，
輸出に占める外資の比率は，90年代前半では，長江デルタが10％台，珠江デル
タが30％台であったものが，2000年半ばには両者が揃って60％を超えるほど上
昇していた（図表8-6）。この事実から，中国の「世界の工場」は外資主導によ
る，中国の低コストを活用した加工貿易からなる「世界の加工工場」となったと

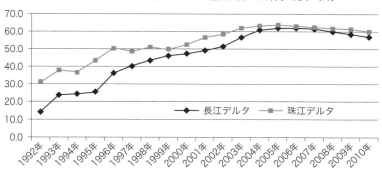

図表8-6　長江デルタと珠江デルタの輸出に占める外資の比率（％）

出所：『中国統計年鑑』各年版より作成

言っても過言ではなかろう。

　大量生産と大量輸出を行うためには，海外からの大量輸入も不可欠である。これらの輸入は，輸出生産用の原材料，部品，エネルギーなどが中心であるため，中国が要因による国際商品相場の乱高下も見られる。石油需要に関しては，米国に次ぐ世界2番目の石油消費国として，1993年に石油輸入国に転落してから，中国は海外市場からの調達が増加し続けている。そのため，中国が買えば，世界の石油相場が上昇すると言われるほど，世界のエネルギー相場の変動要因のひとつになっていた。国内に目を転じると，13億人の消費市場がある。特に都市部を中心に2〜3億と言われる中産階級が消費需要をリードし，中国社会は大衆消費の時代に突入していく。加えてオリンピック，世界万博といった世界規模のイベントを控えるなかで，公共投資の持続的増大も需要の拡大要因であった。このような内外の需要拡大が投資を誘発し，「投資が投資を呼ぶ」という好循環が生まれるなかで，中国は「世界の工場」から「世界の市場」へと導かれていく。

リーマンショック前後の成長変化

　2008年のリーマンショックは，中国経済の転換点となった。リーマンショック前，世界の好景気の波に乗って，中国が輸出攻勢を強めるとともに，輸出関連投資と外資導入が増加し続けていた。リーマンショック後，一転して中国企業による海外直接投資が前面に出るようになった。

　オリンピック前のインフラ需要と旺盛な内需によって，中国経済が好況のピークに達した。過剰流動性は景気過熱を誘発し，市場に出回る過剰資金が株式や不動産に集中したため，株価や不動産価格の急騰を招いた。過剰流動性の原因は国内と海外の両方にあった。国内部門では過剰貯蓄が主因である。経済成長に伴った国民所得増は，家計部門の現金収入増につながり，それ自体は望ましいことであるが，年金・医療・教育といった社会保障制度整備の遅れにより，多くの人が現在の消費よりも将来の貯蓄，または子供の教育資金に回した結果，過剰貯蓄が生まれた。加えて企業部門の好調な業績による内部留保も増え続けていた。これらの余剰資金が不動産や株式への投資の原資となり，各種投資ファンドを通じて，株式市場や不動産市場に流入し続けていた。

　海外部門に関しては，貿易黒字の拡大と海外直接投資の受け入れ増が目立った。好調な輸出は貿易黒字を拡大し続け，2005年から2007年の3年間に貿易黒

図表 8-7　外貨準備・貿易黒字・外資導入の推移（億ドル，%）

年次	貿易黒字	前年比	外資導入	前年比	外貨準備増	誤差
2001	225.5	-6.5	496.7	-16.3	466.0	-256.2
2002	304.3	34.9	550.1	10.7	742.4	-112.0
2003	254.68	-16.3	561.4	2.1	1,168.4	352.3
2004	320.9	26.0	640.7	14.1	2,066.8	1,105.2
2005	1,020.0	217.9	638.1	-0.4	2,089.4	431.4
2006	1,775.2	74.0	670.8	5.1	2,474.7	28.7
2007	2,643.4	48.9	783.4	16.8	4,619.1	1,192.3
2008	2,981.2	12.8	952.5	21.6	4,177.8	244.0
2009	1,956.9	-34.4	918.0	-3.6	4,531.2	1,656.3
2010	1,815.1	-7.2	1,088.2	18.5	4,481.9	1,578.6

出所：『中国統計年鑑』各年版より

字の対前年比では，それぞれ 217.9%，74.0%，48.9%増という驚異的な伸びを示した。外資導入額は 2007 年に 16.8%，2008 年に 21.6%と増加した（図表 8-7）。このような好調な対外経済は，国際社会では人民元の切り上げに対する圧力が高まった。金融当局は 2005 年と 2007 年の二度にわたって元相場の切り上げを実施したが，今後更なる元切り上げの観測を高める中で，元高後の利益を見込んだ投機資本が様々なルートを通じて中国に流入した。図表 8-7 の外貨収支で示す「誤差」は，外貨準備増から貿易黒字と外資導入額を差し引いたものであるが，その正体はほとんどが海外投機資本の流入によるものと見て良い。

　資本自由化を認めていない中国では，海外投機資本の流入による急激な元高を回避するために，金融当局が流入した外貨の全額を買い取る方法で対処するしかない。買い取りに伴った元の放出は，国内市場に過剰な資金の流出を招いた。加えて外資導入や貿易黒字の増加はその分の国内通貨供給増につながり，過剰流量性が一層の拍車をかけることになった。

　このような景気過熱は，中国特有の「C・H・I・N・A」型内需を作り出した。「C」は自動車に対する需要を示す。2006 年の自動車生産販売台数が日本を抜き世界第 2 位の市場に躍進し，2009 年にはさらに米国を抜き，短期間で世界最大の自動車生産販売国になった。「H」は住宅に対する需要である。中国の土地は国有のため，それ自体が投資の対象にはならないが，過剰流動性が地上の建物，特に新築マンションに集中したため，都市部を中心に不動産価格の急騰を招いた。「I」はインフラに対する投資需要である。高度成長に伴ったインフラ需要が全国規模で広がり，国と地方が中心に行う公共投資が波及効果を通じて一層の投

資需要を作りだした。「N」は自然資源に対する需要である。大量生産・輸出す
るための大量輸入は，エネルギーや原材料等に集中した。石油に関しては，国内
需要の半分以上が海外からの輸入に依存するが，鉄鋼生産の原材料である鉄鉱石
に関しては，中国買いで国際相場が左右されるほどであった。「A」は農産品に
対する需要である。国民所得増に伴って，特に健康に優しいと言われる海外の農
産品に対する消費量を増え続けていた。

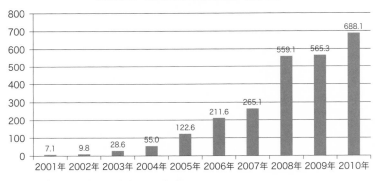

図表 8-8　対外直接投資額の推移（億ドル）

出所：『中国統計年鑑』各年版より作成

　景気過熱を抑制し，外貨の有効活用を目的とした中国企業による海外進出が
この時期から始まった。対外直接投資額では，2000 年初期 10 億ドルにも満たな
かったものが，2002 年政府が「走出去」（海外に打って出る）戦略を正式に決め
た後，変化が現われた。特に 2008 年以降の伸びが著しく，2010 年には 688.1 億
ドルに達し，2001 年の約 100 倍に急拡大した（図表 8-8）。

　急増した海外直接投資額はリーマンショックと密接な関係がある。製造業中心
の成長構造，なかでも重化学工業の生産拡大には石油などのエネルギーの安定供
給が不可欠である。国内の供給不足に対して，海外供給先の開拓と確保が求めら
れる。また，先進国に比べ，モノづくりの技術・開発能力が低いなかで，投資や
M&A を通じた研究開発拠点や人材，及び先進的な設備，工場などの獲得も重要
である。さらにアジア，南米，アフリカ等の先進国がまだ十分に浸透していない
国・地域に対しては，中国企業が進出しやすいという相対優位を持っており，賃
金コストの上昇と供給能力の過剰に直面する中国は，新しい市場の開拓を通じて

優位性を失いつつある労働集約型産業の海外移転も不可欠な戦略である。

　このような背景の下，潤沢な外貨資産を蓄積してきた中国は，リーマンショックによって引き起こされた世界規模の金融収縮を海外進出の好機ととらえ，海外資産価値の下落も中国企業による M&A のチャンスとなった。企業による海外進出の資金源は，主として好調な対外輸出と海外直接投資からなる。2006 年に外貨準備残高がはじめて 1 兆ドルを超えてから，2010 年には約 3 兆ドルに拡大した。この巨額の外貨準備は，企業の海外進出を資金面からバックアップし，リーマンショック後の国有企業を中心とする海外の資源権益や先端技術の獲得，新規市場の開拓などを狙った投資・買収を加速させた。

図表 8-9　中国実質成長率の推移（単位：%）

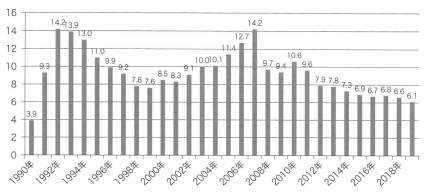

出所：『中国統計年鑑』各年版より作成

　国内景気動向に関しては，リーマンショック後の世界規模の不況が広がる中で，中国は 2008 年に 9.7％，翌年に 9.4％の成長率を確保していた。その背景には，4 兆元（約 60 兆円）の景気対策があった。この史上最大規模の景気対策は，鉄道・道路・空港・電力等のインフラ整備を中心に行われ，工業部門に投資拡大を誘発し，生産高の増加とともに，これまで沿海部中心の建設投資が内陸部まで広がる効果となった。「4 兆元」の内需拡大策とは別に，農村部の消費拡大に向けた「家電下郷」，「以旧換新」，「汽車下郷」等も実施され，農民の生活水準の改善に伴った家電や自動車の生産額と販売額の増加につながった。その結果，先進各国の景気回復が遅れるなかで，中国が 2010 年に 10.6％（図表 8-9）の高成長率を実現し，金融危機後の景気低迷から抜け出すための中国の牽引力が注目され

た。

　2000年代の成長を振り返ると，外資主導と内需誘発の成長を繰り返しながら，成長の質を高めてきたことが特徴である。輸出主導型と投資主導型は90年代と共通点が見られるが，設備投資とインフラ投資の強化から誘発された内需の急拡大は持続的成長の原動力となり，中国社会を大衆消費時代へ導きながら，「世界の市場」としての期待を高める結果となった。また，リーマンショック後の世界規模の不況の中，中国経済が果たした牽引車としての役割や，中国企業による本格的な海外進出などが，今後の中国経済を占う上で重要な出来事と言えよう。

　80年代以降の30年にわたる持続的高成長は，中国の産業構造を構成する各産業部門では，量と質の変化をもたらしていた。量に関しては，1980～2010年の期間に，第1次産業の対GDP比率は30.2％から10.1％へ大幅な低下を実現し，第2次産業は同48.2％から46.8％に微減した。この両者の比率の低下に対して，第3次産業は同21.6％から43.1％に倍以上の拡大を見せた（図表8-10）。こうした量的変化は，中国経済の成長を支えていた主要産業が，従来の伝統的な農工業から，グローバル競争にも対応できる製造業への転換を実現したことを意味し，やがてサービス業がリーディング産業に躍り出ることが期待される。

図表8-10　名目GDPに占める各産業比率の変化（億元，％）

年次	名目GDP	第1次産業	比率	第2次産業	比率	第3次産業	比率
1980	4,545.6	1,371.6	30.2	2,192.0	48.2	982.0	21.6
1985	9,016.0	2,564.4	28.4	3,866.6	42.9	2,585.0	28.7
1990	18,667.8	5,062.0	27.1	7,717.4	41.3	5,888.4	31.5
1995	60,793.7	12,135.8	20.0	28,679.5	47.2	19,978.5	32.9
2000	99,214.6	14,944.7	15.1	45,555.9	45.9	38,714.0	39.0
2005	184,937.4	22,420.0	12.1	87,598.1	47.4	74,919.3	40.5
2010	401,202.0	40,533.6	10.1	187,581.4	46.8	173,087.0	43.1

出所：『中国統計年鑑』各年版

4．新常態と新たな挑戦

　2011年に入ってから，中国経済の成長は減速しはじめた。GDP成長率は同年の9.6％をピークに，2015年以降は6％台に低下している（図表8-9）。この減速に対して，リーマンショック後の世界規模の景気低迷による輸出減少，投資減少といった一時的な景気循環によるものもあるが，何よりも中国経済の成長構造の

転換が求められた結果と言える。これまでの労働と資本の大量投入によってもたらされた高成長はもはや維持できず，今後，如何に安定成長の下，産業構造の高度化と技術レベルの向上は経済運営の最優先課題となっている。それに伴って，新常態という言葉が中国経済を語る際のキーワードになっている。

　新常態は「New normal（ニューノーマル）」の中国語訳である。リーマンショックを経験した世界経済は，金融危機から立ち直っても元通りにならないという考え方に対して，投資家の間で「ニューノーマル」が広がり，2014年習近平国家主席が中国は「新常態」に入りつつあると述べたことから話題になった。

　中国はこれまで安価な労働力を活用し，大量生産，大量輸出という成長構造を構築してきた。しかし，リーマンショック後の世界規模の景気低迷の下，中国の輸出が伸び悩み，輸出不振に伴った設備稼働率の低下が現れた。加えて，これまでの大量生産を支えていた農村部余剰労働力のピークが過ぎ，安価な労働力に依存した生産体制の維持がもはや不可能になる。さらに環境を犠牲に推進してきた工業化も限界に達しつつある。

　そんな中で，「製造業からサービス業へ」，「投資から消費へ」，「イノベーション能力の向上と産業の高度化」などが今後の発展の方向性として提起され，投資・輸出主導型の成長から，資本・技術主導型の成長への転換が求められるようになった。成長構造の転換に合わせて，中国政府が新しい対外開放戦略の一環として「一帯一路」構想，そして，「世界の工場」を進化させる形の「中国製造2025」構想を発表し，新常態に備えた新たな挑戦が始まった。

「一帯一路」構想

　「一帯一路」とは，2013年9月習近平氏がカザフスタン訪問時提起した「シルクロード経済ベルト」（一帯）と「21世紀海上シルクロード」（一路）という2つの構想の総称である。構想の枠組みとして，「一帯一路」はアジア，中東，欧州に跨る経済圏の構築を目指すものである。そのうち「シルクロード経済帯」とは，①中国から中央アジア，ロシアを経て，欧州（バルト海）まで，②中国から中央アジア，西アジアを経てペルシア湾，地中海まで，③中国から東南アジア，南アジア，インド洋まで，という3つのルートからなる。また，「21世紀海上シルクロード」とは，①中国沿岸部の港から南シナ海を通り，マラッカ海峡を経てインド洋，欧州まで，②中国沿岸部の港から南シナ海を経て南太平洋まで，という2

図表 8-11　一帯一路構想図

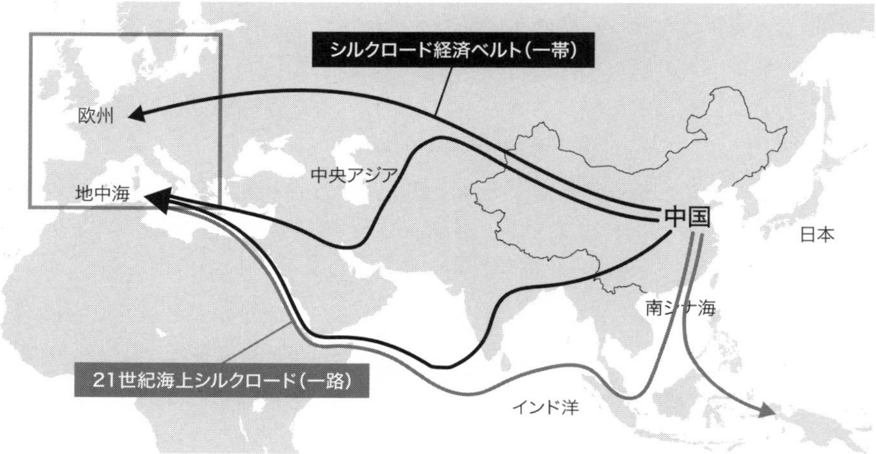

出所：『朝日新聞デジタル』2019 年 3 月 27 日（https://www.asahi.com/articles/photo/AS20190326 004821.html）。

つのルートから構成される（図表 8-11）。同構想のもと，沿線 65 カ国の 45 億人（世界の 63％），GDP が 23 兆米ドル（世界の 31％）（いずれも IMF2015 年統計）をカバーし，中国が主導する現代版シルクロード経済圏の可能性が生まれる。

「一帯一路」構想の主要目的は，「政策溝通」，「設施聯通」，「貿易暢通」，「資金融通」，「民心相通」に集約される。

① 「政策溝通」とは，マクロ経済対話や域内協力を通じて各国が政策面での意思疎通を図る。
② 「設施聯通」とは，各国・地域を繋ぐための交通・エネルギー・情報通信インフラなどの規格の標準化を通じてインフラの相互連結を目指す。
③ 「貿易暢通」とは，貿易・投資の自由化，新興産業の協力，国際分業の配置改善などを通じて貿易の円滑化を目指す。
④ 「資金融通」とは，各国・地域が資金協力を通じて沿線のインフラ整備を実施する。
⑤ 「民心相通」とは，留学生交流，観光往来，伝染病などの情報共有，政党，議会，民間組織などの協力強化による国民間の相互交流を促進する。

そして，「要想富，先修路」（豊かになりたければ，先にインフラを整備しよう）の理念は多くの国・地域に共感された。中国経済の発展の経験からインフラ

整備の重要さを証明するキャッチフレーズは，沿線諸国・地域が積極的に「一帯一路」に参加するきっかけとなった。インフラ整備を目的として中国が提唱したアジアインフラ投資銀行（Asian Infrastructure Investment Bank：AIIB）は設立時57カ国が創設メンバーとして参加したが，その後，追加承認を経て，2020年末現在102の国・地域に拡大している。

「中国製造2025」構想

　「中国製造2025」とは，2015年5月に中国政府が発表した，中国における今後10年間の製造業発展のロードマップである。その具体的な内容は，第1段階では，2025年までに製造強国の仲間入りを果たす。第2段階では，2035年までに製造強国の中位レベルに到達する。第3段階では，建国100周年の2049年までに製造強国の先頭グループに入るという目標である（図表8-12）。

　同構想は，工業化と情報化の結合，IT技術と製造業の融合促進をはじめ，工業基礎能力の強化，品質とブランドの強化，環境に配慮したものづくりの推進，製造業の構造調整，サービス型製造業と生産性サービス業の発展，製造業の国際化水準の向上などが強調されている。「イノベーションによる駆動」，「品質優先」，「グリーン発展」，「構造の最適化」，「人材が中心」という5つの方針が掲げられ，中国製造業の主要な問題点を強く意識し，その改善を喚起している。

　より具体的な推進事業については，①次世代情報技術（IT），②高機能NC工

図表8-12　「中国製造2025」3段階戦略

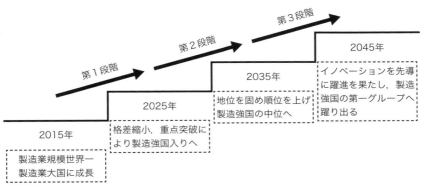

出所：中国政府発表資料より作成

作機械とロボット，③航空宇宙設備，④海洋エンジニアリング設備とハイテク船舶，⑤先端鉄道交通設備，⑥省エネ・新エネ自動車，⑦電力設備，⑧農業設備，⑨新素材，⑩バイオ医薬と高性能医療機器といった10大産業の発展が提起されている。特に「次世代情報技術（IT）」を1位に据えるということは，少子高齢化による労働人口の減少に直面する中，製造強国への転換にはインターネットと製造業との融合である「インターネット＋（プラス）」をカギとする必要があるからである。

　その意味で，「中国製造2025」は，中国版「インダストリ4.0」とも呼ばれ，世界の次世代産業変革の中で，中国は製造業における先進国とのギャップを埋め，さらに第4次産業革命にキャッチアップを目指すことになる。

米中経済摩擦とその対応

　新常態に備えて動き出した中国は，一方で米国との摩擦が次第に表面化してきた。2016年米国大統領選挙期間中，トランプ大統領は中国との貿易不均衡を問題として取り上げた。2017年4月の米中首脳会談では，貿易不均衡を解消するための米中包括経済対話メカニズムの立ち上げが合意されるとともに，米国の対中輸出を増やすための100日計画策定が取り決められた。しかし，同年7月に行われた閣僚級による包括経済対話メカニズムの交渉は進展を見ないまま頓挫した。これを機に，世界1位と2位の経済大国による貿易戦争の幕が開けた。

　2018年に入ってから，米国は保護主義的な通商政策を実行に移し，次々と中国からの輸入品に対して関税の引き上げを発動した。同年7月からはじまった第1弾から第3弾の関税引き上げでは，中国からの輸入（2018年は5,400億ドル）のおよそ半分に25％の関税を上乗せしてきた。これに対し中国も報復措置として米国製品の約7割に関税をかけると応戦した。さらに，2019年9月1日に第4弾の対中制裁関税に対して，中国は即時米製品に報復関税をかけるという泥沼の関税合戦の様相を呈した。

　米国は中国に関税をかける以外にも，知的財産保護の規則改定・実施，外国からの投資に伴う技術移転の強要の停止，「中国製造2025」における国家補助を止めるなど，従来の貿易交渉の枠を大きく超える内容を中国に要求している。なかでも，中国の通信機器大手華為技術への締め付けを強化したことが注目される。その背景には，貿易赤字だけではない米国の思惑，すなわち，中国がハイテク技

術の分野で急激に台頭し覇権を握ろうとしていることへの危機感が見て取れる。

　一方，中国への制裁が目に見える効果に繋がらず，国内の産業界からの反対があるにも関わらずトランプ政権が対中政策を変えないのには，世界の覇権争いという側面で，中国への締め付けを期待する人々が少なからずいるという背景もあるようである。ちなみに米国と中国は，特に次世代通信網「5G」をはじめとするITやハイテク関連の世界ナンバーワンの座を争う大国同士である。したがって，この米中貿易戦争は「技術戦争」の側面も否めず，IT分野における競争優位を獲得するための争いが表面化したという見方ができる。そのため，中国はトランプ政権から突き付けられた注文に安易に応じるわけがなく，貿易摩擦から経済全般，そして安全保障まで広がる懸念が生じている。言うまでもなく，米中摩擦の拡大は世界貿易，世界経済の停滞への懸念が高まり，両大国の国際社会への責任が問われることになろう。

5．社会主義大国の行方

　40年にわたる中国経済の躍進により，国際社会の中国を見る視点が変化しつつある。「最後の社会主義大国」，「やがて世界一の経済大国」など，中国に対する期待と不安は入り混じっているが，なかでも，中国の台頭が国際社会に相応の責任を果たすべく，「国際社会に責任を持てる大国」としての期待が高まりつつある。今後，グローバル社会の安定的な発展に対して，中国が果たすべき役割が益々大きくなることであろう。そして，自由競争と国家主導というマクロ経済運営のバランスが「社会主義市場経済」の今後を占う重要な視点となろう。

成長エンジンのチェンジ

　「改革・開放」以降の中国経済を考察するにあたって，3つの投資が原動力となる成長エンジンが存在し，それぞれの成長段階において効果的に稼働し，中国の台頭に貢献してきたと言える。これらの成長エンジンを時間軸からたどっていくと，①外資による海外直接投資という「外資主導型の成長エンジン」，②国内企業による内需・外需向けの投資という「投資主導型の成長エンジン」，③政府部門による公共投資という「政府主導型の成長エンジン」があげられる。

　「改革・開放」後，資本と技術の不足に対して，中国が加工・組み立て分野を

中心に海外直接投資を積極的に受け入れる。すなわち，市場と技術の交換であった。海外の技術と経営ノウハウを吸収しながら，沿海部には世界最大の輸出加工生産基地が誕生し，「世界の工場」になるための生産土台の形成につながった。この段階における「外資主導型の成長エンジン」は，特に低付加価値分野の加工貿易の拡大に貢献していた。

　90年代半ば以降，国民所得増加に伴った消費需要の創出，及び競争力の向上による輸出の急増に対して，国内企業部門と外資とともに内需・外需向けの投資を拡大し続けるという，「投資主導型の成長エンジン」が稼働しはじめた。旺盛な国内消費需要から中国社会を大衆消費の時代に導きながら，競争力を付けた中国製品が特に中・低付加価値分野に輸出ドライブがかかり，「世界の工場」としての地位を定着させた。

　2001年WTO加盟後，サービス分野を中心に外資規制が撤廃しつつある中国は，13億人の消費市場が外資にとって大きな魅力となる。「世界の市場」としての期待が高まるなかで，海外直接投資は従来の「工場」機能の活用を主とするものから，「市場」機能を重視する投資へと転換し，新たな「外資主導型の成長エンジン」が動き出した。

　また，全成長期間における「政府主導型の成長エンジン」の貢献度が際立った。持続的な高度成長が資本蓄積を促進し，財政出動しやすくなった政府部門では，公共投資や国有企業部門への投資などを通じて成長をリードし続けてきた。景気後退時，財政出動規模を増やしたり，世界的な景気循環に巻き込まれないための内需を拡大したりするなどによって，マクロ経済を安定的に拡大する機能となった。

　このように，中国経済は各成長段階において，これらの成長エンジンが複合的に稼働し続けることによって，長期にわたる高成長を実現してきた。ただし，中国自身の成長構造の高度化，および目まぐるしい変化を遂げるグローバル社会に対して，これらの成長エンジンに求める機能も徐々に変化し始めている。リーマンショック後の中国企業による海外進出，一帯一路を通じた沿線諸国との協働による地域経済の安定的拡大，さらに「中国製造2025」構想で示すように，世界強国に仲間入りすることは，いずれもグローバル社会との連携なしでは実現不可能である。特に新型コロナウイルスによって，グローバル経済の需要と供給の双方に大きなダメージをもたらしている。これは，中国にこれまでの外需主導の

成長戦略から，当面内需主導の成長エンジンに切り替えることが求められる。一方，グローバル経済の発展に大国として相応の責任を果たすことも不可欠である。そのため，より明確な安定成長目標，より効果的な成長エンジンの再構築は新たな課題となろう。

外交の3本柱と新常態の外交

　中国の台頭に伴って，米国主導の国際秩序との摩擦が次第に表面化してきている。その背景には，近年中国が経済規模で米国に急接近し，米国国内での対中警戒感から，中国を米国の国益と国際秩序に挑戦する相手として位置づけたことがある。また，トランプ政権の対中政策転換によって，米国の同盟国の対中政策転換を余儀なくされる国が現れ，摩擦の広がりが懸念される。そして，中国の「走出去」政策に伴った対外経済活動の活発化は，新規市場の開拓や，資源獲得，技術獲得などの競争を激化させ，利害関係のある国・地域との摩擦も避けられない。これらは中国の国際社会における交渉・調整の重要性が益々高まってくることを意味する。

　外交は，国家が国益の最大化を図るために行う諸活動である。主権国家が自国の安全保障，経済的利益，その他の国益の保持・最大化を主として，策定される外交戦略に基づいて実行されるのが外交政策である。中国は，これまで①世界平和の維持と共同発展の促進，②独立自主外交，③平和共存5原則（主権と領土の完全性の相互尊重，領土不可侵，内政不干渉，平等互恵，平和共存）を外交の基本原則としており，国家主権にかかわる問題は，絶対に譲歩しない態度を取ってきた。例えば，台湾問題は中国の内政であり，他国の干渉を許さないとしている。1971年国連において，中華人民共和国政府が中国を代表する正統的な政府として承認された以降，国際社会における中国の地位の上昇に伴って，2020年末現在，中国と外交関係を樹立した国は174カ国に達している。中国と外交関係を樹立する際，中華人民共和国を唯一正統な政府として認め，台湾，いわゆる中華民国の外交関係の断絶を必須条件としている。

　また，経済上の利害は国益に直結し，その内容もエネルギー保障・海洋資源・食料保障など多岐にわたるため，中国にとって，これらの課題をめぐって関係諸国との様々な交渉が求められる。特にトランプ政権のアメリカファーストを理由に，中国の輸出品に関税をかけたり，中国の産業政策に無理な注文を付けたりす

るなど，いわゆる米中貿易戦に対して，中国は米国との二国間の交渉のほかに，WTOなどの国際機関にも中国の正当性を訴え，国際社会から大きな関心を集めた。一方，特定の資源を保有する国との経済援助を通じた共同開発と資源輸出はよく使われる外交手段であるが，エネルギー資源の確保は中国経済の持続的発展を左右するだけに，これらの外交交渉は中国にとって重要な意味を持つ。

　公正で合理的な国際政治経済新秩序の構築も中国外交の特色のひとつとして注目される。地理的に15カ国と陸続き，6カ国と海を挟んで接するという複雑な地理関係にあり，国の制度や，発展のレベル，価値観など様々な違いが存在する中で，今後の持続的な発展を維持するためには，近隣諸国との平和互恵，共存共栄な関係を構築することは，中国にとってなによりも重要な外交課題となる。そのため，安全保障上は「新安全保障観」に基づき，対話と協力を通じて紛争を解決することが最も重要な外交方針である。この考え方に基づき，1990年代後半以降，近隣諸国との関係の安定化を図るため，朝鮮半島問題や，ASEAN諸国と協力関係などに力を注ぎ，東側ではASEAN+3，西側では上海協力機構（SCO）などを設立した。近年では，さらに「一帯一路」構想を通じて，中国の平和的な発展構想を世界に発信し実行し続けている。

　グローバリゼーションの進行，情報通信技術の発達によって，軍事力といったハードパワーの重要性が相対的に低下する中で，音楽・文学・映画などをはじめとする大衆文化やその国の政策，政治的価値観などに他国からの共感と好意を得ることで自国のイメージを向上させ，外交を有利に進めることも重要視される。中国はソフトパワーとしてのパブリック・ディプロマシーの重要性に着目し，「孔子学院」などを通じて，世界各国に中国文化節の開催，伝統文化芸能の公演などの文化外交を積極的に展開している。

　今日，政治外交，経済外交，文化外交はすでに中国外交の3つの柱になりつつある。このような「全方位外交」を通じて，中国の国際的影響力を増し，大国としてのイメージ改善に有益であることは言うまでもないが，中国の外交努力は国際社会の安定に貢献できることも期待されよう。

それでも社会主義

　2020年版「フォーチュングローバル500」の発表によると，中国企業は124社がランクインし，米国（121社）を超え，世界1位となった。その内訳をみる

と，国有企業は 92 社，全体の 74％を占めている。国有企業は中央各省庁に所属する中央国有企業と地方政府に所属する地方国有企業に大別されるが，さらに中央国有企業は，国務院直属企業，金融業，その他の中央国有企業に分けられる。

　上記 124 社のうち，国務院直属企業，いわゆる「央企」は 48 社（同 39％）を占めている（図表 8-13）。特に「中国石油化工」，「国家電網」，「中国石油天然ガス」などの「央企」は毎年グローバル 500 の上位に連ねている。このような国有企業が世界のトップ企業と競争しながら，通信，石油，製造，建築，貿易など幅広い領域にわたって実力が増強した現象は，近年，中国経済の成長に伴ってより強く現れており，「央企」主導の中国経済の実力アップの実態が浮かび上がる。

　80 年代以降の体制改革は，「市場」の要素を多く取り入れ，「計画」の部分を少しずつ放棄するのが目的であった。改革の成果は，民営化による国有企業数と従業員数を大幅に削減する，いわゆる「民進国退」で現れた。しかし，国有企業がグローバル 500 に多数占めていることは「民進国退」とは逆行であり，「国進民退」の指摘が生まれた。

　「国進民退」の実態に関して，以下 3 つから説明される。①国有企業数と従業員数の大幅な減少のもと，国民経済全体としては「国進民退」は起きていない。②地方国有企業が相対的に縮小しているのに対して，中央政府所属の国有企業は資産保有量，企業数，従業員数が増加している事実がある。③中央政府所属の国有企業の中で，特に国務院直属の「央企」が増強をリードしている。すなわち，近年の「国進民退」は，一部特定の産業分野に改革しながら増強していく「央企」の存在があった。その背景には，以下の理由が指摘される。

(1) 投資主導の「国進民退」

　持続的な高度成長を図るには，全国規模のインフラ整備が不可欠である。特に資源が豊富でありながらも，インフラ整備が遅れたゆえに，開発が進まない内陸部に対して，高速道路や高速鉄道，空港などの整備に最優先課題として取り組むことが求められる。そのための政府による大規模な財政支援が不可欠であり，それを実施するための主体が大型国有企業主導になるのは，ある意味では自然の流れになる。なぜなら，内陸部にはもともと大規模な公共施設を建設できる民間企業が少ないからである。

図表 8-13　グローバル 500 にランクインする「央企」(2020 年)

1	2	中国石油化工集団公司 (Sinopec Group)
2	3	国家電網公司 (State Grid)
3	4	中国石油天然気集団公司 (China National Petroleum)
4	18	中国建築集団有限公司 (China State Construction Engineering)
5	50	中国鉄路工程集団有限公司 (China Railway Engineering Group)
6	54	中国鉄道建築集団有限公司 (China Railway Construction)
7	64	中国海洋石油総公司 (China National Offshore Oil)
8	65	中国移動通信有限公司 (China Mobile Communications)
9	78	中国交通建設集団有限公司 (China Communications Construction)
10	79	中国華潤有限公司 (China Resources)
11	89	中国第一汽車集団有限公司 (China FAW Group)
12	92	中国五鉱集団有限公司 (China Minmetals)
13	100	東風汽車公司 (Dongfeng Motor)
14	105	中国南方電網有限責任公司 (China Southern Power Grid)
15	108	国家能源投資集団 (China Energy Investment)
16	109	中国中化集団公司 (Sinochem Group)
17	111	中国宝武鋼鉄集団 (China Baowu Steel Group)
18	136	中糧集団有限公司 (COFCO)
19	145	中国医薬集団 (Sinopharm)
20	154	中国兵器工業集団公司 (China North Industries Group)
21	157	中国電力建設集団有限公司 (PowerChina)
22	158	中国電信集団公司 (China Telecommunications)
23	163	中国航空工業集団公司 (Aviation Industry Corp. of China)
24	164	中国化工集団公司 (ChemChina)
25	187	中国建材集団 (China National Building Material Group)
26	189	招商銀行 (China Merchants Bank)
27	191	中国保利集団 (China Poly Group)
28	217	中国鋁業公司 (Aluminum Corp. of China)
29	235	招商局集団 (China Merchants Group)
30	264	中国遠洋海運集団有限公司 (China COSCO Shipping)
31	266	中国華能集団公司 (China Huaneng Group)
32	281	中国機械工業集団有限公司 (Sinomach)
33	290	中国聯合網絡通信集団股份有限公司 (China United Network Communications)
34	305	中国航空油料集団公司 (China National Aviation Fuel Group)
35	316	国家電力投資集団公司 (State Power Investment)
36	332	中国航天科工集団公司 (China Aerospace Science & Industry)
37	352	中国航天科技集団公司 (China Aerospace Science & Technology)
38	353	中国能源建設集団 (China Energy Engineering Group)
39	361	中国中車集団 (CRRC Group)
40	370	中国華電集団公司 (China Huadian)
41	381	中国電子科技集団公司 (China Electronics Technology Group)
42	386	中国電子信息産業集団有限公司 (China Electronics)
43	401	鞍鋼集団公司 (Ansteel Group)
44	434	中国兵器装備集団公司 (China South Industries Group)
45	465	中国大唐集団公司 (China Datang)
46	477	中国通用技術 (集団) 控股有限責任公司 (China General Technology)
47	493	中国核工業集団有限公司 (China National Nuclear)
48	496	中国中煤能源集団有限公司 (China National Coal Group)

出所:2020 年版「フォーチュングローバル 500」

(2)　景気対策の「国進民退」

　リーマンショックによって，世界経済に深刻なダメージを与えたことは周知の通りである。景気対策の一環として，政府が総事業規模4兆元の景気対策を実施した。その際，財政資金のほとんどが国有企業によって独占されている鉄道，道路，空港といったインフラ分野に集中していた。これらの公共投資は誘発効果を通じて国有企業部門の業績回復に寄与すると同時に，これまで外資主導による沿海部中心の投資から，国有企業による内陸部への投資を通じて，内陸部の景気回復を刺激する効果をもたらした。つまり，公共投資の拡大は国有企業部門の業績回復と同時に，中国経済をリーマンショック後の低迷状態から抜け出させたことにも貢献した事実がある。

(3)　海外進出の「国進民退」

　リーマンショックを機に，海外投資や事業の多角化に乗り出す大型国有企業が増えていた。特に危機後，海外企業の業績悪化に伴った資産価値の下落が，中国の企業にとって海外のエネルギー開発や，技術・知的財産などの投資・買収の好機となる。この政策実行の担い手として実績と実力を有する大型国有企業が選ばれるのも自然の流れである。国の資金的サポートが得られた国有企業は，世界のトップ企業と熾烈な競争を繰り広げながらも，民間競争相手より有利な立場で入札し，持続的な事業規模の拡大を保証されている。

　このような政府による強力な後押しで，大型国有企業を中心に「国進民退」の動きが次第に顕著化していく。なかでも，今後の成長を確保するための資源，エネルギー分野はほぼ国有企業によって独占されており，海外市場においては，世界のトップエネルギー企業と熾烈な競争を繰り広げながらも，持続的な事業規模の拡大が保証される国有企業の存在が必要であったことが事実である。

　加えて，政府の政策展開を資金面でサポートする国有商業銀行の存在が大きかった。株式化と上場によって，経営の透明化を実現した国有商業銀行であるが，政府部門は依然として国有商業銀行の大株主であり，国有企業の融資計画と実施に政府部門に影響を受けるのは避けられない。世界の金融・決済企業時価総額ベスト10（図表8-14）では，中国工商銀行は実質的に世界最大の銀行であり，中国建設銀行，中国農業銀行などが石油・石化，電力，国防，通信，運輸，鉱山，冶金，機械などの分野において，中央政府の産業政策で資金面での力を発

図表8-14　世界の金融・決済大手の時価総額ベスト10

ビザ（米）	44.2兆円
マスターカード（米）	35.0兆円
JPモルガン・チェース（米）	32.9兆円
中国工商銀行（中）	27.0兆円
ペイパル（米）	25.1兆円
バンク・オブ・アメリカ（米）	22.6兆円
中国建設銀行（中）	19.8兆円
中国農業銀行（中）	17.3兆円
ロイヤル・バンク・オブ・カナダ（カナダ）	11.1兆円
HDFC銀行（印）	9.7兆円

出所：QUICK・ファクトセット調べ。2020年10月22日時点

揮し，利益を最大化している。

　中国経済の高成長は，市場開放と競争がもたらした結果である。これは，今後の持続的な成長を図るには，もっと徹底的な競争メカニズムの導入が不可欠であることを意味する。現状の大型国有企業の増強は，一時的に中国経済の安定的な発展に寄与する側面を否定できないが，これが長期的に持続すると，市場経済の効率化が損なわれ，中小企業，とりわけ，民間中小企業の成長の妨げになることが懸念される。つまり，「国進民退」が必要以上に進展すれば，民間企業による投資意欲の低下，経済活性化の妨げを招くことになる。その意味から，今後市場競争を高めるための，国有企業の独占分野を民間企業への開放を含めた施策を打ち出すことが避けて通れない課題であろう。

　また，中国経済の離陸，及びその後の成長のきっかけを作ったのが外資導入であったことは周知の事実である。外資導入の際，主として消費者向け事業が中心に認められ，その見返りに技術や知的財産権を手に入れた中国の企業は，それらの資産を用いて競争力を大幅に高めてきた。一方，通信，造船，石油，石油化学，鉄鋼といった戦略的分野に関しては，外資の受け入れをほとんど行わず，国有企業や政府の認可を受けた一部の民間企業だけがこれらの分野での役割を主導している。

　このような国家が強力な権限を活かし，市場を巧みに利用しながら成長を導くという発展モデルは，政府による開発独裁，中国による「国家資本主義」であるとの指摘がある。これらに対して，中国の台頭は，中国国民が自主的に探索し，中国の国情に合った，中国の特色ある社会主義による結果と，政府が主張してい

る。

　高度大衆消費，「世界の工場」から「世界の市場」，次世代 IT 分野の技術開発などを通じて，中国は雇用の創出，所得の拡大，生産性の向上などを実現し，国民が発展の成果を享受してきたのは事実である。一方，環境問題や少子高齢化問題などの国内課題への対応，そして，国際社会における責任を持てる大国としての役割も果たさなければならない。これらは，今後「中国モデル」が各成長段階において有効な軌道修正，グローバル社会の発展と調和がとれたモデルの構築を視野に入れることも不可欠あろう。

終章

デジタル経済の時代

　人間社会は，これまで大量生産と大量消費を中心に経済活動を営んできた。しかし，インターネット技術の急進展は，その図式が大きく変化している。モノのインターネット（IoT）のように，あらゆるモノがインターネットでつながり，情報交換などが容易に行えるようになっている。そこには，ありとあらゆる情報をデータ化し，解析や分析を通して，新しい付加価値を生みだしている。消費者は，財やサービスを低価格で，しかもよりニーズに合った形で購入できるし，企業は，人工知能（AI）やロボットなどによる人間の代替労働を進め，作業効率を飛躍的にアップさせ，よりよいサービスを，より安く提供することが可能となっている。

　この流れを受けて，人間社会は第四次産業革命に突入したと宣言している。

1．産業革命と社会の進歩

　第一次産業革命のもっとも大きな影響は，第二次革命を生み出したと言われる。その後，第三次，第四次へシフトしていく過程で，人々の生活はガラリと変わり，産業のシステムにも大きな変化が生じた。農耕社会から工場社会に転換したことで，人々は商品やサービスに対する需要が増加したが，賃金労働者は自給自足の生活ができないため，代わりに工場で様々なモノを生産するようになった。また，生活アイテムを買う消費者のニーズに応えるために，企業は様々な個人向けのサービスを提供していく。これらの変化を通じて，人間社会をより豊かに，より快適な時代へ導いていく。そして，第四次産業革命は人工知能が導入されることで，機械が人間に変わって操業し，コストダウンときめ細かなサービス

や商品が生まれ，人間の働きから生活のスタイルまで大きな変化をもたらそうとしている。この社会構造の大変化が想定される第四次産業革命に対して，今後，政府や企業の対応力が試されることになろう。

第一次産業革命

　第一次産業革命は，18世紀末にイギリスで起こった。植民地であるインドから輸入していた綿花を綿織物として輸出するために，いかに効率よく加工するかが求められていた。そこで発明されたのが織機と紡績機であった。これにより，糸をつむぐなど，機織りのスピードが一気にアップし，さらに蒸気機関の改良によって綿織物が自動的に作られるようになった。これを機に，農耕を中心とする農村地帯の工業化・都市化が進み，繊維工業は蒸気機関の発展と共に産業革命において中心的な役割を担うようになった。

第二次産業革命

　第一次産業革命が織物を中心とする軽工業から起こったのに対して，第二次産業革命は鉄鋼・機械・造船などの重工業，そして石油資源を利用した化学工業という重化学工業部門での技術革新から始まった。19世紀末から20世紀にかけてドイツと米国において産業革命において顕著な発展を見せた。ドイツがガソリンエンジンを発明し，蒸気機関と比べて小型化が可能で，この技術を応用した自動車や飛行機の実用化が進んだ。米国のエジソンは電球を改良して，電気を産業化していた。そして，電力の提供によって通信技術が生まれ，石油を使用することによって石炭よりも効率のいい製造技術がもたらされた。よりパワーのあるエネルギーを使えるようになったため，製鉄業や造船業などの重工業の発展と大量生産が一気に進んだ。

第三次産業革命

　第三次産業革命はIT革命とも呼ばれ，20世紀後半から始まった。パーソナルコンピュータ，インターネット，情報通信技術（ICT）などの進歩が代表的である。人類はついにコンピューターを駆使し，複雑な演算処理を簡単に，自動的に行えるようになり，人間の知的作業の効率化を実現した。これにより生産技術のより進んだ自動化はもちろん，インターネットに常時接続されたスマートフォン

やノートパソコンなどの情報機器が携帯可能になったことで，場所を選ばない協働や，人間の擬似的な能力強化が可能になった。そして，製造業や流通業などの分野におけるIT技術の活用は，生産効率の大幅なアップとコストダウンの実現を可能にし，世界は急速にデジタル化していく。

　IT技術の活用は，企業が求める人材も大きく変化させた。大量の労働力が必要で「協調」が求められていた以前に比べ，生産性が向上したため，自らアグレッシブに動くことができる「自律」した人が求められるようになった。その中で，人工知能でブレークスルーが起き，産業応用が進められたことで，第四次産業革命の姿が見え始めてきた。

第四次産業革命

　第四次産業革命という言葉が初めて国際社会で注目されたのは，2016年の世界経済フォーラムであった。第四次産業革命はビッグデータ，人工知能，ブロックチェーン，ロボット工学，ナノテクノロジー，量子コンピューター，生物工学，モノのインターネット，3Dプリンター，自動運転車などの多岐に渡る分野においての新興の技術革新が特徴である。これらの技術革新は2030年代までには機械の自律性や柔軟性を極限まで高め，機械が人間にとって代わって創造的でない仕事を肩代わり出来るようになると予測されている。具体的には以下の事例が考えられる。

　まずはビッグデータである。工場の機械の稼働状況から，交通，気象，個人の健康状況まで様々な情報がデータ化され，それらの情報を大容量高速通信ネットワークでつなげてまとめ，これを解析・利用することで，新たな付加価値が生まれる。

　次はAIである。人間がコンピューターに対してあらかじめ分析上注目すべき要素を全て与えなくとも，コンピューター自らが学習し，一定の判断を行うことが可能となる。加えて，従来のロボット技術もさらに複雑な作業が可能となるほか，3Dプリンターの発展により，省スペースで複雑な工作物の製造も可能となる。また，AIを使った自動運転，AIを活用した資産運用，介護などでのロボットによる補助の活用等が考えられる。そして，製造業者による自社製品の稼働状況データを活用した保守・点検の提供，ネット上での顧客の注文に合わせたカスタマイズ商品の提供，ウェアラブル機器による健康管理，医療分野でのオーダー

メイド治療，保安会社による独居老人の見守りサービスの提供などが生まれた。

　そして，3つ目はブロックチェーンである。ブロックチェーンとは，分散型ネットワークを構成する複数のコンピューターに暗号技術を組み合わせ，取引情報などのデータを同期して記録する手法である。一定期間の取引データをブロック単位にまとめ，コンピューター同士で検証し合いながら正しい記録をチェーン（鎖）のようにつないで蓄積する仕組みであることから，ブロックチェーンは分散型台帳とも呼ばれ，ビットコインなどの仮想通貨（暗号通貨）に用いられる基盤技術となっている。

　インターネットは，すべての情報を電子化し，それを瞬時にほぼコストをかけず世界中に送ることができるようになったことで，情報革命と言われた。それに対して，ブロックチェーンは情報だけではなく，経済的な価値をも瞬時にほぼコストをかけずに世界中に送れるようになっている。そういう意味で，第四次産業革命の成否を握るのは「データ」であり，情報通信技術革命の次は「データ産業革命」という認識が，世界中でひそかに浸透しつつある。この本丸は金融，中でもデジタル通貨と言える。

2. デジタル通貨の登場

　デジタル通貨という言葉については，「デジタルデータに変換された，通貨として利用可能なもの」とされる。今日，一般的に知られている電子マネー，仮想通貨などの現金でない通貨がデジタル通貨にあてはまる。すでに広く使われている電子マネーは，現金の代わりに使用する補助通貨として，あらかじめ現金をチャージしておく前払い（プリペイド）方式のものと，クレジットカードと連携させた後払い（ポストペイ）方式に分けられる。一方のビットコインを代表とする仮想通貨は民間主導で開発・発行されているため，法定通貨をベースとせずに，インターネット上で世界中の人と取引することができる。

　このように，電子マネーは法定通貨の補助として安心して使える利便性があるが，仮想通貨は特定の国家によって価値を保証されずに，需要と供給のバランスによってその価値が決まるという，ユーザー同士が取引の承認を行うシステムを構築している。ただし，仮想通貨を通貨として認められる理由には，暗号化されたブロックチェーンの技術が導入されているからである。つまり，仮想通貨の取

引情報をブロックごとにまとめて暗号化し，そのブロックを鎖のようにつなげていくもので，取引の過程において，ブロックチェーンでは記録の改ざんが難しいので，仮想通貨の信頼性が担保されている。

このブロックチェーン技術を応用し，国家の中央銀行が発行するデジタル通貨CBDC（Central Bank Digital Currency）が，近年，急速に世界の注目を集めている。国家の中央銀行が発行するデジタル通貨で，紙幣や硬貨といった現物を持たず，電子マネーや仮想通貨のようにデータとしてのみ存在することが特徴である。CBDCに対しては，世界各国の中央銀行が調査・研究や開発を進めている。スウェーデンは「eクローナ」の発行を発表しているし，中国は国内主要都市での実証試験がはじまっている。国家が発行する通貨がデジタル化されると，発行主体である国家側と，利用する国民側それぞれにメリット・デメリットが生まれる。

図表終-1　CBCDの国家側と国民側のメリット・デメリット

	メリット	デメリット
国家側	紙幣や貨幣の製造，流通，管理，廃棄に関わるコストを削減できる。 利用履歴が残るため，マネーロンダリングや脱税，違法組織への送金などを防げる。	クラッキングや偽造に対する最高レベルの強度が必要で，技術的なハードルが高い。 商習慣の大きな変化につながり，予期しないデメリットが生まれる可能性がある。
国民側	銀行口座がなくても，各種決済サービスを利用できる。 現金が不要なので，紛失や盗難のリスクが低くなる。 収入，支出がすべて記録されるため，納税などの手続きが楽になる。	すべての店舗でCBDCへの対応が必須になるため，コストがかかる。 個人の金融資産に関する情報保護。

出所：三井住友銀行『デジタル通貨とは？　電子マネーや仮想通貨との違いやメリットを解説』https://www.smbc-card.com/cashless/kojin/digital_currency.jsp（2020年10月20日）

デジタル通貨の進展は，同時にキャッシュレス社会を促進している。キャッシュレス社会とは，取引で現金がほとんど使われなくなる社会モデルである。狭義では，キャッシュレス社会は紙幣や硬貨を含む現金が人類社会から完全撤回するという結果である。広義では，社会的取引活動における現金取引の割合が減少し，その次第に銀行カードや請求書やモバイル決済といった様々な非現金手段を置き換えるような，動態的なプロセスである。近年，現金減少は主にモバイル決済の急成長によって牽引されている。なかでも圧倒的な支持を得ているキャッ

シュレス手段は，スマートフォンやQRコードを用いた電子決済である。QRコードの普及により，消費者支払い方法はオンラインバンキングなどPCから携帯端末へと急速に移行している。スーパーでの買い物から公共料金や医療費の支払い，レストランや屋台での会計も全てQRコードで行えるようになる。キャッシュレス大国の中国の例でみると，モバイル決済ユーザーのうち，8割以上が毎日使用しているほど今や生活に欠かせない決済手段となっている。そして，資産の運用，食事から移動，公共料金の支払い，ご祝儀の受け渡しまでキャッシュレスで行われている。

　このように，デジタル通貨は，データとして扱える点でITインフラと相性が良く，決済手段としてますます存在感を高めていく。これから起こるであろうデジタル通貨のさらなる普及によって，これまでのお金の価値観は確実に変わっていくことになろう。

3．シェアリング・エコノミー

　シェアリング・エコノミーとは，インターネットを通じてサービスの利用者と提供者をマッチングさせることにより，個人が保有する遊休資産（自動車，住居，衣服等）を他者に対して提供したり，余った時間で役務を提供するサービスである。具体的には，保有する住宅の空き部屋等を活用して宿泊サービスを提供する「民泊サービス」や，一般のドライバーの自家用車に乗って目的地まで移動できるサービス，個人の所有するモノ（衣服等）を利用するサービスや，個人の持つ専門的なスキルを空き時間に提供するサービス，空いている駐車スペースを利用するサービス等，様々なサービスが登場している。

　世界のシェアリング・エコノミーはほとんどの国に浸透している。各国での普及が可能となった背景には，情報通信技術の進展やスマートフォン，ソーシャルメディアの普及により個人間の取引コストが下がったこと，とりわけスマートフォンの普及によりサービスを提供または利用する場所や時間の制約が緩和されたことがある。さらに，プラットフォームとソーシャルメディアとを連携させ，取引主体相互の評価システムを活用することで，サービスの品質や個人間取引の信頼性を一定程度担保することが可能となった。その他，個人がサービス提供を始めるために本来必要となる経営資源は，プラットフォーマーが一括して提供し

図表終 -2　シェアリング・エコノミーの 5 類型

対象	概要	サービス例
空間	空き家や別荘，駐車場等の空間をシェアする。	Airbnb，SPACEMARKET，akippa
移動	自家用車の相乗りや貸自転車サービス等，移動手段をシェアする。	UBER，notteco，Anyca，Lyft，滴滴出行
モノ	不用品や今は使っていないものをシェアする。	Mercari，ジモティー，air Closet
スキル	空いている時間やタスクをシェアし，解決できるスキルを持つ人が解決する。	Crowd Works，アズママ，TIME TICKET
お金	不動産に係る資金需要と，個人投資家等の小口の投資需要とを結び付けるクラウドファンディングサービス	Makuake，READY FOR，STEERS，Crowd Realty

出所：総務省「ICT によるイノベーションと新たなエコノミー形成に関する調査研究」（平成 30 年）

ている。

　消費者を取り巻く環境については，個人のニーズに合った財やサービスを必要な時に必要なだけ消費することが可能となり，例えば，シェアリング・サービスの普及により，財や資産を所有せずとも好きな時にレンタルして利用することが可能になる。また，デジタル・エコノミーの進展により，ネット上でのコンテンツ提供が増加しており，好きな時に好きなだけコンテンツを楽しむことができ，その費用については，基本的にはネット配信は限界費用がゼロであるために，アクセス料金は安価ないし無料のものも多くなっている。また，スマート家電等の普及は，電力使用の効率化になる。加えて，フィンテックの普及は，金融のデジタル化による資産運用や決済，融資にかかる手間や費用の削減により，今までそういった金融サービスから排除されていた人々や企業も金融サービスを受けられるようになる。

　さらに，人々の働き方や仕事への影響については，ICT の活用によるテレワークのさらなる普及や，シェアリング・サービスによる個人の役務提供の機会の増加などにより，好きな時に好きな時間だけ働くというスタイルが増加する可能性がある。他方，AI やロボットの活用により，労働が機械に代替される事象が一層進む可能性がある。比較的スキルの必要のない一部の製造，販売，サービスなどの仕事に加え，バックオフィス業務などについて AI により代替される可能性がある。従来では機械で容易には代替できないとされていた人事管理，資産運用，健康診断などのハイスキルの仕事についても，その一部が代替されるとの指摘もみられる。

　シェアリング・エコノミーは，ユーザーがいつでもどこでもサービスを利用できる環境を構築した上で，時間や場所にかかわらず，インターネットを利用できるようにした。その空いている時間に自分の労働力を提供するというタイプのシェアリング・エコノミーは今後さらに進化していくことが考えられる。

参考文献

明石康『国連から見た世界／国際社会の新秩序を求めて』サイマル出版会，1992 年。

阿部斎・高橋和夫『国際関係論』財団法人放送大学教育振興会，1997 年。

アルン・スンドララジャン著，門脇弘典訳『シェアリング・エコノミー』日経 BP 社，2016 年

イアン・ブレマー，有賀裕子訳『自由市場の終焉　国家資本主義とどう闘うか』日本経済新聞社，2011
年

飯田敬輔『国際政治経済』東京大学出版会，2015 年

五百旗頭薫・奈良岡聰智『日本政治外交史』2019 年

五百旗頭真『戦後日本外交史』第 3 版補訂版，有斐閣アルマ，2014 年

石井貫太郎編著『国際関係論へのアプローチ』ミネルヴァ書房，1999 年

石黒馨『入門・国際政治経済の分門』勁草書房，2018 年

石田徹『自由民主主義体制分析—多元主義・コーポラティズム・デュアリズム』法律文化社，1992 年

伊藤元重『ゼミナール国際経済入門』日本経済新聞社，1991 年

上野秀夫・高屋定美・棚池康信・西山博幸『国際経済学』ミネルヴァ書房，2001 年。

植松忠博・小川一夫編『日本経済論』ミネルヴァ書房，2004 年

臼井久和・馬橋憲男編『新しい国連—冷戦から 21 世紀へ』有信堂，2004 年

内田勝敏／清水貞俊編著『EU 経済論』ミネルヴァ書房，2001 年

江夏健一・首藤信彦編著『多国籍企業論』八千代出版，1999 年

大西義久著『アジア共通通貨』蒼蒼社，2005 年

大橋英夫『現代中国経済論』岩波書店，2005 年

大矢吉之・古賀敬太・滝田豪編『EU と東アジア共同体』萌書房，2006 年

奥村晧一・夏目啓二・上田慧編著『テキスト多国籍企業論』ミネルヴァ書房，2006 年

奥村洋彦『現代日本経済論』東洋経済新報社，1999 年

加護野忠男・野中郁次郎・榊原清則・奥村昭博『日米企業の経営比較—戦略的環境適応の理論』日本経
済新聞社，1983 年

加藤弘之・上原一慶編著『中国経済論』ミネルヴァ書房，2004 年

加藤弘之・渡邊真理子・大橋英夫『21 世紀の中国　経済編　国家資本主義の光と影』毎日新聞出版，
2013 年

金森久雄・香西泰編『日本経済読本』東洋経済新報社，1992 年

加茂利男・大西仁・石田徹・伊藤恭彦『現代政治学』有斐閣アルマ，2005 年

河合秀和『比較政治・入門—国家情報を整理する』有斐閣アルマ，2000 年

川人貞史・吉野孝・平野浩・加藤淳子『現代の政党と選挙』有斐閣アルマ，2001 年

河村哲二『現代アメリカ経済』有斐閣，2003 年

関志雄『中国経済革命最終章』日本経済新聞社，2005 年

キャッシュレスの未来を考える会（編集）『キャッシュレス社会と通貨の未来』民事法研究会，2019 年

経済産業省『通商白書』各年版

香西泰『高度成長の時代』日本評論社，1991 年

高坂正堯『現代の国際政治』講談社，1989 年。

小島清『雁行型経済発展論　第 1 巻　日本経済・アジア経済・世界経済』文眞堂，2003 年

小島清『雁行型経済発展論　第 2 巻　アジアと世界の新秩序』文眞堂，2004 年

小島清『雁行型経済発展論 第3巻 国際経済と金融機構』文眞堂，2006年

後藤昭八郎『経済政策原理の研究―新時代の政策形成』世界書院，2000年

小原雅博『東アジア共同体』日本経済新聞社，2005年

佐久間信夫『他国籍企業の理論と戦略』学文社，2016年

澤喜司郎『世界を読む国際政治経済学入門』成山堂書店，2018年

白井早由里『人民元と中国経済』日本経済新聞社，2004年

添谷芳秀『入門講義 戦後日本外交史』慶應義塾大学出版会，2019年

孫根志華「中国経済成長の構造分析」『城西国際大学中国文化研究センター年報』第9号，2013年3月

孫根志華「中国国有企業の改革 1980-2010」『城西国際大学紀要』第25巻第2号，2017年3月

孫根志華「中国における投資主導型の成長（1993-2010）」『城西国際大学院紀要』第21号，2018年3月

孫根志華『新版基礎から学ぶ政治と経済』第2版，学文社，2019年

孫根志華・渡邊修朗『新社会人のための政治・経済入門』立花書房，2007年

孫根志華・渡邊修朗『基礎から学ぶ政治と経済』学文社，2010年

高瀬淳一『はじめて学ぶ国際関係』実教育出版，1998年。

高中公男『海外直接投資論』勁草書房，2001年

滝田賢治編著『東アジア共同体への道』中央大学出版部，2006年

田所昌幸『国際政治経済学』名古屋大学出版会，2018年

田中明彦・中西寛『新・国際政治経済の基礎知識』（新版）2018年

田中友義・久保広正編著『ヨーロッパ経済論』ミネルヴァ書房，2004年

土屋六郎『国際経済学』東洋経済新聞社，1997年

南亮進・牧野文夫編『中国経済入門』日本評論社，2005年

中兼和津次編『中国経済はどう変わったか』国際書院，2014年

中西寛『国際政治とは何か―地球社会における人間と秩序』中公新書，2004年。

名古忠行『政治学のすすめ―政治と市民―』法律文化社，2003年

日本経済研究センター編『大解説中国経済』日本経済新聞社，2005年

日本経済新聞社編『90分解説 TPP入門』日本経済新聞社，2012年

日本経済新聞出版編集『まるわかり！ 5Gビジネス2021』日経ムック，2020年

日本国際連合学会編『「法の支配」と国際機構 その過去・現在・未来』国際書院，2013年

日本国際連合学会編『グローバル・コモンズと国連』国際書院，2014年

野口功一『シェアリングエコノミーまるわかり』日本経済新聞社，2017年

野口悠紀雄『バブルの経済学』日本経済新聞社，1992年

野林健・大芝亮・納家政嗣・山田敦・長尾悟『国際政治経済学入門』有斐閣アルマ，2019年

浜田宏一＋内閣府経済社会総合研究所『世界経済の中の中国』NTT出版，2003年

林倬史・古井仁編著『多国籍企業とグローバルビジネス』税務経理協会，2017年

馮力・孫根志華『国際観光コミュニティの形成―訪日中国人観光客を中心として』学文社，2019年

藤井良広『EUの知識』＜第15版＞日本経済新聞出版社，2010年

宮崎康二『シェアリング・エコノミー―Uber，Airbnbが変えた世界』日本経済新聞出版社，2015年

宮本邦男『現代アメリカ経済入門』日本経済新聞社，1997年

村山裕三・地主敏樹編著『アメリカ経済論』ミネルヴァ書房，2004年

『目で見るASEAN―ASEAN経済統計基礎資料―』外務省アジア大洋州局地域政策課，2020年8月

安留義孝『キャッシュレス進化論～世界が教えてくれたキャッシュレス社会への道しるべ』金融財政事情研究会，2019年

柳田侃・奥村茂次・尾上修悟編著『新版世界経済―市場経済のグローバル化―』ミネルヴァ書房，1998年

山岡幹郎・松岡孝安編著『資料政・経2014』東学株式会社，2014年。

山口定『政治体制』東京大学出版会，1989 年

レイチェル・ボッツマン，ルー・ロジャース，小林弘人『シェア＜共有＞からビジネスを生みだす新戦
　　略』NHK 出版，2010 年

索　引

【数字・アルファベット】

3C　153
3つの代表　189
6カ国協議　172
ACU　98
ADIZ　11
AEC　91
AI　208
AIIB　197
ASEAN　91
　　——経済共同体　91
ASP　61
AU　92
BOP　60
BRICS　6
CBDC　212
CMI　95
EC　131
ECSC　92, 131
EEC　91, 131
EEZ　11
EMS（欧州通貨制度）　137
EMS（電子機器の受託加工）　61
EMU　138
EU　91
EURATOM　131
FDI　56
FTA　90
G20　80
G7　80
GAFA　105
GATT　34, 42
ICT　103
IGO　82
IMF　41
IoT　208
IT革命　118
Jカーブ効果　55

MERCOSUR　92
MNEs　58
NAFTA　91
NATO　111
NGO　82
NIEO　70
NIES　71
ODM　61
OJT　128
OPEC　70
QC　128
QRコード　213
RCEP　91
SNS　165
TPP　91
　　——11　91
UNCTAD　70
UNFCCC　78
USMCA　94
WHO　82
WTO　34

【ア行】

アウトソーシング　61
アジアインフラ投資銀行　197
アジア通貨単位　98
アフリカ連合　92
アメリカファースト　6
アルカイダ　73
暗号通貨　211
イギリスEU離脱　142
いざなぎ景気　153
イスラム国　73
一極体制　110
一帯一路　195
インダストリ4.0　198
インテグラル型　61
円高不況　157
欧州共同体　131

欧州グリーン・ディール　147
欧州経済共同体　91, 131
欧州原子力共同体　131
欧州石炭鉄鋼共同体　92, 131
欧州中央銀行　137
欧州通貨制度　137
欧州難民危機　140
欧州連合　91
　　──条約　92
オゾン層　77

【カ行】

海外直接投資　56
改革・開放　177
開放型マクロ経済モデル　38
仮想通貨　211
株式持合い　174
雁行形態論　62
観光立国　161
関税同盟　102
環太平洋経済連携協定　91
議院内閣制　21
企業別組合　173
技術移転　62
北大西洋条約機構　143
キャッシュレス　108
キューバ危機　67
共同市場　102
京都議定書　78
狂乱物価　154
ギリシャ債務危機　139
金・ドル本位制　114
組み合わせ型　61
グローカル　107
グローバル・エコノミー　41
軍産複合体　113
軍事的制裁　30
計画経済　3
経済原理　4
経済通貨同盟　102, 138
軽薄短小型　155
系列取引　174
購買力平価　54
国営企業　184
国際観光コミュニティ　165
国際経済　40

国際通貨基金　41
国際通貨システム　41
国際投資システム　43
国際分業　88
国際貿易システム　42
国際労働供給システム　44
国民所得倍増計画　153
国有企業　184
国連気候変動枠組条約　78
国連貿易開発会議　70
護送船団方式　153
国家資本主義　206
国家主権　10
国家統合　102
固定為替相場　42
孤立主義　109-110
混合経済　3

【サ行】

サブプライムローン　121
産業空洞化　59
三権分立　13
三種の神器　153
酸性雨　75
シェアリング・エコノミー　213
市場経済　3
実質実効為替レート　54
社会主義市場経済　177
自由経済圏　90
重厚長大型　155
自由主義　19
終身雇用　173
集団安全保障　30
自由貿易　47
　　──協定　90, 102
自由民主主義体制　19
主権国家　17
循環型経済　149
蒸気機関　209
新型コロナウイルス　84
人工知能　208
新国際経済秩序　70
新常態　107
新戦略概念　146
神武景気　152
スクランブル　12

ステレオタイプ　8
スミソニアン体制　42
擦り合わせ型　61
西欧国家体系　130
政治原理　4
政治の両義性　1-2
勢力均衡　109
　　──論　32
世界経済　40
世界の工場　177
世界の市場　188
世界保健機関　82
石油輸出国機構　70
センセーショナリズム　8
戦争特需　152
全方位外交　202
走出去　192
ソフトパワー　202

【タ行】

第一次産業革命　209
第二次産業革命　209
第三次産業革命　209
第四次産業革命　208
大統領制　21
多国籍企業　58
単一通貨　91
単独行動　109
地域統合　90, 100
　　──の5段階　102
チェンマイ・イニシアティブ　95
地球サミット　78
中国脅威論　169
中国製造2025　197
中流意識　153
直接投資型　96
通貨スワップ協定　95
通商法スーパー301条　112
デジタル通貨　211
鉄のカーテン　60
デフレスパイラル　159
東西冷戦　110
投資が投資を呼ぶ　153
同時多発テロ　82
東南アジア諸国連合　91
土地神話　157

特化　46
ドルペッグ制　97

【ナ行】

ナショナリズム　9
南米南部共同市場　92
ニクソンショック　42, 114
日米安全保障条約　168
日米同盟　167
日本型経営　173
日本型社会主義　152
日本列島改造　154
ニューエコノミー　120
ニューツーリズム　165
ニューノーマル　107, 121
年功序列　173

【ハ行】

排他的経済水域　11
覇権安定論　32
覇権循環論　32
パブリック・ディプロマシー　202
パリ協定　78-79
東アジア地域包括的経済連携　91
非軍事的制裁　30
ビッグデータ　210
ビットコイン　211
フォーチュングローバル500　202
双子の赤字　109
プラザ合意　55, 156
ブレグジット　132
ブレトンウッズ体制　114
プロダクト・サイクル論　62
ブロックチェーン　211
分散型台帳　211
分税制　185
米・メキシコ・カナダ協定　94
平和共存5原則　201
ベルリン危機　67
変動為替相場　42
包括通商競争力法　117
防空識別圏　11
膨張主義　110
法の支配　13
北米自由貿易地域　91
保護貿易　48

北方領土問題　170
ポピュリズム　7–8

【マ行】

マーストリヒト条約　92, 132
ミドル・アップ・ダウンの経営　128
民主集中制　21
民主主義　19
民進国退　203
無害通航権　11
無極化　79, 85
名目為替レート　54
モジュラー型　61
もはや戦後ではない　153

【ヤ行】

輸出志向型　96

輸入代替型　96
ユーロ　132
　　──圏　136
四大公害　154

【ラ行】

リバース・イノベーション　61
リーマンショック　121, 193
冷戦　66
連合国宣言　24
ローカル化　105

【ワ行】

ワルシャワ条約機構　144

著者紹介

孫根 志華 (そね・しか)

現職：城西国際大学大学院教授　博士（経済学）
専攻：中国マクロ経済政策，アジア政治経済
近著：
・『国際観光コミュニティの形成―訪日中国人観光客を中心として』学文社，
　　2019 年（共著）
・『新版 基礎から学ぶ政治と経済』（第 2 版）学文社，2019 年（単著）
・『コンテンポラリー ミクロ経済学』中央経済社，2018 年（共著）

やさしく学べる国際政治経済

2021 年 3 月 15 日　第 1 版第 1 刷発行　　　　　　　　　検印省略

著　者　　孫　根　志　華

発行者　　前　野　　　隆

発行所　　株式会社　文　眞　堂
東京都新宿区早稲田鶴巻町 533
電　話 03（3202）8480
F A X 03（3203）2638
http://www.bunshin-do.co.jp/
〒162-0041 振替00120-2-96437

製作・モリモト印刷
©2021
定価はカバー裏に表示してあります
ISBN978-4-8309-5117-6　C3033